国家社科基金
GUOJIA SHEKE JIJIN HOUQI ZIZHU XIANGMU
后期资助项目

中国海洋能装备制造发展研究

Research on the Development of China's Ocean
Energy Equipment Manufacturing

孟凡生　等著

中国财经出版传媒集团
经济科学出版社
Economic Science Press

图书在版编目（CIP）数据

中国海洋能装备制造发展研究/孟凡生等著．－－北京：经济科学出版社，2023.1
国家社科基金后期资助项目
ISBN 978 - 7 - 5218 - 4510 - 5

Ⅰ.①中…　Ⅱ.①孟…　Ⅲ.①海洋动力资源 - 装备制造业 - 产业发展 - 研究 - 中国　Ⅳ.①F426.4

中国国家版本馆 CIP 数据核字（2023）第 023781 号

责任编辑：刘　　莎
责任校对：王京宁
责任印制：邱　　天

中国海洋能装备制造发展研究

孟凡生　等著

经济科学出版社出版、发行　新华书店经销
社址：北京市海淀区阜成路甲 28 号　邮编：100142
总编部电话：010 - 88191217　发行部电话：010 - 88191522
网址：www. esp. com. cn
电子邮箱：esp@ esp. com. cn
天猫网店：经济科学出版社旗舰店
网址：http://jjkxcbs. tmall. com
固安华明印业有限公司印装
710×1000　16 开　17 印张　330000 字
2023 年 1 月第 1 版　2023 年 1 月第 1 次印刷
ISBN 978 - 7 - 5218 - 4510 - 5　定价：79.00 元

国家社科基金后期资助项目
出版说明

　　后期资助项目是国家社科基金设立的一类重要项目，旨在鼓励广大社科研究者潜心治学，支持基础研究多出优秀成果。它是经过严格评审，从接近完成的科研成果中遴选立项的。为扩大后期资助项目的影响，更好地推动学术发展，促进成果转化，全国哲学社会科学工作办公室按照"统一设计、统一标识、统一版式、形成系列"的总体要求，组织出版国家社科基金后期资助项目成果。

全国哲学社会科学工作办公室

前　　言

能源危机时刻威胁世界经济发展和国际社会稳定，随着传统化石能源消耗带来的环境保护和经济发展矛盾不断加深，能源安全成为各国实现经济高质量发展的主要挑战。自改革开放以来，中国经历了经济高速增长阶段，当前，中国经济发展逐渐摒弃粗放式发展模式，向高质量和集约化发展迈进。但中国工业化、城镇化进程加快，能源消耗仍处于高速增长时期，对能源供给形成巨大压力。长远布局可再生能源，实施优化能源供给结构的能源战略迫在眉睫。

在众多可再生能源中，海洋能以其储量庞大、环境友好等特性成为未来主流能源的重要补充力量，甚至在海洋能技术高度进步的将来，有可能占据能源结构主导地位，具有广阔的发展前景。中国是世界海洋大国，拥有漫长的海岸线，从资源总量视角，中国有较大的开发利用海洋资源优势。从总体看，中国的海洋能储量，理论上约 10.4 亿千瓦，其中可开发储量约 1.84 亿千瓦，且大部分以潮汐能、潮流能、波浪能、温差能和盐差能等形式存在于领海中。

中国海洋资源相关研究起步较晚，海洋能源开发利用仍处于发展阶段，且技术与设备较为落后，尚有大量海洋能资源未被开发利用，各类海洋能源的开发利用仍集中于研究和试验阶段，海洋能装备制造技术同欧美发达国家相比优势并不明显。海洋能装备作为海洋能开发与应用的物质基础，其未来发展前景将对中国海洋能的开发与利用产生根本性影响。成熟的海洋能装备是实现海洋能开发利用的重要保障，尽管中国潮汐能发电装置研究起步较早，技术较为成熟，现阶段已经开发了大批拥有自主知识产权的关键核心装备，但波浪能和潮流能装备目前大都处于试验阶段，温差能和盐差能相关装备更是处于研发起步阶段，尚未对海洋能开发利用形成有力的促进作用。因此，深入研究中国海洋能装备制造发展前景，对于推动海洋能开发与利用，长远布局国家能源安全战略具有重要的现实意义。

本书基于对海洋能装备制造影响因素和技术路线的研究，揭示中国海洋能装备制造的发展前景，在此基础上提出相关政策建议。全书共 11 章，第 1 章是绪论，阐明了研究背景及研究意义，并对海洋能装备制造相关国内外文献进行梳理和评述，在此基础上明晰了研究思路及创新之处。第 2 章为相关概念界定与中国海洋能装备制造发展面临的形势。第 3 章分析了中国海洋能装备制造发展的现状。第 4 章梳理了国内外海洋能装备制造的相关政策。第 5 章厘清了中国海洋能装备制造发展影响因素并进行评价研究。第 6 章研究了各影响因素对中国海洋能装备制造发展作用机理。第 7 章为中国海洋能装备制造发展的情景研究。第 8 章是中国海洋能装备制造关键技术的发展趋势。第 9 章提出了中国海洋能装备制造技术路线图。第 10 章是中国海洋能装备参与国际经济合作与竞争分析。最后，综合第 1 章到第 10 章的研究提出中国海洋能装备制造发展的对策建议，以期加快建设海洋强国，完善国家能源安全体系。

目　　录

第1章 绪 论

作为海洋能和装备制造业深度融合的海洋能装备，其发展既是海洋能开发的物质基础，又代表了海洋能产业发展的方向。探究中国海洋能装备制造发展现状、影响因素及未来发展趋势，有利于为科学引导海洋能装备制造发展提供理论基础，丰富海洋能与装备制造业的理论研究。基于中国海洋能装备制造发展不足及侧重点建立健全的中国海洋能装备制造发展政策、法规制度体系，为政府部门及产业组织提供有效借鉴，进而促进中国海洋能装备制造快速发展。本章致力于阐明研究目的及意义，并对海洋能装备制造相关国内外文献进行梳理和评述，在此基础上明晰研究思路及创新之处。

1.1 研究背景、目的及意义

1.1.1 研究背景

随着石油、煤炭等传统化石能源逐渐枯竭，产油大国和能耗大国间政治局势愈发紧张，能源安全始终是各国经济发展的战略焦点。国际上部分发达国家如德国、日本等国家积极发展风能、太阳能等可再生能源，对本国能源战略进行长远布局。改革开放以来，我国国民经济快速发展，现已成为全球石油和天然气第一进口大国。当今世界正处于百年未有之大变局，地区动荡不安，对中国能源安全产生巨大的威胁。化石能源在中国能源结构中长期占据主导地位，要对能源安全进行长远的战略规划，则必须加快可再生能源的开发与应用。在众多的可再生能源中，海洋能以其储量庞大、环境友好和可再生等特性，成为未来能源供给结构优化的重要补充，甚至在海洋能技术高度进步的将来，有可能占据能源结构主导地位，具有广阔的发展前景，同时也是解决全球化石能源短缺和气候变暖的重大战略方案之一[1]。根据联合国教科文组织相关数据，五种主要海洋能包括温差能、盐差能、潮汐能、波浪能和潮流能。理论上可产生能量约为766亿千瓦，其中温差能和盐差能占据了海洋能总量的绝大多数。温差能约占据五种海洋能总量的52%，盐差能约占据总量的39%。但由于技术受限，可开发利用的海洋能不足10%。因此，随着化石能源的逐渐枯竭，开发海洋能有望成为未来能源发展的主要方向。①

我国拥有丰富的海洋资源亟待开发，其中包含1.8万公里的大陆海岸线，1.4万公里的海岛岸线，300万平方公里的管辖海域。② 随着国家对海洋产业重要程度认识的加深，党的十八大提出了建设"海洋强国"的伟大战略，助推社会主义现代化强国建设。另外，我国于2020年9月提出"碳达峰"和"碳中和"的目标，未来实现经济高质量发展的同时，也需要着重考虑如何科学降低二氧化碳排放量。因此，无论从建设"海洋强国"的伟大战略来看，还是实现"双碳"目标，海洋能的开发与利用都将成为重要的助推力量。由此可见，海洋能是一种开发价值极高、潜力巨大的新能源，并且是我国亟待开发的具有战略意义的重要资源。

目前，我国对海洋能的开发和利用尚处于发展阶段。虽然中国海洋能可开发储量巨大，但由于技术与装备落后，致使对各类海洋能的开发与利用的发展程度不均，绝大多数仍处于研究和试验阶段，海洋能装备制造技术与发达国家相比优势不明显，经济效益不显著。这种发展现状与国家对海洋能的需求极不协调。《海洋可再生能源发展"十三五"规划》指出，要求以高效、稳定、可靠的海洋能装备产品促进中国海洋能开发利用水平步入国际先进行列。近些年，随着国家对海洋产业投入的日益增强，中国海洋能产业规模和技术发展迅速，整体水平有了显著提升，部分海洋能已经从装备开发进入应用示范的发展阶段。海洋能的蓬勃发展有助于优化我国现有的能源结构，加快实现经济绿色高质量发展。因此，海洋能装备制造已经成为国家主要科技计划支持的重要应用研究领域。

海洋能装备作为海洋能开发与应用的物质基础，其未来发展前景将对中国海洋能的开发与利用产生根本性影响。海洋能的有效开发利用，离不开海洋能装备制造的发展。目前，中国在潮汐能装备制造技术方面发展较好，但其余海洋能装备制造技术仍处于理论和实验阶段，还没有对海洋能

---

① https://energy.situ.edu.cn/web/content/65，https://dili.chazidian.com/baike-108684/，作者自行整理《上海交通大学能源研究院》《查字典地理网》地理百科海洋。

② https://baike.baidu.com/item/中国海岸带/22739943?fr:uladdin，《中国海岸带-百度百科》。

开发利用形成强大的促进作用，温差能和盐差能相关装备更是处于研发的起步阶段。因此，深入研究海洋能装备制造发展前景，不仅对推动海洋能开发与利用、长远布局国家能源安全战略具有重要现实意义，而且能够在一定程度上降低二氧化碳排放量，减轻实现"碳达峰"和"碳中和"目标的压力。

1.1.2 研究目的及意义

1.1.2.1 研究目的

作为海洋能和装备制造业深度融合的产物，海洋能装备的发展，既是海洋能开发的物质基础，又代表了海洋能产业发展的方向。本研究以系统科学、产业经济学、技术创新理论、智能制造理论、演化经济学和情景分析等理论为基础，致力于明晰中国海洋能装备制造发展情景。在总结国内外研究与我国海洋能装备制造现状的基础上，运用直觉模糊评价法阐明中国海洋能装备制造发展的主要影响因素及其作用程度；利用情景分析理论和系统仿真技术指出主要因素变化对中国海洋能装备制造发展情景的影响，阐述各影响因素的作用机理和作用结果；基于把控中国海洋能装备制造发展影响因素和科学引导中国海洋能装备制造发展的角度，建立健全中国海洋能装备制造发展的政策、法规制度体系，以期为政府部门及产业组织提供有效借鉴，进而促进中国海洋能装备制造快速发展。因此，研究的具体目的在于以下五个方面。

第一，通过现有国内外对海洋装备制造的研究成果，整理归纳其发展现状，找出中国海洋能装备未来发展的可能方向及其影响因素，为下一步研究提供理论基础。

第二，基于模糊评价法，探寻中国海洋能装备制造主要影响因素及其变化趋势，为情景分析的构建提供有力支撑。

第三，基于情景分析理论，运用仿真技术刻画出在不同影响因素作用下海洋能装备制造呈现的发展情景，旨在探索未来中国海洋能的开发利用前景，促进中国能源结构低碳化的进程。

第四，通过对主要影响因素和发展情景的科学分析，提出有利于中国海洋能装备制造发展的政策建议，指导政府部门和产业组织制定科学有效的政策体系。

第五，通过中国海洋能装备制造关键技术发展趋势研究及技术路线图绘制，为制定我国海洋能装备制造发展整体战略规划提供借鉴。

1.1.2.2 研究意义

中国海洋能装备制造发展研究的内容可视为一项海洋能领域和装备制造产业领域的创新性研究。在绿色可持续发展的研究视角下，对中国海洋能装备发展进行统筹研究及评价，研究的意义主要体现以下两点。

（1）理论意义

一方面，化石能源的燃烧对环境造成了严重破坏；另一方面，化石能源属于一次性能源，不可再生。人们亟须寻找一种新型绿色可再生能源代替化石能源。因此，对可再生能源的寻找、开发和利用，成为近年研究的热点。目前，我国正处于海洋能源开发和装备制造迈向智能制造的交汇点，其中海洋能装备制造发展的影响因素是本研究的基础。首先，基于海洋能源的特征和扎根理论方法，对海洋能装备制造发展的影响因素进行分析，全面系统地阐明海洋能装备制造发展的主要影响因素。其次，借助仿真技术，深度展示影响因素的变化所带来的海洋能制造发展情景。最后，将技术路线图管理理论应用于中国各类型海洋能装备制造技术发展路线图制定，有利于拓展技术路线图管理理论与方法的应用。综上所述，本研究在理论层面上丰富了研究影响因素的理论与方法，有效地拓展了产业经济理论和智能制造管理等理论，为海洋能装备制造产业的发展提供了理论指引。

（2）实践意义

海洋能装备制造已经成为国家主要科技计划支持的方向，政府在海洋能装备制造产业国际化中也具有重要作用。目前，中国的海洋能装备制造业存在政策法规不健全、技术创新能力弱、缺乏有效的投融资机制和管理机构等问题。一方面，研究海洋能装备制造发展的影响因素，不仅能为中国海洋能装备制造业的技术创新指明发展方向，还有助于政府对海洋能装备进行科学的管理和指导，提高决策有效性。另一方面，根据主要因素的变化所带来的海洋能装备制造发展情景，研究可行的发展政策，把握诸多因素的变化及海洋能装备制造的发展趋势，对于加强海洋能物资基础建设，促进中国未来海洋能的开发利用和海洋能装备制造业的发展具有重要的现实意义。在此基础上，依据中国海洋能装备制造关键技术发展趋势并基于路线图基本原理，绘制出五大海洋能装备制造技术路线图，为其未来发展提供实践指引。另外，海洋能装备制造的发展，有利于科学高效开发和利用海洋能，对于缓解我国能源短缺、降低二氧化碳排放量有着很强的实践意义。

1.2 国内外研究现状

1.2.1 国外研究现状

1.2.1.1 国外海洋能源产业研究现状

进入 21 世纪，环境问题引起了世界各国的重视，其中全球气候变暖成为关注的焦点。大量化石燃料的燃烧导致温室气体过度排放，如何降低二氧化碳排放量成为重要议题。毫无疑问，能源结构转型是解决这一问题的有效途径。目前，许多国家政府已开始实施可再生能源生产方案。海洋能是一种尚未完全开发的能源，海洋能源很可能在未来的能源生产中占相当大的比例。因格尔等（Inger et al.，2009）指出，诸多证据表明人类是造成气候变化的始作俑者，海洋资源的开发潜力巨大，合理开发利用海洋资源将减少人类对化石能源的依赖[2]。马克等（Mark et al.，2011）还发现海洋能源可以通过一定的转换来替代传统化石燃料，为海洋经济增长提供驱动力[3]。

虽然海洋能源的开发利用越来越受重视，但是截至目前，国外相关研究多聚焦于如何发展技术开发利用海洋能。加洛韦等（Galloway et al.，2020）指出，潮汐能在世界许多地区是具有巨大开发潜力的可再生能源，但其开发利用过程成本昂贵，合理控制成本是高效利用潮汐能的关键[4]。马特奥斯和哈内特（Mateos and Hartnett，2020）对如何评价潮汐能利用效率进行研究[5]。拉姆斯等（Ramos et al.，2022）指出，波浪能和海上风能资源的联合开发有望提高波浪能行业的成本竞争力[6]。金等（Kim et al.，2001）研究了井波轮机对波浪发电技术的影响[7]。贝哈德和乔根（Bernhard and Jorgen，2001）以丹麦为数据来源，利用 WASP 软件利用海岸风速去推算海上风力资源，验证了 WASP 程序具有良好的预测效果[8]。罗宾和罗德（Robin and Rod，2002）以温差能发电技术为研究对象，指出温差能发电潜力巨大，但温差能技术发展处于起步阶段，基于此提出要加大技术改进力度，提高温差能装备利用能力，使其投入产出相匹配[9]。马瑟（Maser，2004）从技术和经济等角度出发，对比潮汐能发电和水力发电，结果显示潮汐能发电的初始投资相比于水力发电要更高，并指出建设潮汐发电站还要充分考虑对海洋生态的影响[10]。邱（Qiu，2006）从海洋能开发利用现状出发，指出海洋能开发利用的潜力巨大，并以潮汐能为重点研究对象，叙述了潮汐能开发利用的必要性以及发展现状[11]。格拉德（Gerard，2007）以海洋温差能为研究对象，从源头上阐述了海洋温差能是如何形成的以及其潜在的利用价值[12]。乔等（Jo et al.，2010）以韩国的潮汐能项目为研究对象，实证结果显示环境等外界条件发生改变会导致潮汐能发电受到影响[13]。查尔斯（Charles，2011）以美国阿拉斯加州金科夫（King Cove）为例，重点研究了如何评估不同的海洋能和技术，研究结果对于促进海洋能发展有着极大帮助[14]。马纳布等（Manabu et al.，2011）从技术角度出发，以波浪能发电技术为研究对象，研发了一种双向驱动涡轮机技术，该技术为海洋能的开发提供了帮助[15]。孙等（Sun et al.，2013）为了使海洋温差能得到最优化的开发利用，对海洋温差能与太阳能不同的结合和循环方式进行了研究[16]。尹等（Yoon et al.，2014）对利用不同工质的海洋温差发电系统的性能进行了研究[17]。桑多斯等（Castro – Santos et al.，2019）指出，海洋空间规划是海洋可再生能源面临的挑战之一，并介绍了安装海洋可再生能源系统的规划工具的方法和发展[18]。斯特拉蒂加奇（Stratigaki，2019）指出，波浪能产业目前正处于发展的关键时刻，面临着许多挑战，需要重新把研究重点放在整体技术经济的角度上，即经济学考虑技术的全生命周期成本[19]。萨尔瓦多等（Salvador et al.，2019）从法律的角度分析将海洋空间规划指示并入西班牙和葡萄牙国内法对两国海洋可再生能源发展的影响，对海洋温差发电效率的影响因素和技术上的临界工质做出了实证研究，为海洋温差发电系统的技术创新提供了理论基础[20]。

1.2.1.2　国外海洋能装备制造研究现状

海洋能装备制造的整体水平可以被视为一个国家综合实力的象征，设计能力直接决定了一个国家的经济发展，如何实现海洋能装备制造产业人、机器、环境的和谐设计，是推进其快速发展的关键[21]。董和孙（Dong and Sun，2020）指出，推进海洋能装备制造产业价值链升级，对于中国实施海洋强国战略和海洋产业经济的可持续发展具有重要价值[22]。张（Zhang，2020）指出，随着经济和时代的快速发展，推进海洋能装备制造产业发展已经成为建设海洋强国，实现环境保护的必然趋势[23]。研究发现，当前已经有众多企业参与到海洋能装备制造产业的发展中，在此背景下强化企业财务风险评估能力，提高用户需求获取效率，降低时间成本，是企业加快推进海洋能装备制造产业发展的重要保障。孙（Sun，2019）指出，海洋能装备是海洋产业链的核心，但海洋能装备制造正处于发展初期，前期投入成本较高，回收成本的时期较长，与之配套设施价格较高等诸多发展障碍[24]。因此，如何降低风险和运行成本一直是海洋能装备制造产业研究的热点。何等（He et al.，2022）指出，中国海洋能装备制造产业总体缺乏高端技术人才，当前应抓住数字经济背景下的机遇，依托数字技术以及数字贸易的中介作用，促进中国海洋能装备制造产业发展[25]。

此外，鉴于海洋能装备制造产业在价值链的地位，各地主管部门应因地制宜采取合适的政策，缓解数字技术应用跨区域不平衡、不充分等问题，更好地发挥数字技术对海洋能装备制造产业的促进作用。学术界对此也展开了大量研究。可汗等（Khan et al.，2017）全面总结了目前海洋能产业的关键前沿技术及先进国家的相关装备发展状况，指出优先发展关键装备对海洋能产业化的积极影响[26]。晁等（Chao et al.，2015）总结了世界上开发海洋可再生能源中的技术和设备的使用现状和发展趋势。在此基础上，说明了海洋能装备在海洋能源开发利用中的巨大推动作用，旨在更好地了解可再生海洋能源的开发和转化，促进能源技术装备和多边协作的快速发展[27]。达马查拉和法德（Damacharla and Fard，2020）为使波浪能实现最大利用潜力，提出了一种新的转换机制与创新的电能转换器设计，并指出海洋能装备发展还应注重成本控制[28]。卡斯卡乔等（Cascajo et al.，2019）对在西班牙地中海港口安装波浪能量转换器（WEC）的可行性研究进行了评估，指出海洋能装备安装选址需要考虑能源需求的演变、能源潜力的历史数据和港口扩建计划[29]。金等（2022）提出了一种电池封装和 BMS 模块的设计，用于使用海水可充电电池的应用，这些电池被称为下一代储能装置[30]。

地球上，海洋约占据总面积的 71%，海洋能源有望成为未来能源的主要来源。一方面，海洋能源储量丰厚；另一方面，海洋能源相比于化石能源能够减少二氧化碳排放量。因此，在全球能源问题的大背景下，开发海洋能源成为世界各国摆脱能源危机的新道路，尤其是在处于海洋能源发展前沿的欧盟。欧盟的目标是到 2050 年达到 1 亿吉瓦的联合波浪和潮汐能装机容量。为了实现这些目标，马加格纳和尤莱（Magagna and Uihlein，2015）以欧洲海洋能产业为研究对象，通过相关数据指出，目前欧洲的海洋能装备发展存在如技术、资金等问题，特别是在偏远地区建立电网连接方面的一系列挑战和障碍是削弱成本竞争力、阻碍海洋能行业发展的巨大障碍[31]。接下来，欧盟国家应该开启成本削减机制，制定相关政策倡议和机制，以确保在短期内海洋能源技术具有核心竞争力，克服未来海洋能产业发展对装备的苛刻要求。对美国来说，高波浪力资源位置靠近海岸线的主要负荷中心，这些特点激发美国在海浪能量利用方面的高度关注。莱赫曼等（Lehmann et al.，2017）以美国波浪能产业为研究对象，着重探讨了与波浪能有关的技术、装备制造和商业问题，确定了美国现有的设施、软件以及实验室和开放水域试验设施和资源，积极研究小组和商业活动等资源的现状[32]。研究结果表明，先进的海洋能装备将成为美国与发展中国家拉开差距的重要因素，也从侧面证明了发展先进海洋能装备对促进该产业的发展有着重大意义。

现有海洋治理框架可持续管理海洋环境的能力越来越受到质疑。怀特（Wright，2015）分析了新兴海洋能产业的发展现状，以英国为案例，研究指出了海洋能治理中的挑战，其中关键装备的技术障碍将对产业发展产生重要影响[33]。索尔斯等（Soares et al.，2014）分析了海波能及海上风能的发展现状，并讨论了未来的发展前景[34]。通过介绍波浪能系统的主要工作原理，讨论风能相对于海波能的现状以及海军建筑师和海洋工程师在波能装置和海上风机技术设计和分析中的作用，对一些技术挑战进行了识别，并讨论比较了这些设备的特性。研究结果表明，开发海波能与海风能的关键装备，是海洋工程在海波能装备和海风涡轮机技术发展中的关键因素。

1.2.1.3 国外海洋能装备影响因素研究现状

1982 年通过的《联合国海洋法公约》对土著人和边缘化的沿海社区表示乐观，他们可以控制或改善海洋资源的获取。但也有人担心，开放海洋进行工业发展可能会对传统的海洋用户造成威胁。长期以来，沿海及近海可再生能源的发展，使得关于海洋治理、海洋资源获取和控制的争论逐步升温。苏格兰、加拿大、新西兰和澳大利亚的案例研究揭示了一个动态的紧张关系，迄今为止几乎没有证据表明这种紧张局势可以通过管理海洋资源的新兴体制框架得到充分解决。因此，科尔等（Kerr et al.，2015）指出，海洋能源装备的发展必须对生态环境影响和历史所有权问题给予高度重视，尽量解决历史上的不公正现象和获取自然资源中的社会政治因素和环境因素[35]。此外，到目前为止，有关海洋能的文献主要集中在技术，环境以及越来越多的社会和政治方面。尽管法律和监管因素对支持这项新技术并确保其可持续发展具有重要意义，但法律和监管因素受到的关注却少得多。裘德（Jude，2017）基于法律视角展开研究，以期通过法律规范海洋能装备发展可能造成的环境问题或可持续发展问题[36]。文章指出了国际法、环境影响、权利和所有权、同意程序和确定了海洋空间和资源的管理五个方向来研究未来海洋治理的核心主题。刘等（Liu et al.，2019）

指出，产业规模、经济效益、国际竞争力、资产管理能力、创新能力以及社会效益，是海洋能装备制造产业竞争力评价的重要指标[37]。李等（Li et al.，2021）指出，企业的运营、技术能力、企业的社会认可度、企业的合作意愿、企业间的信任、沟通协作、机会主义和外部环境是企业发展海洋能装备制造能力的重要影响因素[38]。

海洋装备制造技术不同于传统装备制造，其技术难度高且复杂。提高企业间的合作以及寻求外部技术支持，有利于促进该行业的发展。因此，寻求海洋装备企业外部网络中流动的信息和资源技术创新是非常重要的。安德尔森等（Andersson et al.，2015）以海洋装备制造企业为研究对象，借助技术嵌入、业务嵌入等一系列外来信息，助推本企业进行技术进步，以此来促进装备企业技术创新的外部机制的形成[39]。兹登科和车伊（Zhilenkov and Chernyi，2015）通过对海洋能设备的性能调查，指出信息技术在海洋能装备智能化应用过程中具有重要作用[40]。朱（Zhu，2014）根据海洋设备的结构特点和耐冲击问题的特殊性，通过实验数据分析研究了海洋设备的冲击阻力计算分析过程中的建模技术[41]。

了解区域化过程如何工作，以加强合理和负责任的治理，是海洋治理面临的主要挑战之一。目前，欧盟国家致力于以不同的方式实施基于生态系统的区域领域管理（EBM），实现综合规划和一致管理。所以，研究区域化过程中的整合与合作，是欧盟的海洋产业发展的核心动力。索马等（Soma et al.，2015）主张通过国际区域化合作，实现海洋能装备的加速发展，指出合作是影响产业规范化治理的重要因素[42]。他们提供了一个框架用来评估欧盟海洋治理中的整合与合作，最终实现从部门无政府状态转变为欧盟海洋监管所表达的理想地区协同效应，从而促进欧盟地区海洋的有效治理。莫克等（Mok et al.，2017）运用案例研究，分析了大型填海工程中主要的利益相关者关心的问题和利益相关者之间的相互依赖关系，以及他们如何带来利益相关者面临的重大挑战[43]。研究表明，利益相关者之间的合作和依赖关系是影响海洋能装备产业项目复杂性的重要因素，为今后欧洲海洋能产业的合作发展提供了解决这些问题的建议。

1.2.2 国内研究现状

1.2.2.1 国内海洋能源产业研究现状

全球气候变化问题日益凸显，可再生能源的开发和利用成为世界各国应对该问题的有利途径，其中海洋能凭借其储量丰厚、清洁等特性具有极其广阔的发展前景[44]。同时，海洋能资源的合理开发利用是实现海洋强国的必要条件[45]。学者们也从国际合作、产业升级以及环境保护等方面论证了海洋能开发利用的必要性。郑崇伟等（2020）以海上风能为例，以"海上丝绸之路"为切入视角，对海上风能所面临的发展障碍进行评估并提出相应的应对措施，提出要重视海洋新能源数据集的创建、利用和共享，并且加大对海洋人力资源建设程度[46]。纪建悦等（2020）以中国沿海的11个城市实证研究了海洋产业结构的影响因素，实证结果显示技术创新等因素呈现正向影响作用，政府的过度干预呈现负向影响[47]。

我国海洋资源丰富，具有广阔的开发利用前景，加快实现海洋能开发利用，对中国建设海洋强国有重要意义。因此，探究如何有效推进海洋能开发利用，也成为学术界研究热点。有学者认为，近几年国家各部门为海洋可再生能源设立的专项资金大大加速了海洋能技术的发展。麻常雷等（2017）对国际海洋技术近期进展做出综合研究，对比分析了中国海洋能技术现状，从潮流能、波浪能和温差能三个方面对我国海洋能技术提出发展建议，为海洋能技术尽早产业化提供借鉴[48]。此外，部分学者指出，合理的政策是推动海洋能开发利用的主要因素之一。杨薇和栾维新（2018）以海洋政策文件作为研究数据来源，对125份政策展开分析，指出中国海洋可再生能源政策存在诸多问题，制定差异化发展政策，有利于缓解海洋可再生能源发展现状[49]。徐胜（2020）通过建立海洋科技创新指标体系，借助向量自回归（VAR）等模型验证了科技创新对海洋强国建设的正向驱动效应，同时指出要注意提高海洋科技创新转化效率等建议措施[50]。王宝森等（2014）通过对比世界各国海洋可再生能源技术、政策等方面发展现状，指出中国海洋可再生能源发展的优势和难点，并据此提出开展国际合作等政策建议[51]。王欣等（2016）指出我国目前海洋能发展存在诸多问题，其中技术不成熟、发电成本高等问题尤其凸显，并据此提出政策原则和发展路线[52]。王燕（2017）认为我国波浪能研究起步较晚，通过论述发达国家波浪能资源的发展政策，在对波浪能的特点进行分析的基础上，结合我国海洋能整体考虑，提出针对波浪能的发展政策[53]。

另外，创新能力不足和技术问题是制约中国海洋能发展的不利因素。徐胜和杨学龙（2018）等以我国沿海城市为数据来源，借助灰色关联度分析，实证研究了创新与海洋产业的关系，结果显示创新投入与海洋产业聚集存在着较大的关联度，因而要保证创新投入，提高创新转化效率，以促进海洋产业的创新发展[54]。徐红瑞和王连玉（2016）从技术、经济、社会、环境等角度切入，提出海洋能产业项目所要研究的内容，为海洋能项目投资提供了理论参考[55]。此外，张剑等（2018）从国家政策出发，分析我国海洋能产业发展现状以及遇到的障碍，其中海洋产业的科技投入和创新能力严重制约着该行业的发展，并据此提出建设高新技术产业示范区的建议[56]。陈伟等（2014）基于复杂网络视角，研究了以海洋能产业的产学研合作创新模式网络特征[57]。研究结果表明，大学和研究机构是海洋能产业创新网络中的集聚位置，而企业对海洋能产业创新网络的影响和控制有限。因此，提高产学研合作创新网络的抗风险能力，不仅需要注重内生性风险的防范，同时还需要着重保护集散节点和中介节点。"新工科"建设回应了中国未来高新行业发展的迫切需求，致力于积极培养工程科技领军人才，天津大学海洋与船舶工程专业近年来探索并形成工程科技领军人才情商培养的理念和模式[58]。除了产学研合作创新模式的变革，王江涛（2017）以问卷调查和专家会议的方式提出了机制改革的重点是资源配置制度、海洋人才培养引进机制等方面，并指出目前我国海洋战略性新兴产业的各分支产业都存在人才引进和培养不足以及研发投入较少等问题，据此提出应建设多渠道、多形式的资金平台，完善融资机制等建议措施[59]。

1.2.2.2　国内海洋能装备制造研究现状

步入 21 世纪，空气污染、环境恶化等问题严重威胁着人类的健康生活。寻找合适的低碳能源的脚步持续进行。近年来，随着科技的进步，海洋能的开发和利用逐渐由理论走向现实。海洋能的开发利用离不开海洋能装备的发展，首先要明确的是海洋能装备属于一种新能源装备，所以它的概念可以类比新能源装备的概念。刘玉新和麻常雷（2018）指出，海洋能装备制造是指与海洋能有关的装备制造，比如潮汐能发电装备、矿产资源开发装备等，这是对海洋能装备制造概念的初步解释[60]。

随着国家对科技创新投入的加深，我国海洋能关键核心技术不断突破，海洋能作为未来能源正由理论步入现实，海洋能装备制造及运行维护，必将成长为对经济社会长远发展具有重大引领带动作用的战略性新兴产业[61]。目前，全球海洋能装备技术发展正处于起步阶段，我国应该把握好"建设海洋强国"的重要战略机遇，坚持技术突破和装备开发的发展方向，提高海洋能装备设计、制造和定型能力。下一步，我国海洋能的重点突破方向是与海洋能有关的装备和技术。马龙等（2013）提出了使我国海洋能合理开发利用的发展策略，指出海洋能装备发展是我国海洋能开发与利用的关键因素[62]。

目前，中国海洋能开发利用存在的问题主要体现在相关政策、技术研发和发展计划上。技术创新能力是一种客观的环境因素，可以通过升级装备和增加研发团队来改善。这表明发展海洋能装备是提升研发技术，增强海洋能源可利用效率的一种重要途径。孙松和孙晓霞（2017）主张建立产业联盟，推进海洋能技术与装备同工程应用协同发展，指出中国海洋能事业的进步很大程度上依赖于技术进步和装备水平提升[63]。只有确切地知道现在，才可能有效地预测未来。海洋能开发利用之前，我们只有对现有的能源进行详细的了解和掌握，才能进一步制定开发计划。因此，海洋能探测装备的研发在海洋能产业的发展中也是至关重要的。吴亚楠等（2017）以海岛可再生能源为例说明了发展海洋能是未来能源转型的必然趋势，从资源、技术等方面介绍了我国海洋能储量丰富，近些年海洋能技术水平显著提升等发展现状，并据此提出要重视科技创新发展，统筹海洋能发展布局等对策建议[64]。郑金海和张继生等（2015）针对海洋能利用工程、海岸与近海工程的学科研究热点，列举了装备稳定性、转换效率、并网技术等亟待解决的重点问题，这些技术的突破将使海洋能开发工程发生质的飞跃[65]。

由于海洋能可再生能源种类较多，且开发利用难度以及技术成熟度不同。因此，对各类海洋能装备制造进行分类研究更有利于促进海洋能装备制造的技术与产业发展[66]。刘伟民等（2018）归纳分析了国内外五大主要海洋可再生能源的开发利用现状和装备制造技术发展，并据此预测出海洋可再生能源的发展趋势，为日后更深层次研究海洋能开发利用提供了理论依据[67]。张继生等（2021）以海洋能中的潮流能为研究对象，介绍了全球各区域潮流能发展现状，并指出中国发展潮流能的优势；从多方面介绍了潮流能发电技术并由此提出在此过程中所涉及的关键技术[68]。赵江滨等（2021）提出了一种跷跷板式的波浪能发电装置，结构简单，运行可靠，能够有效提高波浪能发电效率[69]。任年鑫等（2020）指出，中国拥有丰富的海上风能和波浪能，从成本节约、发电功率等角度提出一种新兴的张力腿式平台，使其在工作过程中更具安全性[70]。彭景平等（2021）指出，发展海洋温差能，能够缓解目前对石油等化石能源的依赖，基于此建立了一种高效率的海洋温差能循环系统[71]。刘春元等（2019）设计了直驱式波浪发电系统，实验证明该系统能将波浪能转换为电能，为日后大规模开发和利用波浪能积累经验[72]。付强等（2021）指出，当前海洋温差能发电技术和装备尚处于实验阶段，整体技术成熟度不及商业级利用规模，亟待发展突破[73]。马冬娜（2015）指出，中国海洋资源丰富，合理开发海洋能，有利于解决化石能源逐渐枯竭带来的问题，并介绍了五大主要海洋能发展利用和技术现状[74]。

1.2.2.3 国内海洋能装备影响因素研究现状

中国海洋能装备发展受到诸多方面的影响，学者们从多角度探究其影响因素。企业科研机构、政府科研院所和高等院校共同构成了中国各个产业技术创新系统的研发主体，高校是国家创新体系的重要组成部分[75]。丁莹莹和宣琳琳（2015）以有关海洋产业发展所申请基金项目为数据来源，以创新主体如科研机构、大学等场所作为研究对象，对中国海洋能产学研合作进行研究，发现国家海洋局对于整个创新网络存在显著的正向影响，企业在该网络中起到的作用不显著[76]。左志平等（2014，2015）基于复杂环境行为理论，通过对装备企业合作互联影响因素的归纳总结，建立了产业集群互通合作的绩效关系模型，并开发了设计调查量表，选取几家企业进行问卷调查[77-78]。进一步运用主成分分析法进行因子分析探讨内部动力、外部压力、产业互通与合作绩效因子之间的关系。这次研究给适合做产业互联的海洋能装备企业提供了很好的借鉴，是研究海洋能装备影响因素的理论基础。

创新是一个行业持续发展的不竭动力。类似地，海洋能装备制造的发展离不开产业创新和技术创新，技术创新是实现海洋能蓬勃发展的强大动力。随着化石能源的弊端显露，我国的海洋能亟待开发且具有重要战略意义，作为开发利用海洋能的重要装备企业，陈晓东（2017）认为互相之间建立可靠互信的合作机制且加强基础设施的建设，是深化合作从而促进中国海洋能产业发展的有效途径[79]。企业是落实国家发展战略的重要执行者，也是经济资源整合的积极推动者，所以要加强基础设施建设的互联互通，使协作能深入而有效地开展下去，这些措施的落实必须有企业的深度参与和执行。

随着化石能源的枯竭，海洋能成为一种战略性新兴能源，其发展充满着机遇和挑战。目前，中国在部分海洋能的开发利用上处于世界前列，但仍需政策引导和国家大力扶持。朱永强等（2016）指出，中国海洋产业目前正处于发展初期，并提出中国海洋能产业现存的问题，明确政府在海洋能产业中的角色扮演，以促进中国海洋能可持续发展[80]。孙晓华和郭旭（2015）通过差分内差分方法对中国装备制造业展开研究，实证结果显示国家政策振兴规划推动着装备制造业发展，为海洋装备制造业研究提供了理论基础[81]。吴宾等（2017）结合文献计量法和内容分析法，以中国海洋装备制造相关政策为数据来源展开多方面研究，实证验证了该方法的适用性和中国海洋工程装备制造业政策发展变迁路径，并指出政策工具结构不尽合理的现状[82]。

在海洋能装备产学研合作研究的趋势下，唐书林等（2016）研究了协同创新的建设。中国海洋能装备产业的产学研协同创新建设已初见成效，具有高新技术资质和年轻企业的协同创新能力，是海洋能装备产业核心竞争力的强有力表现[83]。李星和贾晓霞（2016）运用 SPSS 和 AMOS 统计软件，通过因子分析和结构方程，分析了企业吸收能力和隐性知识对企业创新绩效的影响[84]。结果表明，吸收能力与海洋装备制造企业创新绩效存在正相关关系，隐性知识转移对海洋装备制造企业创新绩效水平提高具有促进作用。牟健（2016）介绍了中国海洋调查装备技术的发展历程，通过对影响中国海洋能装备技术发展的主要因素进行分析，对未来的发展趋势进行预测[85]。张美晨和卜伟（2016）认为海洋产业发展有助于促进中国国民经济发展，借助产业结构相似指数对中国海洋产业发展存在的问题展开研究，发现海洋结构同构化问题严重制约海洋经济的发展等问题，并据此提出要提高创新效率的海洋产业治理思路[86]。

1.2.3 研究综述

综上所述，国内外学术界已充分认识到海洋能装备发展对海洋能源开发的重要性，论述了技术创新、政策激励、产业合作、资本投入以及数字经济等因素对海洋能装备制造发展的影响，学者们从多角度提出了相应的政策建议。此外，众多学者指出，各类型海洋能装备制造产业发展情况不尽相同，对海洋能装备制造产业技术发展分类研究，有利于推进中国海洋能装备制造产业的发展。这些研究成果既表明国内外学术界对海洋能装备发展问题十分重视，也为开展中国海洋能装备发展情景研究提供了方向和基础。

尽管学者们从各自研究领域研究了海洋能装备制造发展的影响因素，但由于缺少跨学科的综合性研究，尚未形成科学、全面的影响因素指标体系。因此，相关政策建议的提出，无法体现影响因素体系的影响机理与影响程度，政策建议的有效性无法识别。相关研究的不足之处主要体现在以下几个方面。

第一，海洋能装备产业尚未形成统一认可的概念。近些年，随着国家对海洋经济开发的重视，海洋能和装备制造研究的热度在逐渐上升，然而国内外学术界对海洋能装备制造尚未达成共识，缺少统一的概念及其界定范围，就会使研究对象和适用范围模糊不清，不利于进一步深入研究海洋能装备未来发展情景和技术发展路径，也不符合学术研究科学严谨的特点。

第二，缺少科学的海洋能装备产业影响因素指标体系。中国海洋能装备制造发展受到多种因素的影响，诸因素对中国海洋能装备制造发展的影响程度也不尽相同，只有找出主要影响因素，才能通过制定科学的政策来引导和把控中国海洋能装备制造快速发展。尽管国内外学者指出了技术创新、政策激励、产业合作和资本投入等方面对海洋能装备制造发展的影响因素，但由于缺少科学全面的研究，并没有形成统一的影响因素指标体系，针对影响因素作用效果开展详细实证研究的基础相对薄弱，严重阻碍海洋能装备制造产业的发展。

第三，对海洋能装备制造影响因素缺少具体的情景分析。海洋能装备制造不同的发展情景决定了未来中国海洋能开发与利用的前景，也将对中国能源结构低碳化进程产生深刻的影响。可以看出，目前国内外学者还缺少对不同作用机理下，未来海洋能装备制造影响因素的情境状况分析，这将不利于海洋能装备企业掌握影响因素的变化趋势和作用机理，不能为今后政府的政策制定提供科学的理论基础。

第四，对海洋能装备制造外部政策环境的评价无法有效识别。中国海洋能装备制造的发展，需要有效的政策体系加以引导。虽然目前各国政府都显示出了对海洋能装备制造企业发展的重视和政策引导，但是由于缺少科学的依据和理论支撑，使海洋能装备制造相关政策体系并没有显示出强大的指导作用。国内外学者虽然提出了完善的政策体系在海洋能装备制造企业发展中的关键作用，但是缺少对建立政策体系需要的科学理论的研究。

第五，海洋能装备制造发展缺少系统全面战略指导。现有文献对海洋能开发利用和海洋能装备制造的研究积累了一定的理论知识，但研究中缺乏对该行业未来整体布局，导致相关企业缺少系统全面的战略指导。鉴于此，基于情景分析研究范式，在全面识别中国海洋能装备制造发展影响因素的基础上，根据因素影响程度及其变化趋势分析中国海洋能装备制造发展情景，分析中国海洋能装备制造关键技术发展趋势，依托国内外各类型海洋能装备制造技术发展情况，绘制相关技术路线图，识别海洋能装备制造发展重要领域，指明海洋能装备制造发展关键技术及发展路径，为中国海洋能装备制造发展战略规划提供借鉴。

1.3　研究思路方法和内容

1.3.1　研究思路

首先，中国海洋能装备制造发展研究综合运用产业经济学、创新理论和智能制造等理论，结合扎根理论分析法，通过文献资料和实地调研数据识别出中国海洋能装备制造发展的主要影响因素，并利用模糊层次分析法评价诸因素的影响程度。其次，提出主要影响因素对中国海洋能装备制造发展的作用机理假设，并运用结构方程模型进行实证检验。再次，建立中国海洋能装备制造发展情景并预测各情景方案下影响因素变化趋势，基于情景分析理论和系统动力学，利用 MATLAB 仿真技术对各情景方案进行仿真分析，评价情景优劣性，确定中国海洋能装备制造发展的最佳情景方案，为海洋能装备产业的政策制定提供理论依据。另外，基于未来学、海洋工程学、智能制造等理论，运用词频分析与专利分析相结合的方法，识别中国海洋能装备制造关键技术，构建关键技术功效矩阵，进一步探究关键技术柔性创新机制并进行技术预见，指明中国海洋能装备制造关键技术创新路径及发展前景。最后，基于战略管理、技术路线图等理论，利用SAO语义分析法分析国内外各类型海洋能装备制造发展趋势，对不同类型海洋能装备制造分别制定包含技术路线图，为中国海洋能装备制造"量身定做"发展规划。

研究框架如图 1-1 所示。

1.3.2　研究方法

1.3.2.1　文献研究与调查研究相结合

通过网络资源检索、纸质文献阅读和查阅相关数据库获得相关信息数据，浏览相关文献，获得海洋能装备制造研究资料；对政府海洋事业部门、中国科学院海洋研究所、中国海洋产业集团进行调研，获得海洋能装备制造产业最新发展动态信息。通过文献研究和调查研究获得的数据信息，研究中国海洋能装备制造发展主要影响因素及相关政策。

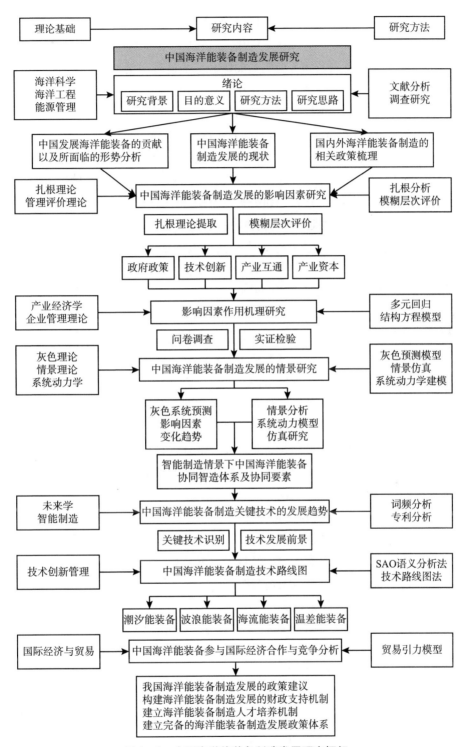

图 1-1　中国海洋能装备制造发展研究框架

1.3.2.2 归纳分析与演绎推理相结合

在认真研读文献、总结研究新能源装备和智能制造概念特征的基础上，对海洋能装备制造和智能制造的概念特征进行归纳总结，并推理出面向智能制造的海洋能装备制造的作用机理和相关理论框架，便于实现后续对海洋能装备制造发展影响因素的研究。

1.3.2.3 扎根理论与模糊层次分析评价法结合

基于扎根理论识别中国海洋能装备制造发展影响因素体系，运用引入差异化权值的模糊层次分析模型实证评价诸因素的影响程度，确定主要影响因素权重，为影响机理作用研究提供基础。

1.3.2.4 问卷调查法与结构方程模型

通过量表设计、问卷调查，获取主要影响因素测量数据，利用 SPSS Amos23.0 统计分析软件，基于结构方程模型，实证检验中国海洋能装备制造发展影响因素作用机理假设模型。

1.3.2.5 情景分析法与系统动力学相结合方法

基于情景分析理论设定中国海洋能装备制造发展可行性情景方案，研究不同情景方案下海洋能装备制造发展的前景。运用系统动力学理论，结合中国海洋能装备制造发展影响因素评价研究确定的指标权重、主要影响因素作用机理、海洋能装备制造发展情景方案及其对应的影响因素变化趋势等研究结果，建立了系统动力学仿真预测模型；结合情景分析法和系统动力学建模，对中国海洋能装备制造发展情景进行仿真分析；通过设置不同参数描绘出不同情景下中国海洋能装备制造发展情况，为中国海洋能装备制造技术路线图研究提供便利。

1.3.2.6 词频分析与专利分析

从海洋能装备制造发展现状出发，利用文献分析与专利分析，探究中国海洋能装备制造未来发展方向及技术发展趋势；利用生长曲线模型对中国海洋能装备制造进行预测及前景分析。

1.3.2.7 SAO 语义分析

利用 SAO 语义，分析国内外各类型海洋能装备制造发展情况及趋势，实现技术与目标完整的语义理解。

1.3.2.8 演化博弈分析

基于演化博弈分析法，对中国海洋能装备参与国际经济合作与竞争进行分析；基于"技术换股权"和"工程换能源"的海洋能开发与利用合作机制，构建中国与其他国家的演化博弈模型；使用 MATLAB 进行数值模拟，研究双方合作意愿的发展演化过程，仿真分析中国海洋能装备制造的技术创新机制和成本控制机制在国际能源合作中发挥的作用。

1.3.3 研究内容

中国海洋能装备的未来发展，受到政策、技术创新能力等诸多因素的影响。这些因素的变化不仅使中国海洋能装备制造呈现出不同的情景，而且影响了中国海洋能装备制造的发展进程和海洋能的开发与利用水平。只有科学地制定相关政策并把控相关因素的发展变化，才能以高效、稳定、可靠的海洋能装备产品促进中国海洋能开发利用水平步入国际先进行列。研究的具体内容如下。

第1章为绪论。本章阐述了中国海洋能装备制造发展的研究背景、目的及意义，梳理了国内外关于海洋能装备制造及其影响因素研究的学术成果，概括了研究方法、研究思路以及创新之处。

第2章为相关概念界定与中国海洋能装备制造发展面临的形势。本章界定了海洋能、海洋能装备制造等基本概念，厘清中国海洋能装备制造发展对国内及全球海洋能开发利用的推动作用和贡献。分析了中国能源的稀缺性和以煤炭化石能源为主的能源结构对发展可再生能源的需求，指明海洋能是一种重要的可再生能源，为明晰中国海洋能装备制造高质量发展道路奠定了基础。另外，本章还从智能制造转型促进海洋能装备制造发展趋势分析了中国发展海洋能装备制造面临的形势，为影响因素等研究指明了方向。

第3章为中国海洋能装备制造发展的现状。本章通过文献研究和调查研究方法掌握了中国潮汐能、潮流能、波浪能、温差能、盐差能的开发利用的现状；演绎推理了中国海洋能装备制造发展的技术基础，分析数字经济对中国海洋能装备制造面向智能制造发展的促进作用；指明了中国海洋能装备制造发展面临着关键技术制约、海洋能装备制造企业内部创新动力与配套能力不足、人才与资金缺乏，缺少相关的法规政策促进海洋能开发利用及海洋能装备制造发展等问题。

第4章为国内外海洋能装备制造的相关政策梳理。本章从指导思想、经济激励以及人才培养角度分析中国海洋能装备制造相关政策，介绍评述了比利时、丹麦、美国、德国、加拿大、英国、日本和法国的海洋能装备制造相关政策，为我国制定并完善海洋能装备发展相关政策提供借鉴。

第5章为中国海洋能装备制造发展的影响因素。本章从政策、技术创新能力、产业互通程度、产业资本配置等角度深入分析中国海洋能装备制造的发展影响因素以及诸因素对中国海洋能装备制造的影响程度。基于扎根理论分析方法，结合实践资料，识别中国海洋能装备制造发展的主要影响因素体系；运用现代管理方法，对模糊层次分析模型加以改进，引入差异化权值定义获得可信度更高的评价结果，确定主要影响因素的影响程度。

第6章为影响因素对中国海洋能装备制造发展作用机理。本章首先提出了主要影响因素的作用机理假设，包括政府政策及产业互通对海洋能装备制造发展的间接作用假设，以及产业互通、产业资本和技术创新对海洋能装备制造发展的直接作用假设，由此建立主要影响因素作用机理模型。其次，通过调查问卷形式进行数据采集并进行信度检验和效度检验。最后，基于结构方程模型对问卷数据进行分析，实证检验了中国海洋能装备制造发展影响因素作用机理模型。

第7章为中国海洋能装备制造发展情景。本章基于第5章和第6章的研究结论，首先分析了中国海洋能装备制造发展趋势。通过对中国海洋能装备制造发展趋势的分析，建立了能耗高压情景、要素投资情景和智能制造情景等情景方案。其次，运用灰色系统预测模型，分析了各情景方案下中国海洋能装备制造发展的影响因素变化趋势。最后，结合中国海洋能装备制造发展影响因素评价研究确定的指标权重、主要影响因素作用机理、海洋能装备制造发展情景方案及其对应的影响因素变化趋势等研究结果，建立了系统动力学仿真预测模型，利用 MATLAB 仿真技术对各情景方案进行仿真分析，评价情景优劣性，确定中国海洋能装备制造发展的最佳情景方案，为海洋能装备产业的政策制定提供理论依据。

第8章为中国海洋能装备制造关键技术发展趋势。本章在明确我国海洋能装备制造技术发展趋势分析步骤及方法的基础上，对海洋能装备制造技术的发展趋势进行分析。指出中国海洋能装备制造关键技术的发展要求，进行了海洋能装备制造关键技术识别和海洋能装备关键技术功效矩阵分析。在此基础上进行了我国海洋能装备关键技术柔性创新机制研究及技术预见，指明了海洋能装备关键技术创新路径及发展前景。

第9章为中国海洋能装备制造技术路线图。本章在明确我国海洋能装备制造技术路线图制定动因及方法的基础上，基于潮汐能、波浪能、潮流能和海洋温差能等类型的海洋能装备制造的各自发展情况，利用 SAO 语义，分析国内外各类型海洋能装备制造发展情况及趋势，实现技术与解决目标完整的语义理解，对不同类型海洋能装备制造分别制定包含市场需求、产业目标、技术发展以及物资保障等因素的技术路线图，避免"一刀切"式发展中国海洋能装备。

第 10 章为中国海洋能装备参与国际经济合作与竞争分析。本章主要研究经济全球化的背景下，我国海洋能装备如何参与国际经济合作和其竞争分析。在分析美国、亚洲和欧洲等主要国家与地区的海洋能行业发展、市场现状、制造能力和水平的基础上，研究以技术换股权的海洋能开发利用合作机制、以工程换能源的海洋能开发利用合作机制、国际经济合作风险管控机制和海洋能装备输出贸易争端保护机制等国际经济合作机制；研究海洋能装备制造企业技术创新机制、海洋能装备制造企业成本控制机制和海洋能装备输出信息交流机制。

第 11 章为中国海洋能装备制造发展的机制与政策建议。本章综合上述章节的研究结果，主要从财政支持机制、人才培养机制、产业发展政策体系三个方面提出中国海洋能装备制造发展的机制与政策建议。

1.4　创新之处

本书有如下创新之处：

第一，从政府政策、技术创新、产业互通、产业资本等视角识别中国海洋能装备制造发展的主要影响因素，并基于扎根理论研究方法，从宏观（政府层面）、中观（产业层面）和微观层面（企业层面）剖析中国海洋能装备制造发展的影响因素体系，揭示了政府政策和产业互通的间接影响机理，以及产业资本、技术创新、产业互通的直接正向影响机理。

第二，基于能耗高压情景、要素投资情景、智能制造情景等中国海洋能装备制造发展主要情景方案，运用灰色系统预测模型预测了各个情景方案下的主要影响因素的变化趋势，并基于未来学和系统动力学理论对情景方案的优劣进行了评价，使政策建议具有前瞻性。

第三，识别出中国海洋能装备制造关键技术，基于此构建关键技术发展功效矩阵，对智能制造与海洋能装备制造融合进行技术预见，为中国海洋能装备制造面向智能制造转型提供了理论依据。

第四，基于中国潮汐能、波浪能、潮流能和海洋温差能等类型的海洋能装备制造的各自发展情况，对不同类型海洋能装备制造分别制定技术路线图，明确了中国海洋能装备制造技术发展愿景、关键技术及发展路径。

第五，构建中国海洋能装备参与国际经济合作与竞争的七种机制，以此提高中国企业参与国际经济合作与竞争的能力。

第2章 相关概念界定与中国海洋能装备制造发展面临的形势

明确海洋能及海洋能装备制造发展基础理论对中国海洋能开发利用及装备制造发展具有促进作用。本章通过查询文献资料等方式，明确海洋能及海洋能装备制造的概念界定，为研究中国海洋能装备制造发展提供理论基础。

2.1 海洋能及海洋能装备制造的概念界定

2.1.1 海洋能

海洋能指依附在海水中的可再生能源，通过各种物理过程接收、储存和散发能量，这些能量主要以潮汐能、波浪能、潮流能、温差能、盐差能等形式储存于海水中。关于海洋能的概念界定，有观点认为海洋能是一个除上述海水取能外更广泛的概念，包括海洋生物质能、海洋接收的太阳能以及海面上空存在的风能。实际上，广义的海洋能概念包括的风能、太阳能及生物质能等类别，从技术角度讲，与陆地同类能源无实质区别，其采集过程是风能、太阳能、生物质能技术依托海洋工程技术而实现的。即扩展的海洋能源类别在技术手段上与狭义海洋能源的开发技术并无实质性的交叉，是陆上技术与海洋工程的结合。

基于此，本研究认为海洋能的概念是指必须依托海洋而存在的，通过各种物理过程接收、储存和散发的能量，这些能量以机械能和内能的形式存在于海水中。根据该定义，海洋能的核心特征是必须依托海洋而存在，而海上风能、太阳能在没有海洋的情况下依然存在，海洋生物质能在模拟海洋环境中依然可以达到预期的能源效果。因此，本研究中提及的海洋能即为潮汐能、波浪能、潮流能、温差能、盐差能等形式的海洋能。

2.1.1.1 海洋能的特点

海洋能具有以下几个特点：

第一，海洋能总体含量巨大，但单位体积、单位面积或单位长度所蕴含的能量较小。这意味着想要从海水中获取可观的能源，需要从大量的海水中获得。

第二，海洋能具有可再生性。天体间存在的万有引力以及太阳内部热核反应所产生的辐射能是海洋能的主要来源，在此基础上可以说海洋能是"取之不尽、用之不竭"的。

第三，海洋能分为较稳定能源和不稳定能源。海洋能中的温差能和盐差能就属于较稳定能源，而不稳定能源分为两类：一类是以潮汐能和潮流能为代表的变化规律的不稳定能源，另一类是如波浪能这种变化不规律的不稳定能源。

第四，海洋能也是清洁能源的一种，海洋能在开发后对环境的影响很小。

2.1.1.2 海洋能的分类

2.1.1.2.1 潮汐能

潮汐能是指由于海水受到月球引力的影响，发生海水平面周期性升降运动中所蕴含的能量。潮汐现象是人类最早认识和利用的海洋运动，潮汐能也是人类使用最成熟的海洋能之一。在海平面周期性升降运动中，海水涨落所产生的势能和潮水流动所产生的动能被称为潮汐能，这种能量是可再生且无污染的。潮汐能具有的能量与潮汐的潮量和潮差是成正比的，或者说，是与水库的面积和潮汐的潮差平方成正比。潮汐能相对于水力发电来说，能量密度偏低，仅与微水头发电相当，通过大力发展潮汐能等新能源，能够间接降低大气中二氧化碳含量的增加速度。潮汐是万有引力导致的一种在世界范围内存在的海平面周期性升降的现象。由于受到太阳和月球的影响，海平面在每昼夜都会出现两次涨落现象。潮汐属于自然现象的一种，为人类航行、捕鱼以及海盐晒制等行为提供了助力。另外，潮汐还可以转换为电力，为人类发展提供帮助。

2.1.1.2.2 波浪能

波浪能是海洋能中占据主要地位的能源之一，也是海洋能具体化的一种形态。正确地开发和利用波浪能，能够有效缓解世界能源危机和保护自然环境。海水是由海水质点构成的流体，在外部力量的影响下，海水质点不断在平衡点周围做周期性运动，从而形成了波浪。波浪是海洋中除了潮汐以外另一种令人震撼的大规模宏观运动。狂风呼啸时，万吨巨轮也会被浑浊海浪随意拍动。风是导致水面波动外部因素之一，风速则是波浪大小的主要影响因素。一般而言，风力在 10 级以上时，海面上的波浪高度可达 12 米，甚至能够达到 15 米以上。海面上六七级风是十分常见的，一般会掀起 3～6 米高的波浪。风或潮汐会使海水质点相对于海平面产生位移，使波浪具备势能，而海水质点自身的运动也会令波浪具备动能。

波浪能是一种可再生能源，根据世界能源委员会的报告显示：全球可利用的波浪能达 20 亿千瓦，其开发潜力相当可观。波浪能开发良好的可行性离不开以下特点：（1）波浪能属于机械能的一种，其能量转化装置较为简单，波浪能在众多海洋能中是质量最好的能源之一。（2）波浪能的能流密度较低，但总量很大，部分地区甚至高达 100 千瓦/米。（3）累积的波浪能能量在冬季正处于高峰期，能够有效缓解冬季能耗大的问题。（4）波浪能分布范围广，有解决海上偏远地区的能量来源的潜力。

2.1.1.2.3　潮流能

潮流能指潮水流动的动能，主要是指月球、太阳等的引力作用引起地球表面海水周期性涨落所带来的能量，主要集中在岸边、岛屿之间的水道或湾口。潮流通常可以分为往复式和旋转式两种，相对波浪而言，潮流能的变化要平稳且有规律得多。

潮流主要是由潮汐引起的海水流，储量丰富。中国潮流能资源储备极为丰富，据《中国沿海农村海洋能资源区划》统计，中国沿岸 130 个水道的理论平均功率约为 1.4×10^4 兆瓦。潮流能以各省区沿海的分布状况来看，最丰富的是浙江省沿海，高达全国潮流能总量的一半以上，其次是辽宁、山东、江苏、福建和海南等地沿海，潮流能占全国总量的 36%，其他省份由于地理位置等原因，潮流能蕴藏量较少。

目前，我国虽然还没有成功运作的潮流能商业化项目，但在对经济条件、技术水平以及环境影响等全面评估的基础上，提出了不同类型的原型设计，并在实验室、海域进行实验研究。近几年，国家有关部门高度重视潮流能的开发利用，潮流能相关技术的研究与应用均取得了重大进展和良好的发展趋势，有望进入工程示范和规模化应用阶段。

2.1.1.2.4　温差能

温差能是指海洋中表层海水与深层海水之间温差所储存的热能。从海洋可再生能源的角度来说，温差能是常说的海洋热能；从热能利用的角度来看，海洋温差能、海水源热泵、利用海洋冷却的一些设备，都是利用了海洋热能。中国南海处于热带海域，太阳辐射能充足，表层水温常年保持在 25℃ 以上，而深层水温则在 5℃ 以下，温差能资源十分丰富。

海洋表面受到阳光照射，太阳辐射能转换为海洋热能，而深层水温一般较低，将不同温度的海水作为热源和冷源，就能够利用它们的温差发电。海洋接收了大量的太阳能，6 000万平方公里的热带海域每天所接收的太阳能，相当于2 500亿桶石油的热能。一般而言，热带海域的表面水温在27℃左右，深海水温则在5℃左右，这导致了海洋热能转换装置的效率偏低，想要弥补这一点，就需要动用大量的海水。

2.1.1.2.5　盐差能

盐差能是指淡水和海水之间或者两种盐含量不同海水之间的电位差能，属于化学能形态的一种海洋能。盐差能一般存在于江河入海处，由于盐含量不同，海水和淡水之间存在渗透压以及稀释热、吸收热、浓淡电位差等浓度差能。中国江河数量众多，盐差能资源丰富，有很大的发展潜力。盐差能是各种海洋能中能量密度最高的可再生能源。

2.1.2　海洋能装备制造

海洋能的开发利用是指利用一定的方法、设备把各种海洋能转换成电能或其他可利用形式的能。海洋能装备制造是为海洋开发提供装备的战略性产业，随着海洋开发步伐的加快，海洋能装备制造将迎来广阔的发展机遇，越来越多的国家也认识到了海洋能装备制造的重要性。海洋能装备制造与海洋能技术的发展密切相关，随着海洋工程技术、机械设计与制造技术的不断发展，海洋能装备制造行业不断成熟，能够为科研需要、商业需要生产适用性强、稳定性高的装备产品。

从技术基础看，海洋能装备基于机械设计、能源工程、海洋工程及自动化等多种学科的交叉而完成制造。从应用目的看，海洋能装备服务于对应的海洋能开发项目，以能源获取为目的，用于发电、航行及其他能源转换需要。因此，海洋能装备制造应定义为"基于海洋能源转换相关技术，能够使海洋能转换为可利用能源的装备制造过程"。海洋能装备制造具有以下主要特点。

第一，技术密集。海洋能装备制造依托海洋能开发技术，将蕴藏于海洋中的可再生能源转换成电能及其他便于利用与传输的能量。海洋能开发技术与海洋科技总论中其他分支学科均存在不同程度的交叉。例如，海洋能装备制造为适应特殊的应用条件，需要结合环境海洋学、海洋遥感、海洋环境预报预测等学科；海洋装备应用对环境的影响则需结合海洋环境保护技术支持；大型成套海洋能设备的安装与运行需依托海洋工程学。可以说，海洋能装备的运行需要海洋科技众多学科的支持。此外，海洋能装备本身的设计来源于机械设计、电子信息技术、材料科学、自动化等学科交叉。当海洋能装备投入运行阶段，对于设备的监控和管理则需要传感技术、应用软件技术的支持。因此，技术密集是海洋能装备制造的首要特点。

第二，持续研发投入。由于海洋能装备制造属于高投入、高风险制造，从事海洋能装备制造的厂商须具有完善的研发机构、完备的建造设施、丰富的建造经验，而为达到以上要求，雄厚的资金实力是一项重要前提。自2010年以来，海洋可再生能源专项资金累计支持经费约13亿元，共支持了114个项目。目前，海洋能利用技术研发在不断地取得成果，但仍然存在很多问题，主要为海洋能装备运行的成本问题。利用海洋能装备进行发电的成本与电价体系不匹配，海洋能装备制造更多的是供科学实验使用，仅在潮汐能等部分领域中得到了商业化效益。海洋能装备成本问题也反映了当前海洋可再生能源技术不够成熟，海洋能装备有待进一步改进的状况，这需要持续的高强度研发投入。从经济回报上看，研发投入在短期内无法形成可观的经济效益。因此，海洋能装备的相关投入都是通过国家政策引导，由国家财政拨款而开展的研发项目，少有企业进行研发投资。

第三，定制性。海洋能装备多为大型成套设备，服务于特定的海洋能开发项目。从商业化应用角度，由于海洋能开发项目设计的独特性，以及海洋环境的复杂性，配套的海洋能装备必须按照海洋能开发项目进行定向研发和制造。而以海洋能科学研究为目的的装备制造则更加严格，需要满足特定的实验需要，对于精度、适应性都有特殊的要求，需要与科研人员进行合作，完成科研专用海洋能装备的研发设计工作。因此，定制性是海洋能装备制造的重要特征。

第四，应用条件苛刻。中国海疆幅员辽阔，毗邻陆地的渤海、黄海、东海、南海等地相互联通，自北向南呈弧状分布，属于北太平洋西部的边缘海。从温差看，南北海域纬度相差近40°，跨温带、亚热带和热带，温差相差极大。此外，北部海域气候相对平和，而南部海域常见季节性台风。在海洋能开发项目中，海洋能装备的运行对温度存在一定要求，这也使得海洋能装备产品的应用条件受到一定限制。从海洋环境看，我国领海处于太平洋板块边缘，海底地质活动频繁，从而对海洋能装备存在稳定性要求，以适应海底板块运动引起的海面环境变化。总之，中国海洋能装备的应用条件较为苛刻，与装备的定制要求相呼应，成为海洋能装备制造的重要特点之一。

2.2 中国发展海洋能装备的作用与贡献

2.2.1 中国海洋能装备制造发展对海洋能开发利用的推动作用

近年来，在海洋能发展政策上，科技部门积极进行中长期规划，联合财政政策对海洋能装备的技术攻关进行大力支持。一是发布海洋能规划，绘就"十三五"发展蓝图。国家海洋局在 2016 年发布的《海洋可再生能源发展"十三五"规划》，是我国第一个指导海洋能发展的五年规划，提出要以"十三五"规划中关于发展可再生能源、推动能源结构优化升级以及海洋能作为战略性新兴产业为关键抓手，加快海洋能技术的商业化进程。二是打赢海洋能技术攻坚战，赶超国际先进水平。近年来，中国海洋能技术取得了较大进展，朝装备化、实用化的目标更进一步，并在国际海洋能发展中获得了一定地位。潮流能技术最早实现"弯道超车"。浙江大学潮流示范电站的稳定性和能源转换率均达到国际先进水平。波浪能技术发展迅猛。由广州能源所开发的波浪能转换装置总装机达到 260 千瓦，并实现了上岸并网，波浪能发电正式走进中国的千家万户。另外，温差能方面也取得了一定成绩。三是要构建有助于海洋能相关产业发展的支撑服务体系。《中国海洋能近海重点区资源分布图集》的编印完成，中国海洋能开发活动得到有力支持，山东、浙江和广东等省份大力发展海洋能，吸引着海洋能研发、设计、示范、测试、施工、运维等上下游机构。海洋能发展布局离不开以试验场为代表的支撑服务体系建设，海洋能海上试验场对潮流能和波浪能发电机组进行现场测试服务，表示中国海洋能发电相关的测试方法以及标准体系正在逐渐形成，为海洋能技术的成熟提供了坚实基础。

我国对海洋能的开发利用给予了高度重视。在资金方面，设立海洋可再生能源专项资金，从 2010 年开始累计投入约 13 亿元，为 114 个相关项目提供了支持。我国近海海洋综合调查与评价专项（"908 专项"）为海洋能的开发利用开展了 3 个相关专题，这些研究给中国未来对海洋可再生能源的开发利用提供了帮助。此外，中国的科技支撑计划中也开展了"海洋可再生能源开发利用关键技术研究与示范"这一重点项目，为海洋可再生能源相关技术的研究提供了支持。从 2010 年开始，国家海洋局和财政部联手开展了海洋可再生能源资金项目，着重关注旨在提升处于偏远位置的海岛供电水平和帮助无电人口通电的独立电力系统示范；根据地理条件和海洋资源，建设以海洋能为主的大型并网电力系统示范；海洋可再生能源开发利用关键技术产业化示范；支持海洋可再生能源开发利用的相关技术研究以及相应标准和支持服务体系。

在政策方面，2016 年国家海洋局印发的《海洋可再生能源发展"十三五"规划》有助于实现海洋能装备走向成熟，成功做到稳定发电，并生产了一批效率高、稳定性好的技术装备，基本形成海洋能装备产业链条。此外，它还为海洋能开发应用示范提供了助力，新兴海洋可再生能源产业发展规模不断壮大。目前，中国海洋能开发利用相关机构已超过 300 家，形成了一批海洋能理论研究、技术研发、装备制造、海上运输、安装、运行维护、电力并网的专业队伍。

在核心装备方面，中国在潮汐能、波浪能等海洋能的利用装置上都取得了一定成果。自 2017 年以来，在潮流能的发展方面，中国验收了 6 个潮流能项目，并且新批准 3 个潮流能项目，标志着中国潮流能技术接近国际先进水平，成为少数掌握规模化潮流能开发利用技术的国家。而在波浪能的发展方面，中国验收了 6 个波浪能项目，并且新批准 4 个波浪能项目，基本接近国际先进水平，并研发了小功率发电装置，约 30 台装置完成了海试。在温差能技术进展方面，共验收两个温差能项目、1 个盐差能项目。

在海洋能国际合作与交流方面，中国不断寻求合作与突破。2011 年，中国正式加入国际能源署海洋能源系统技术合作计划；2013 年，中国加入国际电工委员会海洋能转换设备技术委员会；2014 年，中国成立海洋能转换设备标准化技术委员会，致力于国际海洋能标准转化工作。截至 2018 年底，中国的海洋能发电站的总装机容量达到 7.4 兆瓦，累计发电量超 2.34 亿千瓦时；潮汐能发电站装机容量 4.35 兆瓦，累计发电量超 2.32 亿千瓦时；潮流能发电站总装机容量 2.86 兆瓦，累计发电量超 350 万千瓦时。[①] 2021 年，中国继续实施了一系列包括海洋能源在内的可再生能源发展的气候变化战略、措施和行动，为中国海洋能源国际合作指明方向。[②]

在潮汐能装备制造领域，存在一定矛盾导致其发展暂缓。中国偏僻沿海和海岛地区，在大电网尚未全面铺设时，曾存在 8 座电站长期发电，为当地经济发展提供了很好的帮助，深受群众欢迎。但随着电网的连接，其

---

① 《中国海洋能 2019 年度进展报告》，中华人民共和国自然资源部。

② https：//www.ocean-energy-systems.org/ocean-energy-in-the-world/China/，专题网站。

经济效益有所下降，加上经营困难等问题，电站逐渐停运。目前，仅有浙江的江厦和海山电站还在运行。虽然中国先后对浙江和福建等地提供了选址和可行性研究等帮助，但由于多种原因未能开工。潮汐电站技术是目前海洋能技术中唯一成熟的，但其发展一直存在某些问题：（1）在海湾口筑坝建电站与海湾内其他资源开发方式（如交通航运、港口码头等）存在矛盾；（2）潮汐电站虽然社会和环境效益好，但建设周期长、单位装机造价高、上网电价高、经济效益低，故当地政府积极性不高。

波浪能装备领域，波浪能发电通过捕获波浪运动的能量，将波浪的动能和势能转变为电能。波浪能的利用装置类型丰富，但通常由两个部分组成：第一部分是采集系统，其目的是捕获波浪能；第二部分为转换系统，其目的是把前面捕获的波浪能转换为机械能或电能。采集系统的形式有振荡水柱式、振荡浮子式、鸭式、筏式、收缩坡道式。目前，波浪能技术分为振荡水柱技术、振荡体技术和越浪技术 3 种。近年来，我国主要对振荡体形式开展研究，发展了各种以不同振荡体为基础的装置。其中比较有代表性的是中科院广州能源所研制的漂浮直驱式波浪能发电系统"哪吒一号"和新型漂浮式波浪能发电装置"鹰式一号"、国家海洋技术中心研制的浮力摆式波浪能发电装置、中国海洋大学研制的齿轮齿条振荡浮子式波浪能发电装置等。这些重大科研成果直接推动了波浪能的开发与利用，提高了近海小型用电场景的海洋能供电技术水平，在不同的海洋环境和气候环境下均能表现良好的供电能力和稳定性。

在潮流能装备领域，在近年国家大力支持下，我国研发了 10 余项潮流能发电试验装置，标志着中国潮流能发电技术已经处于海试阶段，已经解决了潮流能发电中存在的大部分关键问题，发电机组的核心关键部分也实现了基本国产化。我国对海洋能的开发和利用，最早着重于潮汐能，并建设了潮汐发电站。20 世纪 70 年代以后，潮汐能发展不断取得突破，我国又开展了波浪能利用研究，近年来，开始研究温差能和盐差能的开发和利用。目前，我国对海洋能的研究成效显著，尤其是潮汐能和波浪能发电技术已接近世界领先行列。

2.2.2 中国海洋能装备制造发展对全球海洋能源开发利用的贡献

中国自 20 世纪末便拉开了海洋能开发序幕，在世界海洋能技术领域实现了从"跟跑"到"并跑"的跨越。在国际合作方面，我国始终积极参与世界海洋能发展计划。进入 21 世纪后，国际能源署实施了"海洋能系统技术合作计划"，致力于促进海洋能研究、开发与利用，引导海洋能技术向可持续、高效、可靠、低成本及环境友好的商业化应用方向发展。中国加入该计划以来，为履行成员国"海洋能系统信息回顾、交流与宣传"的职责，定期发行"海洋可再生能源开发利用动态简报"，宣传国内外海洋能发展动态。明确提出要参与到全球海洋治理当中去，共建共享"海上丝绸之路""冰上丝绸之路"，推动海洋命运共同体建设。进入21世纪，保障能源安全、保护生态环境、应对气候变化已经成为各国的共同目标。尤其对于沿海国家和地区来说，海洋能的开发利用、海洋生态保护和应对海平面上升带来的问题值得特别重视。"海上丝绸之路"得到了沿线国家的普遍认同，中国积极利用这些合作平台，构建"海上能源丝绸之路"。

中国海洋能装备制造发展推动能源技术革命，集中力量开展重大技术研发、装备制造以及示范工程建设，聚焦核心技术，关注重点领域，推动海洋能装备制造向先进科技装备发展。中国在利用海洋能装备对海洋能资源利用的基础上，积极参与到全球能源合作体系中，在全球能源治理中贡献中国力量，积极建设"一带一路"，推动能源基础设施相互联通，积极构建能源伙伴关系、全球能源互联网、能源命运共同体。此外，中国除了要准确落实国内相关议程、积极研发海洋能装备制造以外，还应该加强国际合作关系，特别是在海洋能源可持续发展领域方面。联合国关于可持续发展目标的提议中指出，要"确保人人获得负担得起的、可靠和可持续的现代能源""保护和可持续利用海洋和海洋资源以促进可持续发展"。

中国对海洋能源国际合作给予了高度重视，在国际合作平台上积极推进多边合作，努力提升国际海洋能合作关系。中国积极参与海洋能源国际合作，除联合国外，还加入了二十国集团能源部长会议、亚太经合组织能源部长会议、国际能源署、国际可再生能源署等组织，并且积极推动将海洋能源合作列入议程，为海洋能源重大事务的相关决策贡献中国智慧。在海洋合作领域，诸如中国—小岛屿国家海洋部长圆桌会议、中国—东南亚国家海洋合作论坛等，中国高度重视海洋能源合作，将其列为重要合作内容，不断提升海洋能源合作水平。借助这些国际合作平台，专门成立了海洋能源相关的合作小组，设立海洋能源分会场、举办海洋能源分论坛，积极将海洋能源纳入国际合作机制当中。

2.3　中国海洋能装备制造发展的
客观需求与面临的形势

2.3.1　中国发展海洋能装备制造的需求分析

中国是全球人口最多的海洋大国，对于海洋资源的合理科学开发，可以有效解决资源缺少、环境污染和人口增长等问题。海洋新兴战略产业的发展，对于中国海洋经济发展方式的转变，实现海洋强国的目标有着重要意义，尤其是海洋经济发展方式的转变还能够解决中国沿海地区存在的资源和环境两大"瓶颈"，海洋新兴战略产业将成为"十三五"之后沿海地区经济发展的核心内容和主攻方向。

伴随着海洋资源的开发利用，海洋开发已然出现从近海走向远洋，由浅海走向深海的发展趋势，海洋能源装备的重要性也不断凸显。未来一段时间，海洋油气开发对大型钻井作业平台的需求、深海勘探对深潜器的需求、海洋能开发对海洋电力设备的需求都将持续增加。因此，海洋能装备有着广阔的发展前景，并可以带动其他海洋能产业的发展，产业关联性强。

海洋能属于可再生清洁能源，储备量大且对环境友好，是一种有待开发的战略性新能源。地球陆地面积仅占29%左右，大部分区域属于海洋，如果从海平面的角度来看，陆地平均海拔约为840米，海洋的平均深度却为380米，海洋容积高达 1.37×10^9 千米³。无边无际的海洋，不仅为人类提供了丰富的水源、生物资源以及矿藏，并且还蕴藏着庞大的能量，海洋将太阳辐射能和风能以热能、机械能储存在海水中，相比陆地和空中，更加不容易散失。在全球石油价格波动剧烈的经济环境下，在碳排放过量的自然环境下，开发经济可靠的海洋能装备，是海洋能开发与利用的关键战略方向。从能量起源看，海洋能源来自太阳，资源条件优越。因此，影响海洋能开发的关键在于海洋能装备制造。

中国拥有 1.8 万公里海岸线，在 470 万平方公里的海岸领域内蕴藏着极其丰富的海洋能资源，这些海洋能资源主要以潮汐能、波浪能、潮流能、温差能、盐差能、海风能等形式存在。中国海洋能中的潮汐能，资源储量为 1.1 亿千瓦左右，年发电量接近 2 750 亿千瓦时，主要分布于浙、闽两省，占据了全国潮汐能的 81%。潮汐能方面，理论功率为 0.23 亿千瓦，分布于广东、福建、台湾以及海南等地。中国潮流能有着极大的开发潜力，其有待开发的装机容量在 0.18 亿千瓦，发电量在 270 亿千瓦时左右，集中在浙江、福建等省。另外，在东海附近的黑潮，动力能源巨大，估计在 0.2 亿千瓦左右。而温差能和盐差能的储量分别为 1.5 亿千瓦和 1.1 亿千瓦，两者的总量超过潮流能和潮汐能。① 中国海洋能非常丰富，普遍存在于浩瀚的海洋水体中。学者对海洋能蕴藏量有不同估计，相差悬殊。本节选择国家海洋局第二海洋研究所提供的海洋能储量数据，详见表 2−1。各类海洋能理论储量与技术可用储量相差数个量级，而目前的实际开发量仅占技术可利用量的极小部分。从储量上看，中国海洋能可开发规模巨大，因此随着海洋能开发技术的不断进步，未来对海洋能装备的需求量将出现大幅增长。

表 2−1 中国海洋能储量估算

能源类型	调查技术范围	理论资源储量/千瓦	技术可用储量/10^8千瓦
潮汐能	沿海海湾	1.1×10^8	0.2179
波浪能	沿海海域	1.285×10^7	0.0386
	近海及毗邻海域	5.74×10^{11}	5.7400
潮流能	沿岸海峡、水道	1.395×10^7	0.0419
温差能	近海及毗邻海域	3.662×10^{10}	3.6600
盐差能	主要入海口海域	1.14×10^8	0.1140
全国海洋能储量	—	6.1087×10^{11}	9.8100

　　海洋能存在于海岸线附近，正是人口密集、产业发达、能量消耗多、远离传统化石能源的地区。特别是对于海洋上的孤岛，几乎只有海洋能这一种能源资源。虽然总量极其丰富，但海洋能分散存在于全球大洋的水体之中，单位体积、长度或面积的能源不高，无法有效利用。沿岸海域的海洋能尚有潜在开发价值，而大洋的海洋能远离用户、环境恶劣，开发利用存在困难。同时，海洋中能量储量会随着海域、时间的变化而变化，各有规律。这也不利于海洋能的开发利用。

　　在五种主要海洋能的开发活动中，潮汐能和潮流能的开发最为广泛。潮汐能方面，中国潮汐能蕴藏丰富，理论上可达 1.1 亿千瓦，并且在东南

---

① 《中国海洋能 2019 年度进展报告》，中华人民共和国自然资源部。

沿海地区存在不少能量密度较高的潮汐，其平均潮差在 4～5 米，有很高的开发价值。同时，中国潮汐能资源也面临着分布不均等问题。东海的潮差最大，其次是黄海，而渤海南部和南海的潮差较小。对于河口的潮汐能资源，钱塘江口的潮差最大，其次为长江口，再次是珠江、晋江、闽江和瓯江等河口。以地区来区分，潮汐能资源则集中在华东沿海地区，占据了中国潮汐能可开发总量的 88%。在地形地质方面，可以分为平原型和港湾型两类，在杭州湾北边，大部分属于平原海岸，其海岸线平直，地势平坦，地质以泥沙为主，潮差偏小，缺乏优质的港湾坝址；自杭州湾以南，地势险峻，海岸较多，海岸线曲折，潮差较大，存在不少优越的发电坝址。不过需要注意的是，虽然浙、闽两省海岸存在丰富的潮汐能资源，但在开发利用上仍存在困难，需着重研究解决水库的泥沙淤积问题。

潮流能方面，世界装机功率最大、总装机容量达 3.4 兆瓦的 LHD－L－1000 林东模块化大型海洋能发电机组项目已在浙江舟山通过专家验收。这表明中国在潮流能发电方面已经趋于稳定，成为世界上少有的能做到潮流能发电并网的国家。依据中国沿海 130 个水道、航门的数据资料和分析统计，中国沿海的潮流能年平均功率理论上可以达到 1.4×10^7 千瓦。在各沿海地区中，辽宁、山东、浙江、福建以及台湾等地的潮流能资源蕴含丰富，甚至不少地区潮流能的能量密度可以达到 15～30 千瓦/米^2，有较好的开发潜力。另外，中国潮流能功率密度很高，尤其是浙江舟山群岛的金塘、龟山和西堠门水道，平均功率密度大于 20 千瓦/米^2，开发潜力和环境都很好。[1]

中国在波浪能方面已得到小规模的开发与利用，能够为小型场景的用电需求提供能源转化。由于海洋深处中的波浪能是难以提取的，所以方便使用的波浪能资源只局限在海岸线附近。即便在这样的情况下，条件偏好的沿海地区的波浪能资源蕴藏量也超过 2 太瓦。根据估计，全世界可供开发的波浪能在 2.5 太瓦左右。尤其是中国部分沿海地区，波浪能资源极为丰富，据相关调查以及资料计算统计得出，中国海岸波浪能资源平均功率为 1 285.22 万千瓦，其中台湾沿岸尤其丰富，高达 429 万千瓦；其次，浙江、广东、福建和山东等地沿岸的波浪能资源也较为丰富，在 160 万～205 万千瓦之间。[2]

对于潮汐能、潮流能、波浪能等已实现规模开发的海洋能装备，资源储量特征对海洋能装备制造的要求主要包括以下三点。

---

①② 《中国海洋能 2019 年度进展报告》，中华人民共和国自然资源部。

第一，多种海洋能源类别的装备制造有序发展。目前，以潮汐能、潮流能的商业化开发规模最大。因此，应优先发展潮汐能及潮流能装备制造。同时，在波浪能装备的发电能力低于潮汐能、潮流能装备的情况下，考虑有限的市场应用场景，如近海岛屿、灯塔或者工程项目的用电需求，应采取以"精"为主，以"量"为辅的发展战略。

第二，达到商业化条件的海洋能装备规模化发展。总体上看，潮汐能、波浪能已实现了大规模的商业化开发，当前开发量占技术可用储量极小比例，海洋能装备制造规模的可扩展空间巨大。因而，海洋能装备制造应充分顺应技术发展和市场需求，优先对潮汐能、潮流能装备进行技术攻关，提高其能源转化效率并降低运营成本，通过技术创新，扩展装备应用空间，提高产业规模。

第三，多个区域的海洋能装备制造优势化发展。通过潮汐能、潮流能、波浪能在中国沿海地区分布的分析，资源分布较不均匀，且能源发电设备的选址受到自然条件的影响较大。因此，在沿海不同地区应充分结合本地能源开发条件，发展适宜商业化开发的海洋能装备种类，基于自然条件发展地域性海洋能装备制造比较有优势，有利于实现经济效益最大化。

在温差能、盐差能的开发利用领域，尽管能源储量可观，但技术难题仍然是大规模开发商业化的制约因素。因此，对于温差能、盐差能装备制造，相比能源自然状况形成的要求，攻克关键技术才是二者开发的关键所在。

2.3.2 智能制造转型形势下中国海洋能装备制造面向高质量发展

海洋能装备制造属于高端装备制造领域。目前以"智能制造"为核心的第四次工业革命为高端装备制造业提供了全新动能，海洋能装备制造应适应高端装备制造业智能化转型大势，通过向智能制造转型面向高质量发展。

习近平总书记在党的十九大报告中明确指出："中国经济已由高速增长阶段转向高质量发展阶段。"[1] 推动经济高质量发展，必须坚持以供给侧结构性改革为主线，而落实供给侧结构性改革的主要突破口在于制造业。因此，制造业的高质量发展是实现中国经济由高速增长阶段转向高质量发展阶段的关键。海洋能装备制造作为海洋能资源开发利用的基础，应

---

[1] https://www. 12371. cn/2017/10/27/ARTI150910365657431. shtml，《共产党员网中国共产党第十九次全国代表大会》，2017 年 10 月 27 日。

紧跟制造业发展要求，不断创新，提高自身实力。海洋能装备制造的高质量发展，不仅要注重资源的合理分配，还要以建设制造强国为目标，面向新技术发展趋势，推动大数据、人工智能、区块链等数字技术与制造业深度融合，不断推动制造业高质量发展，提高中国制造业核心竞争力，增强中国制造业集群优势。第十三届全国人民代表大会第三次会议中也明确指出，应该发展互联网，加快智能制造，进而推动制造业转型升级以及新兴产业的发展。

智能制造（intelligent manufacturing，IM）是一种由智能机器和人类专家共同组成的人机一体化智能系统，它在制造过程中能进行智能活动，诸如分析、推理、判断、构思和决策等。《中国制造2025》明确智能制造是中国高端制造业发展的核心方向，并且将海洋工程装备——资源开发与利用综合系统及设备作为重大工程项目之一，中国海洋能装备制造的智能化转型是未来发展的战略方向。智能制造系统的一大功能是实现装备制造的差异化生产，通过离散制造、柔性制造等业态模式发展服务型制造。通过对海洋能装备制造的特征分析，高度定制性是重要特征之一。从潮汐能、潮流能、波浪能等具备商业化条件的海洋能开发技术领域看，相关装备的运行环境较为复杂，对于温差要求、地质环境必须进行差异化定制。海洋能装备多为大型复杂的集成配套设备，应用场景复杂、供电需求多变，具有装备参数差异大、专用性强等特征。海洋能装备在产品设计、生产和后期运营等环节有较高程度的非重复性，由此决定其高度定制化的特性。而智能制造系统不仅具备提高产品精度、缩短生产周期并降低生产成本等优势，更重要的是用户特殊需求得以通过智能制造实现定制化，兼具规模化生产和差异化定制的功能，进而制造商能够基于用户特殊需求提供海洋能装备整体解决方案。随着智能制造系统不断成熟，产品协同开发服务、模块化产品开发支援服务、精益产品开发支援服务等一系列信息交互平台相继问世，用户在交易中的角色逐步向联合开发者转变，基于能源开发场景的特殊需要与装备制造方共同开发海洋能装备。

实现制造业"由大变强"的目标，必须在具有高技术含量的先进制造领域突破创新。为此，中国围绕创新驱动、绿色制造，大力发展新兴产业。其中，海洋能装备制造业凭借其知识密集、附加值高、成长性好、能源丰富等特点，占据重要的战略地位。从近年中国海洋能装备制造业发展情况看，虽然在一些海洋能领域取得了一些成果，但大多数的海洋能开发利用还不成熟，装备技术还处于起步阶段，导致中国海洋能装备制造业的发展水平总体偏弱。实现海洋能装备制造业的飞速发展，必须从根本影响因素的弱点上入手改进。

中国海疆幅员辽阔，海洋能开发利用项目所在地的海洋环境特征致使相关海洋能装备的运行环境较为复杂，制造方需要经过长期的实地勘察，了解装备运行的海洋环境，结合用户负载需求，有针对性地设计装备功能参数，进而结合海洋工程技术，对海洋能开发项目进行全面的定制化设计，并着手装备制造。智能制造系统使海洋能装备制造具备差异化的设计与生产能力，在为制造商实现优化资源配置和生产流程等效率提升功能的同时，也有能力为用户定制专用性强、环境适应性强的高精度装备，使其在复杂运行环境中发挥预期功能，高效率服役于海洋能开发项目。总之，海洋能装备制造业面向高质量发展，基于智能制造的定制化开发高精度、高效率的产品制造是产业发展的核心战略。

2.3.3 全球能源结构低碳化形势下中国大国地位与海洋能装备制造发展

近年来，我国综合国力不断提升，吸引了世界各国的关注，中国的崛起道路以及高速发展引起热议。西方国家在讶异中国崛起的时候，也要求中国承担起自身的大国担当，鼓励中国在国际体系中发挥作用，不能仅仅是"搭便车者"。我国国内有很多人认为中国应当在国际事务中有所作为，为世界发展尽一份力。

目前，由于气候变化的影响，世界各地出现了粮食安全、水资源稀缺、海平面升高、生态系统崩溃等社会和环境问题，使得人类必须对经济社会发展模式进行系统反思，以寻求未来的发展之道。经过八国峰会、联合国安理会以及诸多双边、多边机制的探讨，认为气候变化不只是环境经济问题，还是涉及政治安全、环境容量、经济发展等诸多层面的重大战略问题，低碳经济因此成为未来国际竞争的焦点。2003 年，英国发布《我们的能源未来——创建低碳经济》，标志着低碳经济成为国际社会的主流选择，减缓气候变化、减少温室气体排放成为普遍共识。2006 年，英国政府发布了《气候变化的经济学：斯特恩报告》，呼吁全球应及时转型"低碳经济"。2007 年，"低碳经济"成为国际社会在气候变化问题上的热门词汇，低碳足迹、低碳社会、低碳生活也开始流行。目前，世界各国在其经济发展的道路中，普遍都经历过低碳化转型，厘清全球能源低碳化发展历史，对中国低碳化转型有着重要借鉴意义。

从能源总量上看，人均收入低的国家，因其经济发展水平不高，人均能源消耗量也较低；人均收入在 5 000 ~ 15 000 美元的国家，工业化、城市化发展迅速，大规模基建消耗了大量能源，其能源需求快速增长；人均收入超过 15 000 美元的国家，已处于工业化后期，能源需求增长速度放缓。

从全球能源结构看，世界各地对不同种类能源的需求在客观上促进了低碳化转型。19 世纪，欧洲工业化令能源供给从传统生物燃料转向煤炭燃料；20 世纪 70 年代，石油危机过后，各国认识到能源供应安全的重要性，使得能源供应从石油向天然气和核能转型；进入 21 世纪以后，各国在绿色可持续发展上达成共识，清洁能源得到重视，这些需求上的改变促进了能源低碳化的发展。此外，各类技术的创新发展也为低碳化转型提供了条件。自 2010 年以来，可再生能源成本不断下降，新能源汽车领域取得突破，其锂电池成本大幅度下降。数字化进程重塑电力供应以及制造业，大幅度降低能源消耗，提高能源利用率。

随着海洋战略地位的日益凸显，海洋能开发利用已成为各国未来发展不可或缺的一部分，中国在这方面也要与国际先进水平同步，掌握核心技术，不断提升中国海洋能科技的竞争力。同时，中国还要尽快构建低碳经济发展模式，从而在国际体系中取得优势。而海洋能作为国际社会普遍认可的绿色能源，可以帮助中国减轻化石能源供给压力、保障中国能源安全、维持经济社会的可持续发展，对中国提升国际竞争力有着重要意义。

基于中国制造业高速发展的背景，以及中国海洋能资源开发的必要性，要求中国海洋能装备制造业高速发展，在高效开发利用本国海洋能资源基础上，履行大国责任，带动具有丰富海洋能资源的小国利用海洋能装备开发利用海洋能资源。海洋能资源作为清洁能源之一，符合低碳化要求，具有广阔发展前景。中国的海洋可再生能源发展正迎来新的战略机遇期。随着"海洋强国战略"的深入推进，沿海及海岛经济社会发展为海洋能发展提供了稳定而广泛的市场需求。中国海洋能开发利用技术发展必须坚持全面创新，不断探索企业为主的产业技术创新机制。随着中国海洋能核心共性技术的进步，海洋能开发利用装备制造及运行维护，必将成长为对经济社会长远发展具有重大引领作用的战略性新兴产业，为构建中国清洁、高效、安全、可持续的现代能源体系作出应有的贡献。

2.4 本 章 小 结

本章对海洋能装备制造发展的基础理论进行了详细分析。首先，对海洋能及海洋能装备制造进行概念界定，介绍了潮汐能、波浪能、潮流能等具备商业化条件的海洋能，以及处于试验阶段的温差能和盐差能。在此基础上，对五种主要海洋能装备制造进行了概念界定，总结海洋能装备制造的主要特征。其次，通过对中国海洋能开发技术发展状况的全面总结，分析了中国海洋能装备制造发展对本国及世界海洋能开发利用的贡献与推动作用。最后，分析了中国海洋能装备制造发展的条件与面临的形势，根据海洋能资源条件分析了未来中国海洋能装备制造的需求，并基于中国制造业向智能制造转型对海洋能装备制造高质量发展的要求进行分析，在全球低碳化与中国大国地位的形势下厘清海洋能装备制造的发展方向。

海洋资源极为丰富，合理有效地开发利用海洋能资源，有利于应对全球气候变化、维护全球能源安全、保护海洋生态环境。中国应当彰显大国地位，履行大国责任，引领和推动国际海洋能源合作，应当掌握海洋能源领域的关键核心技术，以免受制于人，应当掌握国际合作的话语权、决策权和规则制定权。

另外，在积极参与国际合作的同时，中国还需要以自身的能源技术和产业优势为基础，坚持创新驱动发展战略，提前布局重点领域核心技术集中攻关，积极推进能源技术革命，完成中国从能源生产消费大国向能源科技装备强国的华丽转身。

第3章 中国海洋能装备制造发展的现状

虽然中国海洋能储量丰富、开发潜力大，但是受制于技术、装备落后等一系列问题，导致中国对现存某些海洋能的开发仍停留在实验室阶段。目前，中国对拥有的丰富海洋能缺乏利用能力，与发达国家相比优势不明显，尤其是在海洋能源捕获、能源转换等方面均落后于美国。本章通过明晰中国海洋能装备制造发展现状，为海洋能装备制造产业发展提供理论依据。

3.1 中国海洋能的开发利用

3.1.1 潮汐能开发利用

潮汐能与传统化石能源相比既是清洁能源，又是可再生能源。采用潮汐发电方式，一方面不会对环境产生污染，另一方面不会占据多余土地，还可以将不可利用的高滩土地开辟成种植作物的耕地，提高土地利用率。同样，潮汐能也有自身的不足之处。首先，潮汐能发电需要大型专业设备，发电成本高昂；其次，潮汐具有周期性，会导致发电量不稳定；最后，由于长时间与海水接触，潮汐发电设备需要持续维修保养，导致其经济效益不高。总体来看，随着相关领域科技的进步，这些不足会逐渐得到改善。因此，潮汐能的开发利用具有很好的发展前景。

中国地理位置优越，东临太平洋，陆地海岸线全长约 1.8 万公里，岛屿海岸线全长就有 1.4 万公里，尤其是东南沿海地区，岛屿、海湾、天然港口等星罗棋布，具有丰富的可利用的潮汐能。但是，中国潮汐能储量分布极其不均匀，就中国"四大海"而言，东海潮汐能储量最丰富，因为东海潮差最大、产生的能量最高，而渤海、南海的潮差则较小，黄海的潮差则介于它们之间。就某一海域而言，受海底地势高低的影响，不同区域的潮差同样具有很大不同。因此，潮汐能的分布具有很大的不确定性，不过，通过勘测，这种不确定性就会变成最稳定的确定性。

《中国沿海潮汐能资源普查》报告显示，中国潮汐能储量约为 1.1 亿千瓦，总装机容量可达到 2 179 万千瓦，年发电量可达到 624 亿千瓦时。因此，国家对潮汐能资源开发利用要从战略高度予以重视，要科学合理地确定开发计划，把注意力聚焦在潮汐能发电站的科学论证上，同时探索建立安全高效的研发、管理机制，并审批拨发潮汐能发电专项经费。为了提高经济效益，要组织专业力量攻克大型贯流式机组试验研究、水工建筑施工方法等关键重大技术和"卡脖子"难题，进一步降低潮汐能发电站建设和运行成本。此外，对潮汐能的开发利用也要做到就地取材，充分利用潮汐发电站周围环境、海面状况、海底地貌，借助自然的力量来降低成本，实现更高的经济效益。

3.1.2 波浪能开发利用

波浪能是指波浪在运动过程中产生的动能和势能，当波浪相对于海平面发生垂直位移时，波浪就具有了势能，而波浪的运动则使其具有动能，这种动能和势能会通过波浪之间的摩擦和湍动而消失。波浪可以用波高、波长和波周期等基本指标来描述，波浪的能量与波高的平方、波浪的运动周期以及迎波面的宽度成正比，而动能和势能的传播速度和风速、风区有关，它实质上是吸收了风能，由风把能量传递给海洋而产生的，是海洋能源中能量最不稳定的一种能源。波浪能的开发利用是指波浪能通过能量转换设备将其拥有的动能和势能转化成机械能，最终将其转换为人类可以利用的电能。波浪能作为海洋中分布最广的能源，其发电利用已经落地并部分实现了商业化，其能量转换方式主要有气动式、液动式和水库式 3 类。

自 20 世纪爆发石油危机以来，一些发达国家便开始试图寻找传统化石能源的替代者。由于这些发达国家大多位于沿海地区，因此，它们把目光锁定在对波浪能的开发利用上，通过多年的研发、经验积累，目前波浪能的开发利用技术逐渐趋于成熟。日本、英国、美国等国都已研制出波浪能发电设备并将其应用到波浪能发电中。中国东部海岸线波浪能储量巨大，但是波浪能空间分布存在失衡状态，我国台湾沿岸最多，约为 429 万千瓦，其次是浙江、广东、福建和山东沿岸，共约 706 万千瓦，约占全国总量的 55%。现阶段，中国波浪能发电项目拥有完善的数据理论分析，但实际海试经验还存在较大不足。波浪能发电利用尚处于发展阶段，多项关键技术还在探索与研究之中，特别是波浪能发电设备的稳定性、安全性、持续性等重要方面缺乏具体的使用方案和相关的经验积累。

3.1.3　潮流能开发利用

潮流是潮汐引起的海水流,潮流能作为清洁能源,具有高能量、高储量、无污染等优点。因此,潮流能已成为世界各国发展新能源的重要选择。中国具有开发利用潮流能的区位优势和储量优势,《中国沿海农村海洋能资源区划》显示中国东部沿海 130 个水道的理论平均功率约为 1.4×10^4 兆瓦,其中浙江、福建、山东海岸和台湾海峡是潮流能储量最高的区域。《中国近海海洋综合调查与评价专项》显示,中国近海 99 条主要水道的潮流能储量约为 833×10^4 千瓦。

在当前海洋能发电需求日渐增长的背景下,世界各国都在抢占潮流能发电商业化这一赛道。然而,目前开发利用潮流能仍然处于实验阶段,尚不能实际落地实现发电商业化。但是,随着技术的不断突破和经验的不断积累,一些发达国家的潮流能发电已经有了实质性的突破,尤其是在海域选址、发电设备等方面已经在实验室阶段取得了重大突破,正处于外海试验阶段。目前,英国对潮流能的开发利用处于引领地位而且拥有最先进的技术。此外,英国正在进行潮流能发电站商业化运行的尝试,这也为其他国家实现项目落地提供了经验借鉴。世界上有很多科技公司和顶尖研究所参与到潮流能发电技术的研究中,而且大部分都处于实验室阶段和商业化实施论证阶段。就潮流能开发利用的总体情况来看:目前潮流能发电项目正处于商业化论证准备实验阶段,许多大型项目正处于谋划实施阶段,利用潮流能发电有着非常广阔的前景。潮流能开发利用有多种模式,目前比较成熟的有以 SeaGen 为代表的“风车”式水轮机和意大利 Kobold 为代表的竖轴水轮机,其他开发利用模式也在不断优化、改进过程中。据统计,未来十年会有一批大容量潮流能发电站建成,其中英国正在筹建的潮流能发电站最多。中国对潮流能的开发利用起步较晚,不过在国家的高度重视和政策的大力支持下,近几年来潮流能开发利用技术取得了重大突破,极大地缩小了与世界先进技术的差距,并且很快就会进入商业化前期筹划论证阶段。

3.1.4　温差能开发利用

海洋温差能,又称海洋热能,是指海洋表层海水和深层海水之间的温差储存的热能,利用这种热能可以实现热力循环并发电。海洋温差能是清洁的可持续能源,它的资源稳定,不存在间歇,较少受昼夜和季节的影响，也不占用土地资源。海洋可再生资源中温差能储量最大，全世界海洋温差能的理论估计储量为 100 亿千瓦。据估计，如果利用这一温差发电，其功率可达 2 太瓦时，所以海洋温差能转换被国际社会普遍认为是最具开发利用价值和潜力的海洋能资源。一般情况下，利用海水温差进行发电主要指的是以海洋中温度较高的表面海水作为温差中的较高者，而以 500 ~ 1 000 米深处的海水作为温差中的较低者，然后用热机热力循环设备进行发电。从高温海水到低温海水，理论上可以产生大约 15℃ ~ 20℃ 温差的能量，扣除能量转换过程中的消耗可以获得 11℃ 温差的能量。

从新能源尤其是海洋能利用角度来看，对海洋温差能的开发利用是不可或缺的，需要将其与能源转型、海洋强国结合起来，同时实现多重效果和多重目的。开发利用海洋温差能，能够为人类提供大量无污染新能源，而且海洋温差能的利用能够与海洋养殖实现协同发展，在一定程度上解决人类经济社会发展和环境资源保护的问题。海洋温差能的能量转化方式主要包括开式循环、闭式循环和混合式循环，目前最常用的是闭式循环。许多专家学者认为，海水占据地球表面70%的面积而且全球海洋的平均深度超过 1 000 米，所以全球海洋温差能储量是比较丰富的。据测算，全球海洋温差能的储量约为 60×10^{12} 瓦，更重要的是，海洋温差能还具有稳定、高效、无污染等优点，可见，海洋温差能的发展前景比较广阔。

3.1.5 盐差能开发利用

盐差能是指海水和淡水之间或两种含盐浓度不同的海水之间的化学电位差能，是以化学能形态出现的海洋能，主要存在于河海交接处。盐差能是海洋能各种能源中能量密度最大的，这种能量可以用以转换成电能。中国河湖江海众多，盐差能储量比较丰富，中国较早对盐差能进行了相关研究，但是中国对利用海水盐差能发电技术的研究起步较晚。1985 年，中国高校就已经对水压塔开展了一系列实验研究，实验结果表明，上水箱高出渗透器大约 10 米，用 30 千克干盐可以工作 8 ~ 14 个小时，发电功率为 0.9 ~ 1.2 瓦。据估计，世界各河口区的盐差能达 30 太瓦时，可能利用的有 2.6 太瓦时。[①] 中国的盐差能估计为 1.1 亿千瓦，根据盐差能的产生环境条件可知盐差能大多分布在河流的入海口，但是也有特殊情况，比如青海省等地的内陆湖由于盐度较大、面积广阔，同样存在开发盐差能的机

---

① 中国科学院科普平台，http：//www. kepu. net. cn/gb/technology/new-energy/web/a5 - n25 - nn59. html.

会。目前，世界上美国和以色列处于研究盐差能的第一梯队，中国、瑞典和日本则紧随其后处于第二梯队。从实际应用来看，对盐差能这类新型海洋能的研究还停留在理论和实验阶段，距离技术实际落地和商业化用途还有很长的一段距离。

目前，已经研制出来的盐差能转换设备测试版本使用成本非常高昂。据测算，该设备的运行成本约为 50 000 美元/千瓦，难以进行商业化推广。不过，这已是技术上的一大突破，这套设备采用反电解工艺技术从咸度高的盐水中提取能量。此外，还可采用反渗透技术让海水产生压力差，通过涡轮机进行发电，这种方法类似水电站发电，然而这种方法的发电成本同样高昂。另一种常用的技术手段是根据不同咸度的海水具有不同蒸气压力进行能量转换，主要步骤包括让水蒸气在盐水中冷凝产生蒸气气流，利用蒸气气流使涡轮机转动，利用涡轮机的转动进行发电。这种技术方法类似于开式海洋热能转换电站，好处是使盐差能的开发利用成本大大降低，但这种技术在资源保护方面具有致命缺点，在整个运作过程中会消耗大量淡水，总体来说是弊大于利。通过分析目前主流的盐差能开发利用技术可以发现，盐差能发电存在重大缺陷，如成本高昂、消耗淡水等。因此，相比于其他海洋能而言，盐差能的开发前景较差。

3.2　中国海洋能装备制造的发展现状

近年来，我国大力发展新能源，而海洋能作为新能源中占比高、开发程度低的一种新兴新能源，越来越受到国家的广泛关注。国家对开发利用海洋能投入了大量资金，从 2010 年至今，中央政府以及地方各级政府已下拨海洋可再生能源开发利用专项资金累计达到 13 亿元，重点支持 114 个海洋能开发利用项目。同样，近年来国家出台了一系列支持海洋能开发利用的重大规划和支持政策，《海洋可再生能源发展"十三五"规划》首次提出大力推动实现中国海洋能装备从"能发电"向"稳定发电"转变，制造一批安全、高效的海洋能开发利用装备，海洋能开发利用产业链已具雏形。《全国海洋经济发展"十三五"规划》则从商业化发展和扩大产业规模等方面提出探索建立生成海洋能开发利用示范区，推动中国海洋能装备制造产业规模变大变强、持续壮大。当前，海洋能以及装备制造的相关研究日渐成熟，但是对海洋能装备制造如何高度契合、深度融入实际应用场景的研究仍然缺乏，是未来需要重点解决的问题。分析中国海洋能装备制造发展现状，可以为中国海洋能装备制造发展提供总体认识并指导未来的发展。

3.2.1 中国海洋能装备的主要特征及门类

海洋能装备是将海水中蕴含的能量（潮汐能、潮流能、波浪能、温差能、盐差能等）转化为电能的过程中使用的装备的总称，是实现海洋能开发利用的主要技术手段。目前，正在研究开发的海洋能主要包括波浪能、潮流能、潮汐能、海水盐差能和海水温差能。这些海洋能与传统化石能源相比，具有储量丰富、无污染、可再生等众多优点。在化石能源短缺、环境污染日益严重的今天，开发利用这些可再生、无污染的清洁能源，对于国家能源安全和环境保护都具有重要意义。近年来，中国的海洋能产业发展迅速，但其海洋能发电项目仍然具有理论和实际不能有机统一的问题。虽然开发利用海洋能有一套完善的理论体系，但是缺乏实际的海试经验就无法让理论落地，也不能在实践过程中去检验并发展海洋能开发利用理论。具体来说，海洋能发电设备的安全性、发电效率、稳定性、对环境的适应能力等一系列重要指标都无法得到验证，从而使海洋能装备制造较其他能源装备制造具有经济成本高、时间成本大、建设周期长、风险较大等特点。根据国际现有的研究经验，海洋能发电装备应同时满足以下前提条件：在技术逐渐完善、成熟的发展过程中，实验标准要与技术发展过程保持一致，即标准要从低到高、从松到严逐步靠近并达到实用要求；测试模式要向最终的商业运作模式看齐；测试环境要达到真实海域标准。

海洋能发电装备形式多样，从海洋能源种类角度，海洋能装备分为潮汐能装备、潮流能装备、波浪能装备、温差能装备、盐差能装备等；按照装置运行流程以及方式不同，可以分为开式循环、闭式循环和混合式循环等。不同形式的发电装备各有异同，海洋能发电装备的相同点主要有测试规模、系统保真度与测试环境等一系列重要的技术评价指标；海洋能发电装备的不同点主要包括发电原理、尺寸等一系列与其相关的重要指标，这些不同导致海洋能装备在技术研发过程中存在各式各样的技术难题。本书中涉及的海洋能装备门类，主要考虑从海洋能源角度进行分类，即主要包括潮汐能装备、潮流能装备、波浪能装备、温差能装备、盐差能装备。

3.2.2 中国海洋能装备制造业特性

能源装备主要指太阳能、风能、海洋能等能够产生一次或者是二次、三次能源的制造业。本节主要基于产业经济学理论，从能源特征、产业结构、产业组织、产业发展、产业布局以及产业政策视角将海洋能装备制造业与太阳能、风能装备制造业进行比较分析，明确海洋能装备制造业的特性。

太阳能作为使用最广泛的新能源，主要指太阳的热辐射能。太阳能装备制造业是指为社会经济发展、能源转型以及能源强国提供太阳能相关生产技术装备的制造业。由于太阳能装备制造相关组件不能直接暴露在阳光、雨雪等自然条件下。因此，太阳能装备制造业发展较为注重相关组件的保护性封装工作。光伏发电技术作为太阳能装备制造的重要应用之一，近年来，随着光伏发电技术的不断突破和日益成熟以及光伏发电的用电成本不断降低并接近火力发电的用电成本，中国乃至世界各国都扩大了光伏发电机的装机规模，太阳能装备用光伏电池封装材料的需求量也随之不断上升，市场前景非常广阔。现阶段，国内太阳能装备用光伏电池封装材料生产企业大多分布在华北、华东和华南地区。其中规模较大的企业有信义玻璃、福莱特集团、凯盛集团等企业。中国是全球第一大装机量市场，2019 年，中国光伏新增装机 30.11 吉瓦，光伏累计装机达到 204.30 吉瓦。世界各国较为注重太阳能装备的制造与发展，出台一系列政策扩大其市场前景、提高技术水平，中国当前的补贴政策、平价上网以及光伏发电成本降低等因素，促使中国光伏装机快速发展[87][88]。伴随着光伏发电技术的逐渐积累和进步，光伏发电产业在新能源发电领域的竞争力日益凸显。市场对新型装备和新型技术的需求不断增加，对作为太阳能装备原材料的封装材料的需求也呈现不断上升的趋势。所以，太阳能装备的基础封装材料在将来具有巨大的市场发掘潜力和广阔的市场空间，但作为各国重点关注的太阳能产业自由化程度不高，比如常见的贸易保护、政策调整都将对太阳能产业链带来很大的不确定性和不可预测的挑战。

风能是指在空气流动过程中产生的动能，从一定程度上来说，风能也是太阳能的一种特殊转化形式。具体来说，地球的不同区域在太阳光线的持续照射下会存在受热不均匀的情况，从而导致地球表面大气层存在压力差，此时受水平气压梯度的影响，不同高度的空气就会沿水平方向运动并最终形成常见的风。风能同样是无污染的清洁能源，具有可再生、分布广泛等优点，但是风能能量密度低，其利用率不高，并且风能具有季节性和地域性，导致风能利用存在波动性。通过风电机组等风力发电装备，风能可以转换为机械能、电能等可供人类利用的能量形式。开发利用风能是一项复杂的系统性工程，通过风力机可以将风的动能转化成机械能、电能和热能等。自 2008 年全球金融危机爆发以来，中国一跃成为全球最大的风电装备制造国。近年来，中国凭借在风电市场的竞争优势和风电领域的重大技术专利，成为全球最大的风电装备制造市场，集生产和销售一体化，在这个过程中，诞生了一批国际知名的风电装备制造企业[89-91]。

未来，新能源、清洁能源将席卷能源消费的各个领域。与传统不可再生化石能源相比而言，新能源尤其是海洋能具有可再生、无污染、储量大等诸多优点，大力开发利用新能源对克服经济社会发展和环境保护这一矛盾以及解决传统能源环境污染问题具有可预见的良好效果。作为清洁能源之一的海洋能，有较为可观的发展前景，而海洋能装备制造业是开发利用海洋能的保障。海洋能装备制造业链条长，整个产业链对高新技术的需求大、要求高，同时整个产业链的正常运转需要大量初始资源投入，只有这样才能有接近传统能源的能量产出，才能满足商业化运转对高附加值的要求。海洋能装备制造作为新型装备制造，需要复杂系统集成，也就是说，现阶段的海洋能装备制造需要先进制造技术、新一代信息技术、新材料等一系列要素。相比较其他能源装备制造产业，海洋能装备制造产业的发展更注重区位优势，要求较强的综合配套能力，装备材料要求更好的强度、韧性和耐久性，并具备智能、自我修复等能力，且多数工作环境在水下进行，环境恶劣，有较大的风险。目前，中国海洋能装备制造产业仍存在开发设计及自主研发能力不强、专业技术管理人才不足等问题。

世界海洋能主要装备、配套装备以及系统的研发和设计以美国和欧洲一些国家为核心，相关装备制造则以新加坡和韩国为主，而中国高端装备市场的自主研发和生产能力普遍不足。鉴于这种情况，中国海洋能装备制造行业掀起了一场变革，装备生产开始从零散化转向一体化、大型化，进而达到规模经济的效果，从生产简单化转向复杂化以实现装备的多种功能，从自动化转向智能化以实现高效运行。这种改变需要对装备制造项目论证到落地实施，有了更加严格的要求，比如引进专业的管理人才和先进的生产制造技术等重要举措[92]。中国为加快海洋能装备制造业高质量发展，使其居于国际领先地位，出台了相关政策扶持助推海洋能装备制造业的发展。2015 年，国务院发布《中国制造 2025》，报告指出要深入实施第一个制造强国"十年战略"并大力推动中国制造向高端装备制造和新型装备制造转型，其中海洋工程装备制造是主要发展对象之一[93]。2019 年，自然资源部国家海洋技术中心发布《中国海洋能 2019 年度进展报告》，指出要推动实现海洋能装备从"能发电"向"稳定发电"转变，积极探索形成海洋能开发利用产业体系并建立海洋能产业市场发展机制，大力扶持海洋能装备制造企业探索建立海洋能装备制造生产基地和技术创新中心，推动形成产学研用合作联盟，逐渐实现海洋能装备制造、海洋强国战略、海洋能发电并网协同发展，从而加强不同行业、不同公司之间的交流和合作来实现合作共赢、共同发展。当前国际形势复杂严峻，中美贸易摩擦给中国海工产品在海外市场的销售蒙上一层阴影，而伴随着韩国、新加坡等亚洲巨头企业的成长及行业标准的提升，中国海洋能装备制造产业面临诸多挑战。中国海洋能装备制造发展应抓住世界新一轮科技革命和产业变革机遇，以智能机器人替代人类完成海洋装备的制造、运营、维护，利用物联网技术将所有的海洋装备、生产制造装备实现互联，构建出智能化识别、定位、跟踪、监控和管理的物联网系统，随时掌握任何装备的运行状态，实时进行装备信息交换和通信[94]。此外，切实加强海洋能国际合作，把之前单一的自主创新模式变成引进现有最先进技术进行二次创新和空白领域自主创新相结合的模式，从而实现中国海洋能装备制造弯道超车和快速发展。同时，中国海洋能装备制造要积极融入国际大循环，大力开拓海洋能装备制造海外市场，以"一带一路"为重要依托，逐渐推动中国海洋能装备制造走向世界。

3.2.3 中国海洋能装备制造发展的技术基础

中国共产党第十八次全国人民代表大会首次就海洋强国、海洋开发进行了深入讨论，会议明确提出要充分利用海洋资源、大力发展海洋经济，同时在开发利用海洋的过程中要确保海洋生态保护和海洋生态稳定，争取将中国全面建设成海洋强国。实现海洋强国梦需要我们付出切实努力，需要全民形成海洋保护意识和海洋权益意识，在认识海洋的基础上开发利用海洋，同时在专业技术方面要加快海洋科技创新步伐。

在海洋能装备制造业和海洋能相关产业快速发展的同时，全球大部分相关领域企业都在开展或开拓海洋能产业，以此实现规模扩张或多元化发展战略。在不断竞争、相互合作这个过程中，海洋能装备制造实现了安全高效的跨越式发展。因此，海洋能相关产业尤其是海洋能装备制造越来越成为未来各国经济发展的新增长点。中国拥有较长的海岸线和大量岛屿，海洋能资源非常丰富、海洋能储量巨大，中国的海洋能开发利用技术也趋于成熟。因此，中国拥有开发利用海洋能的能力。但是，现阶段中国海洋能装备制造业存在分布零散不成规模、缺乏相关技术自主创新突破等一系列关乎海洋能装备制造业能否持续快速发展的问题。随着中国对海洋能产业开发利用的关注度提升，逐步形成了成熟的海洋能产业链。

3.2.4 数字经济正促进中国海洋能装备制造面向智能制造发展

习近平总书记在多次会议、多种场合指出，当今世界正处在新一轮科技革命和产业变革孕育兴起时期，新一代信息技术如物联网、人工智能、大数据等都已具有深度融入实体经济的趋势。① 近年来，中国经济的发展越来越依靠数字经济规模的不断扩大，建设数字中国也成为中国经济新的增长点和制高点。数字产业化、产业数字化则成为发展数字经济的两大主题，通过实现数字产业化、产业数字化可以显著增强传统制造业竞争力、新型制造业生命力，在这个过程中可以实现各产业深度融合发展，最终实现中国经济的平稳转型。因此，壮大数字经济、建设数字中国、推进信息化和工业化深度融合发展，是党中央、国务院一项长期性、战略性部署，也是中国制造业发展的风向标和指路灯。对于海洋能装备制造业来说，结合实际情况需要加大对分布式能源、智能电网、储能技术、多能互补的政策支持力度，研究制定氢能、海洋能等新能源发展的标准规范和支持政策，大力推动中国海洋能装备制造实现跨越式发展、抢占世界海洋能装备制造高地、实现在海洋能装备制造领域的弯道超车。

随着智能制造的逐步推进并向《中国制造2025》的核心目标稳步靠近，海洋能装备制造同样在努力实现智能制造转型，具体表现为装备设计数字化转型、生产信息集成化处理、装备运行智能化升级、装备建造自动化生产和项目管理精细化转变，从而在更大程度上推动中国海洋能装备制造业实现跨越式发展和高质量发展。近年来，数字经济发展规模迅速扩大，2017年全球数字经济规模达到12.9万亿美元，占全球GDP比重约16%。数字经济的出现与壮大，为海洋能装备制造面向智能制造发展提供了机遇，但同时也面临着巨大的挑战。为了应对日益严峻的挑战，我们需要同时采取审慎监管和"放管服"的监管措施，尽最大可能促进公共投资项目落地实施，采取相应配套措施例如调整并适度放松市场准入条件、进一步激发海洋能装备市场发展活力和强大的内生动力，为实现中国海洋能装备制造的智能制造升级打下坚实的政策基础和物质基础。同时要增加对海洋能装备制造配套产业的投资，比如搭建新一代智能电网、建设新一代信息网络、建立大型5G基站、生产大型深海试验装备等一系列关键基础

---

① http：//theory. people. com. cn/n1/2021/0207/c40531 - 32024707. html，https：//baigjiahao. baidu. com/s?id =1694414246519991268&wfr = sp?der&for = pc. 人民网，2021年2月7日，求是网，2021年3月17日。作者自行组织语言。

设施，为海洋能装备制造产业稳定健康发展保驾护航。

实现海洋能装备制造向智造转型以及深度融入数字经济发展，需要付出极大的努力。首先要培养、引进相关领域顶尖的技术人才和管理人才，其次要探索建立高端生产要素协同作用机制，当然还需要打通生产要素流动中的堵点，实现先进技术自主创新、现代金融服务体系、高级人力资源要素与五大新经济需求的良性互动，深入挖掘、释放海洋能装备制造领域的创新创业潜力。头部企业和科研机构要聚焦国家重大战略需求和前沿技术创新等重点领域，从自身实力和市场需求出发，制定完善海洋能装备制造产业链的发展计划，与产业链上下游企业积极合作，营造良好的海洋能装备制造生态；相关政府部门和社会组织要出台、制定增强海洋能装备制造业核心竞争力和促进海洋能装备制造业高质量发展的支持政策，进一步完善对海洋能装备制造业的创新服务体系，并优先发展竞争优势较明显的相关企业和地区形成头部效应并积极发挥集聚效应，以此来带动整个行业的快速发展。与此同时，政府要从保护正当市场竞争的角度出发，加快建设兼具效率与公平的海洋能装备制造生产、销售市场，要把保护海洋能装备制造知识产权一以贯之坚持并不断完善相关法律法规。在特定的情况下，政府可以适度采购支持相关企业发展，并积极推动中国海洋能装备制造企业利用"一带一路"沿线的国际市场，扩大中国企业在全球海洋能装备制造领域的市场份额。

3.3 中国海洋能装备制造发展面临的问题

3.3.1 关键技术对中国海洋能装备制造发展的制约

中国海洋能开发虽起步较早，但其发展进程相对缓慢，海洋能装备制造的技术研发也经历了漫长的过程。截至目前，中国海洋能装备制造方面与国际先进制造国家相比仍存在很大差距。主要体现在中国海洋能装备制造关键技术自主可控性不强，对国外有着较大的依赖，创新能力有待提高，缺乏有力的内部驱动。总体上讲，中国海洋能装备制造能力处于产业链低端，制造能力与装备品质无法满足中国海洋能开发需要，海洋能的开发和利用还没有形成规模化。

装备制造最核心、最关键的驱动力是技术，技术伴随整个产业的发展并决定产业规划的高度。海洋能装备制造更是如此，面对大量待开发的海洋能储备，中国需加速发展海洋能装备制造技术的创新与研发，以保障海洋能顺利开发和利用，调整中国能源供给结构，有效避免新能源开发过程中所形成的能源浪费。总体而言，中国的海洋能装备制造技术与国际最先进的海洋能装备制造技术相比仍然有很多不足之处，特别是海洋温差能、盐差能装备制造技术仍未形成完善的发展体系。

3.3.2　海洋能装备制造企业内部创新动力不足对中国海洋能装备制造发展的制约

自《中国制造 2025》和"制造强国"战略提出以来，中国制造转型升级成为制造业发展的首要目标，而高端装备制造业作为制造业的重要组成部分，其高附加值的特点使其成为制造转型的关键因素和实体经济增长的新引擎。但是，根据工业和信息化部的统计数据，国内海洋能装备制造企业投入资金较国际相关投入仍有一定差距，进而造成企业内部创新动力不足等问题。

根据国内外装备制造企业的长期生产经验可以看出，企业的内部创新动力是外界有利条件发挥积极作用的基本前提。如果企业不能很好地调动各级主体的创新意识、激发其创新潜力，政府的支持政策、产业链的良好生态就无法发挥有效作用，甚至会产生适得其反的副作用。海洋能装备制造企业有没有创新能力、想不想进行自主创新，不但与企业的自主创新能力和企业的社会责任意识密切相关，还与国家对该领域的投入和重视程度密切相关。创新动力不足是制约企业自主创新的核心问题，目前海洋能装备制造企业在自主创新方面存在两方面不足：第一是缺乏自主创新的硬性条件，比如自主创新基础薄弱、自主创新技术人才缺乏、相关支持配套政策不精准等问题；第二是自主创新动力不足，海洋能装备制造企业往往缺乏创新热情，不愿主动出击迎接新型发展模式而放弃传统发展模式的观念尚未转变。

回顾企业创新历程我们可以发现这样一个规律，制造型企业的自主创新动力往往取决于该企业所处国家或地区的市场环境、经济环境和政策环境。在关键生产要素导向阶段和重点投资导向阶段，海洋能装备制造企业能够以较低成本获得关键生产要素和大量国内外订单。因此，保持发展中国海洋能装备制造的关键生产要素导向阶段和重点投资导向阶段，是激发我国海洋能装备制造企业创新能力、实现海洋能装备制造技术高效发展的关键。

3.3.3 海洋能装备制造人才匮乏对中国海洋能装备制造发展的制约

高端技术人才和管理人才是海洋能开发利用、海洋能装备制造和相关技术创新的核心关键要素。海洋能装备制造作为新型装备制造的重要组成部分，如何引进、培养相关领域的人才，是实现海洋能装备制造持续健康发展的重要前提。习近平总书记提出"人才是创新的根基，创新驱动实质上是人才驱动，谁拥有一流的创新人才，谁就拥有了科技创新的优势和主导权"。为此中国相继推出了一系列旨在"培养创新人才、增强科技实力"的支持政策，比较成功的有科教兴国战略、可持续发展战略、"985"工程、"211"工程、《国家中长期人才发展规划纲要（2010～2020年)》等一系列具有前瞻意识和实际效果的国家战略。但是中国有关海洋能装备制造高端技术人才的培养和激励体系还不够成熟，导致这一领域尖端人才的流失和缺乏，这直接影响中国海洋能装备制造未来发展的定位和方向。

3.3.4 海洋能装备制造发展资金短缺对中国海洋能装备制造发展的制约

资金的缺乏是各国在发展可再生能源的过程中遇到的共性障碍，它直接决定了能源是否可以长期有效地发展下去。因此，保障资金的充足，在可再生能源发展初期是最重要的条件之一。中国海洋能装备制造发展资金不足，特别是社会私有民营资本的参与度不足，是海洋能装备发展缓慢的首要问题。

中国对海洋能开发利用的投融资主体比较单一，大部分来自国家项目基金即国家财政，社会民营资本进入海洋能的渠道和条件有限，而对海外资本、国际金融机构资金的申请利用极少，甚至没有。如何吸引利用国际资本投入海洋能源的建设，如何利用对现有政策制度的完善创新来拓宽海洋能的投融资渠道，进而保障海洋能装备制造资金，都是中国海洋能装备制造的政策制度设计时需考虑的问题。尽管在《中华人民共和国可再生能源法》全额保障性收购制度的引导下，国内经过国家发改委审批认可的海洋能发电站可以享受海洋能电量收购政策，但其发电成本与常规电价之间的差额却无从弥补，只能由发电商自行解决，与国际制造强国有关政策相比显然不利于海洋可再生能源的进一步开发。一方面，将海洋能等清洁能源的早期高成本的压力集中在供电公司、各地政府身上，会加大地方财政或供电公司的资金负担，打击其进一步参与发展海洋能等新能源的积极性，阻碍了海洋能等新能源在初期的发展。另一方面，国家全额保障性收购制度涵盖的面太窄，能够享受国家保障政策的海洋能开发利用的参与者太少，门槛太高，参与海洋能等新能源过程中的资金投入量和风险都很高，阻碍了海洋能在社会层面市场中的正向刺激和发展。

3.3.5 配套能力不足对中国海洋能装备制造发展的制约

海洋能从开发到产能再到能源的配送，全过程涉及众多配套装备设施的参与，受制于海洋能的特性，其配套装备对与其他能源装备也有着特殊的要求。例如装备的材质、环境适应性、技术匹配程度等，中国对海洋能开发配套装备的研发和制造尚需加大力度。目前，中国海洋能配套装备在国际市场上占有份额相对较少，部分装备依赖进口，自主生产缺乏创新，一些专利技术存在由国外供应商垄断的现象，关键技术和核心生产设备需要从国外大量进口，无法在关键领域实现国产化[95]，在"生产安全"方面受制于人。

另外，中国海洋能开发配套装备缺乏规模化的支持系统，没有形成通用的售后网络，这导致中国配套装备外销缺乏竞争力[96]。总体来看，中国海洋能配套装备方面缺乏自主可控的核心技术。创新能力需要提高，产品处于国际装备制造产业链低端，产品设计通用性有待加强，尤其上层处理模块、水下维修作业等核心装备，难以支持中国海洋能开发利用的设定目标[97]。

3.3.6 海洋能开发利用规模对中国海洋能装备制造发展的制约

国家海洋局印发的中国海洋能发展专项规划《海洋可再生能源发展"十三五"规划》部署了5大重点任务，其中推进海洋能工程化应用排在首位。《海洋可再生能源发展"十三五"规划》对"十二五"期间中国海洋能发展现状进行了回顾。截至2015年底，中国自主研发了50余项海洋能新技术、新装置，部分技术达到了国际先进水平。中国海洋能开发利用已经有了一定规模，但仍处于高速上升阶段，距离成熟阶段还有很大距离。当前，海洋能全球开发利用规模相对海洋能总规模来说仍只是冰山一角，虽然各国已经重视了海洋能源的开发利用，但是对海洋能开发利用规模较小，导致中国海洋能开发利用经验不足，这在一定程度上制约了中国海洋能的开发利用。

开发利用比较成熟的5种海洋能（潮汐能、波浪能、潮流能、温差能、盐差能），目前技术最成熟、经验最丰富、应用最广泛的是潮汐能。欧洲的法国、英国，亚洲的中国、韩国等国家都拥有建成并投入使用的大型潮汐能发电站，而且有的发电站已经连续安全运行了数十年，这在一定程度上是潮汐能发电项目成功实现商业化运作的标志。但是从经济效益的角度来看，目前的潮汐能发电项目成本较高，经济效益不如传统能源发电，不过这种问题会随着技术的突破和规模的扩大得到解决。通过综合分析目前海洋能发电行业的内外部生存环境，我们可以发现在未来实现海洋能发电装备的升级换代是能够在行业立足的前提。当然，实现装备升级除了从自身出发，还可以与近海石油、天然气和风能等产业进行合作实现融合升级。另外，加强海洋能电网建设也是海洋能行业未来发展的方向之一。

3.3.7 缺乏可操作的法规政策促进海洋能装备开发

中国国内现行的相关能源法律法规中，针对海洋能往往只是很宽泛的规定，通常仅用象征性概括描述的字眼去提及可再生能源的发展，只能看出国家鼓励的态度，不能很好地在实践中指导开发利用海洋能，这在某种程度上反映出我国在全局战略规划中没有对开发利用海洋能有明确的实施方案。《可再生能源法》的颁布，正式将海洋能列入该法，随后国家发改委先后出台了一系列资金使用配套办法，但仍因为可操作性不强和没有考虑到各类新能源发展特点的不同，实施效果不理想。《可再生能源法》修正案虽然在可再生能源发电新制度设计方面较原来有了突破，但目前还没有相关的细化的具体实施措施来保障其实践[98]。

3.4 本 章 小 结

本章通过文献研究和调查研究方法掌握了中国潮汐能、潮流能、波浪能、温差能、盐差能的开发利用现状，明确了海洋能装备的主要特征及门类；演绎推理出中国海洋能装备制造发展的技术基础，分析数字经济对中国海洋能装备制造面向智能制造发展的推动效应；指明了中国海洋能装备制造发展面临着关键技术制约、海洋能装备制造企业内部创新动力与配套能力不足、人才与资金匮乏和缺少相关法规政策促进海洋能开发利用及海洋能装备制造发展等问题。

第4章 国内外海洋能装备制造的
相关政策梳理

发展自主创新的海洋能装备是推进中国海洋能稳定发电的重要保证，为推进海洋能装备制造相关技术创新发展，有必要制定一系列的相关政策法规。规范海洋能开发利用行为，明确海洋能开发利用以及装备制造发展的目标、战略、方针或规划，为中国海洋能装备制造相关企业和部门提供政策指引，有效促进了中国海洋能装备制造高效发展。本章通过梳理国内外海洋能装备制造的相关政策，为中国完善海洋能装备制造政策体系提供理论依据。

4.1 国内海洋能装备制造相关政策

4.1.1 国内海洋能装备制造主要相关政策

当今世界，国际局势动荡不安，导致石油等能源价格产生了较大的波动。近些年来，如沙特石油设施遇袭、中东国家政治争端以及乌克兰危机等国际问题导致石油价格动荡起伏。石油作为工业的血液对一个国家和地区经济起着推动作用。化石能源从某种意义上对人类历史起着推动作用，然而市场的不稳定性导致其对国家能源安全产生威胁。减少对石油等化石能源的依赖程度，发展新型能源对于实现经济高质量发展，实现社会主义现代化强国战略具有重要意义。其中海洋能凭借其环境友好、发展潜力巨大逐渐引起人们的重视。"十四五"规划再次提出要培育壮大海洋工程装备，推进海洋能规模化利用。

据不完全统计，从2003年起国家共出台百余项与海洋经济发展相关的政策。2003年5月，国务院发布第一个指导海洋经济发展的文件《全国海洋经济发展规划纲要》，在中国海洋经济发展史上具有里程碑意义。

2008年，国务院印发《国家海洋事业发展规划纲要》，这是中国首次发布海洋领域总体规划，对促进海洋事业全面、协调、可持续发展具有重要指导意义。2012年，中国首次将海洋能开发和利用纳入中国发展规划，将发展海洋能产业提升到国家战略层面。近年来，国家发改委、工信部、国家能源局、国家海洋局以及自然资源部等部门出台相关政策促进中国海洋能装备制造发展。这些政策从技术发展、财政支持、可持续发展等诸多方面为海洋能装备制造发展提供指引。以下是从国家海洋局、国家发展和改革委员会等相关网站整理的2013年以来有关中国海洋能装备制造主要相关政策（如表4-1所示）。

表4-1　　　　　　　　中国海洋能装备制造主要相关政策

发布时间	发布单位	政策名称
2013年9月	国家海洋局	《国家海洋事业发展"十二五"规划》
2013年12月	国家海洋局	《海洋可再生能源发展纲要（2013~2016）》
2015年5月	国家海洋局	《2015年全国海洋经济工作要点》
2016年3月	国家发展改革委、国家能源局	《能源技术革命创新行动计划（2016~2030年）》
2016年8月	国务院	《"十三五"国家科技创新规划》
2016年12月	国家发展改革委	《可再生能源发展"十三五"规划》
2016年12月	国家海洋局、科技部	《全国科技兴海规划（2016年~2020年）》
2016年12月	国家海洋局	《海洋可再生能源发展"十三五"规划》
2017年5月	国家发展改革委、国家海洋局	《全国海洋经济发展"十三五"规划》
2018年1月	人民银行、海洋局、发展改革委等共计八部委联合发布	《关于改进和加强海洋经济发展金融服务的指导意见》
2018年7月	自然资源部	《关于促进海洋经济高质量发展的实施意见》
2018年12月	财政部	《海岛及海域保护资金管理办法》
2019年4月	推进"一带一路"建设工作领导小组办公室	《共建"一带一路"倡议：进展、贡献与展望》
2022年	国家发展改革委、国家能源局等九部门	《"十四五"可再生能源发展规划》

4.1.2　海洋能装备制造发展政策的指导思想

中国拥有丰富的海洋能源，海洋能源的开发利用对中国经济社会发展起着重要的推动作用，同时也是发展蓝色经济、引领经济新增长的重要领域。近年来，中国高度重视海洋经济的发展，为中国海洋能未来发展制订了相应政策法规。党的十八大首次提出"海洋强国"伟大战略，并作出了建设海洋强国的重大战略部署。"十二五"和"十三五"时期均将海洋能纳入五年规划，为海洋经济的发展、加快海洋生态建设和发展海洋能装备制造创造了良好的条件。

要明确的是，中国海洋能装备制造发展要深入贯彻落实习近平总书记系列重要讲话精神①，紧紧围绕统筹推进"五位一体"总体布局和协调推进"四个全面"战略布局，坚持创新、协调、绿色、开放、共享的新发展理念，树立海洋经济全球布局观，主动适应并引领海洋经济发展新常态。加快供给侧结构性改革，着力优化海洋经济区域布局，提升海洋产业结构和层次，提高海洋科技创新能力，推进海洋生态文明建设。科学统筹海洋开发与保护，扩大海洋经济领域开放合作，推动海洋经济由速度规模型向质量效益型转变，为拓展蓝色经济空间、建设海洋强国作出更大贡献。

4.1.3　海洋能装备制造发展的经济激励政策

海洋能装备制造的发展需要大量的资金作为支撑，因此有必要制定科学的海洋能装备制造财政政策，以促进中国高效开发利用海洋可再生能源。同时，核心技术和关键共性技术的产业化和国产化有助于提高中国海洋技术国际竞争力。然而海洋项目具有研发周期长、成本高、风险大等特点。因此，资金问题是海洋关键技术创新研发动力的关键。为提高相关单位海洋关键技术创新研发动力，中国海洋相关政策从设立专项资金、给予相应补贴、实施贷款优惠与税收优惠等几个方面给予海洋技术研发经济激励。

在资金设立方面：2010 年 5 月，中国设立海洋可再生能源专项资金，用于支持海洋可再生能源开发利用。此后，中国陆续出台《海洋可再生能源专项资金管理暂行办法》和《2013 年海洋可再生能源专项资金项目申报指南》等文件指导专项基金的使用。截至 2015 年，专项资金共投入近 10 亿元，支持 90 多个项目的研发工作。2018 年，《关于促进海洋经济高质量发展的实施意见》和《关于改进和加强海洋经济发展金融服务的指导意见》，围绕推动海洋经济高质量发展，明确了银行、证券、保险、多元

---

① https：//www.ndrc.gov.cn/fzggw/jgsj/dqs/sjdt/201705/p020190909048741217145.pdf，《全国海洋经济发展"十三五"规划》。

化融资等领域的支持重点和方向。

在政策补贴及税收优惠等方面：2013 年颁布《分布式发电管理暂行办法》，为符合条件的海洋能发电项目提供建设资金补贴或单位发电补贴，并对新建的海洋潮汐能、潮流能和海岛海洋能发电站等以装机量进行相应补贴。此外，中国对潮汐能、波浪能发电关键设备或全套设备免征进口关税，对从事海洋能高新技术企业减免 15% 的所得税，对为国家重点扶持的海洋可再生能源项目提供创业投资的企业，有权以一定比例的投资额抵消部分应缴纳的企业所得税。

4.1.4 海洋能装备制造发展的人才培养政策

人才是实现科技创新的根基，为推进"海洋强国"战略实施，"十二五"时期和"十三五"时期实施"泛海人才战略"，加快海洋教育发展，加强高层次创新型人才培养，完善海洋人才工作体制机制，发挥海洋人才效能，统筹推进海洋人才队伍建设。

为支持海洋教育事业发展，国家鼓励高等院校加强海洋能基础学科建设，增设海洋学科专业，扩大相关专业办学规模，推进重点学科和实验室建设，加强国内外学术交流与合作，积极培育具有国际水准与地域特色的海洋院校和专业，并给予海洋基础学科教育相应的经费投入以及扶持政策，积极发展研究生教育，改革培养模式，加强海洋职业教育和培训，壮大专业技能人才队伍，制定海洋行业继续教育规划和实施办法，实施海洋人才培养共建计划，继续推进相关部门、单位与高等院校合作共建，培养优秀青年科技人才，为海洋能可持续发展提供稳定的人才储备和发展后劲。实施海洋领军人才和创新团队培养发展计划、高层次创新型海洋科技人才引进计划，结合国家重大项目、重点实验室、博士后科研流动（工作）站建设，建立高层次创新型人才培养基地，加快海洋能技术创新领军人才和复合型人才培养。以海洋高新技术产业园区和涉海留学人员创业园为载体，加大对高层次留学人才回国创业的扶持力度，为海洋事业发展储备优秀人才，开展海洋人才动态跟踪统计工作，形成监测评估体系，促进人才有效配置与合理流动。

4.2 国外海洋能装备制造相关政策经验

随着国际能源形势的持续紧张，世界各国积极开展可再生能源的开发利用行动，其中海洋能作为储量丰富的清洁能源，受到广泛关注。近年来，比利时、丹麦、美国、德国、加拿大、日本、英国等海洋强国持续加大海洋能源开发应用的资金、科技研发支出；海洋能的巨大发展价值同时也引起了印度、尼日利亚等发展中国家的关注。① 在国际社会的共同支持和不断努力下，全球海洋能开发利用技术得到了长足发展。由于海洋能装备制造作为一种战略新兴产业，国际相关政策较少，本章选取以下几个发达国家海洋能源开发利用相关政策进行整理、对比和参考，进而为中国海洋装备制造发展所制定的政策提供借鉴。

4.2.1 比利时海洋能装备制造相关政策

比利时是西欧的一个工业发达国家，国家面积较小，但凭借其地理位置优势成为海洋运输枢纽。同时，因其环境优美，成为欧洲度假旅游胜地，旅游业在国内生产总值占据了一定比例。早在 14 世纪，比利时就已经开始了海洋研究工作。比利时政府从 20 世纪 70 年代初就着手于海洋资源的开发和利用，依靠本国的科研机构、高校对北海展开调研，目前组成了较为规范的海洋研究网络。另外，比利时海洋能源开发主要从国家战略、市场激励、公众资助计划三个方面进行。

在国家战略方面，比利时政府推行绿色能源证书市场，通过可交易绿色证书（TGC）支持可再生能源生产。对于每一种可再生能源技术，基于利益相关者分析，评估该种可再生能源技术发展能力。比利时西部的沿海省份西弗兰德，将海洋可再生能源视为一种新兴产业，制定"弗兰德智能专业化战略框架"，明确弗兰德的蓝色经济、蓝色增长和蓝色能源领域是优先领域。与此同时，弗兰德发展署（POM West Flanders）推动学术部门和私营公司合作开发海洋能源技术，以此支持蓝色能源领域的发展。

在市场激励方面，比利时政府大力规划海洋能开发区，在波浪能和潮流能领域，通过国际合作等方式建设了多个海上风能开发区。2012 年 7 月，比利时批准在其离岸 55 公里处（水深 35～40 米，波功率密度为 6.5 千瓦/米）开发 266 兆瓦风电场和 5 兆瓦波浪能发电场[99]。与此同时，比利时为快速发展海洋能装备制造产业，积极参与国际海洋科研合作，与邻近的法国、德国、荷兰、英国、丹麦、挪威等国家密切合作，并参与欧盟的大型海洋研究计划[100]。

---

① 本章除特别标注外，以下国家政策来源：https：//www. ocean-energy-systems. org/ocean-energy/ocean-energy-in the world，作者根据其自行整理。

在公众资助计划方面，比利时的联邦能源转型基金作为能源转型基金的一部分，旨在鼓励和支持能源领域的研究和开发。能源总局每年都会根据皇家法令第 3 条第 1 款规定的能源转型基金使用条件，组织提案征集活动。2020 年，能源转型基金的预算为 2 500 万欧元，对所有符合相关条件并与研发、研究基础设施投资、创新集群或中小企业创新有关的项目进行基金补贴。

比利时海洋能装备制造相关政策主要有以下特点：第一，国家科研资金支持力度大，科研队伍精干；第二，科研设备先进，利用率高；第三，海洋能装备制造相关项目成果较多，成果转化率较高，所带来的经济效益较为显著；第四，积极参与国际海洋科技合作。

4.2.2 丹麦海洋能装备制造相关政策

丹麦于 2015 年发布《丹麦波浪能技术路线图》，明确丹麦波浪能技术 2015～2030 年的发展目标，并指出应加快实现波浪能发电站的稳定发电，降低发电成本，以此确保海洋能产业取得商业化成功。工业组织"丹麦波浪能发电伙伴关系"（Danish Partnership for Wave Power）在 2020 年与丹麦政府有进行合作的意愿，明确了波浪能长期发展资金支持的必要性，并将每个项目的发电成本估计值作为技术准备水平的评估指标之一。该国目前有三个支持海洋能源的国家资助项目，包括能源技术开发和示范计划、丹麦创新基金和 ELFORSK。

丹麦政府对于海洋能装备制造的政策扶持手段主要是经济激励。在海洋能开发方面，丹麦政府在税收政策上给予一定程度的优惠并对其进行财政补贴。另外，丹麦政府建立有效方便的融资机制，以此消除海洋可再生能源在开发初期的市场准入障碍，为海洋可再生能源发电提供帮助。此外，丹麦将固定电价制度引入海洋能发电领域，创造市场拉动机制，为海洋能装备制造发展提供可观的市场前景[101]。

丹麦政府为鼓励海洋可再生能源的开发和利用，还推出了一项特别政策，即实行绿色认证。在市场上，通过海洋能源发电的发电商每度电以常规电价售卖，除此之外，还可购得与发电量相匹配的绿卡。绿卡的作用是为其持有者提供发电优先上网的权利，这项政策保障了海洋能开发商的部分利益，刺激了海洋能装备制造产业的发展。

4.2.3 美国海洋能装备制造相关政策

美国能源信息署计划表明，到 2030 年，美国可再生能源发电量将发展至可提供整个国家用电量的20%。其中波浪能、海上风能、潮汐能发电可以满足全美10%的用电量，可见美国海洋能发电潜力巨大。因此，美国政府制定了一系列政策支持和引导海洋能开发利用以及装备制造产业发展。2010年4月，美国能源部发布《美国海洋水动力可再生能源技术路线图》，该技术路线图为美国海洋装备制造发展指明了方向，波浪能、潮汐能、温差能和渗透能将会成为美国未来一段时间开发和利用的重点。2013年，美国推出《海洋和水动力能源法案》，旨在促进海洋能技术的研发和示范活动，同年的《可再生能源电力法案》规定了海洋能电力标准。2015年，美国能源部拨款4 130万美元维持"海洋水动力项目"的研发活动，其中1 790万美元用于克服海洋能关键技术和市场障碍，为海洋能产业发展提供财政支持[102]。美国为促进海洋能开发利用，还对海洋能相关产业施行税收优惠。海洋能发电项目每产生1千瓦时的电能，可以享有1.1美分的税收抵免或者享受投资额10%的税收抵免[101]。

美国海洋能装备制造相关政策主要有以下特点：第一，美国对海洋能装备开发提供了有效的资金支持。第二，为了扩大海洋能装备制造在美国各个州的发展规模，采取了强制性的政策推动其发展。第三，为了激励和促进海洋能的开发和利用，美国还专门创立了公共效益基金，主要作用是奖励那些积极参与海洋能装备研发制造的企业以及为有关海洋能企业提供贷款支持。第四，通过生产税抵免和加速折旧，鼓励海洋能开发商投资[103]。

4.2.4 德国海洋能装备制造相关政策

2002年，德国联邦政府的"海上风能利用战略"明确规定并实施了海上能源发电领域，该战略旨在为开发海上能源创造条件。自2004年德国开始开展海洋空间规划相关工作，目前已经编制了5个区域的海洋空间规划，分别为波罗的海专属经济区海洋空间规划、北海专属经济区海洋空间规划、石荷州波罗的海和北海领海海洋空间规划、梅前州波罗的海领海海洋空间规划、下萨克森州北海领海空间规划。2017年3月，德国联邦经济与能源部发布了《海洋议程2025：德国作为海洋产业中心的未来》，梳理了德国海洋事务发展的整体情况，并对未来德国海洋管理、产业安全等问题做出规划。德国政府目前正在实施"联邦经济事务与能源部第6次能源研究计划"，该计划于2014年发布，主要用于资助海洋能源技术及设备的研发项目[104]。2020年，德国担任北海能源合作（NSEC）的主席，这是一个跨境集团，目前由9个欧洲国家（英国退出后）和欧盟委员会

（European Commission）组成。除德国外，比利时、丹麦、法国、爱尔兰、卢森堡、荷兰、挪威和瑞典等国家都是 NSEC 的成员，工作重点是海上风能和海上电网基础设施的扩展。德国在 2020 年的轮值主席国期间重点推动联合和混合项目。

基于德国海洋行业类别较少的特点，德国联邦政府对海洋产业发展方向十分清晰和明确，即巩固制造业技术优势，加速海洋能装备制造技术发展，力推在国际市场中建立更高的技术标准，全面提高德国海洋能装备制造产业的国际竞争力。第一，德国对海洋能装备制造产业发展建立了有效的协调机制，海洋能装备制造企业管理有固定的组织流程。第二，德国联邦政府在海洋能装备制造产业方面有效地发挥了监督、服务作用。第三，德国海洋能装备制造产业发展具有较长远的战略布局，并注重中小企业发展。

4.2.5　加拿大海洋能装备制造相关政策

加拿大政府对海洋能装备制造研发管理主要包括联邦层面与省级层面。在联邦层面上，加拿大自然资源部一直鼓励利益相关方积极参与其中，力图将立法框架覆盖联邦海域的各个可再生能源项目。1996 年，加拿大颁布实施了《加拿大海洋法》，成为世界上第一个进行综合性海洋立法的国家[105]。2011 年，加拿大政府发布了《加拿大海洋可再生能源技术路线图》，并制定了海洋可再生能源促进措施计划，为该国波浪能、潮流能等主要海洋能源提供战略与行动计划[101]。2010～2015 年，加拿大能源研发办公室向海洋能装备制造产业研发活动提供约 3 700 万美元的支持，加拿大可持续发展技术基金提供 1 300 万美元支援海洋能设备研发和示范性项目。2016 年 3 月，加拿大联邦政府向内阁提交了管理海洋可再生能源活动的联邦政策框架。此外，加拿大自然资源部一直在牵头制定针对海洋可再生能源的新国家计划，主要包括自然资源的清洁增长计划、新型可再生能源发电计划、农村与偏远地区的清洁能源计划，总投资超过 5 亿美元，为海洋可再生能源开发利用及海洋能装备制造产业发展提供资金支持。

在省级层面，2012 年，加拿大新斯科舍省发布《海洋可再生能源战略》，为示范项目产业化提供了支撑。2015 年，该省通过了《海洋能法案》，并于 2017 年修改此法案。该法案要求海洋能项目必须满足环保、为社会创造财富的条件，同时规范了海洋能发电站建设活动的审批体系，为海洋环境综合管理提供了政策框架，并指导加拿大的海洋规划、管理和决策。2021 年，加拿大加入了可持续海洋经济高级别小组，该小组致力于"为可持续海洋经济转型：保护、生产和繁荣的愿景"，该行动计划将海洋可再生能源列为重点领域之一，并颁布《电力法》和《可再生电力条例》，明确从社区层面和大规模研发层面发展潮汐能项目的两条路径。

4.2.6 英国海洋能装备制造相关政策

英国政府的海洋能装备制造发展相关政策主要集中于国家战略、市场激励以及公共资助计划三方面，致力于为海洋能装备制造发展提供资金、技术能力支持，促进构建研究合作伙伴网络，进而实现在波浪和潮汐能源方面的世界领先地位。

首先，英国政府通过制定《海洋政策声明》，明确海洋发展总战略，进而为 2002 年英国政府提出的"清洁、健康、安全、富饶和生物多样化的海洋"愿景提供支持[106]。自 2016 年起，此前由英国能源气候变化部承担的责任交由商业、能源和产业战略部负责，并且向苏格兰、威尔士和北爱尔兰政府下放权力，但是英国商业、能源和产业战略部仍保留对本国能源政策的全部职责。2017 年，英国海洋能开发领域较为活跃，在波浪能、潮流能和潮汐能等方面均取得了重大进展，其政策和管理环境也不断优化，预计到 2050 年，波浪能和潮流能将对英国的电力供应产生重大影响。

其次，英国政府投入大量资金用于海洋可再生能源开发利用及海洋能装备制造研发，自 2014 年以来，苏格兰政府在"苏格兰波浪能源"项目上投资了近 5 000 万英镑。截至 2015 年，可再生能源投资基金（REIF）已经投入 1.06 亿英镑促进海洋能技术升级，实现商业化[101]。苏格兰政府通过皇家资产局控制的专项基金向 MeyGen 项目第一阶段工程拨款 2 300 万英镑，并全额资助波浪能计划，主要开展波浪能创新技术研究，旨在提高技术水平和降低商业风险，以及带动私人投资。2019～2020 年，苏格兰政府从 Saltire 潮汐能挑战基金中拨款约 500 万英镑，用于在苏格兰水域部署的两个创新潮汐能项目。苏格兰政府还进一步推进工业界、学术界和公共部门共同合作，发展苏格兰的海洋能源部门。

最后，英国政府还以市场激励以及公共资助计划等策略为主导，加大海洋能源领域研究、开发、创新和示范力度。英国政府基于市场激励角度主要通过差价合约（CfD）计划为各种可再生能源技术提供收入支持。此外，英国政府提供了一些公共资助计划来支持海洋能源部门的发展，包括英国研究与创新（UKRI）、创新英国（Innovate UK）以及苏格兰波浪能计划（WES）。UKRI 自 2018 年 4 月开始运营，汇集了 7 个研究委员会，以支持和协调英国海洋可再生能源的研究和创新。Innovate UK 对英国高价值创新项目提供赠款和贷款资金，并在国内和国际范围内建立起创新者和投资者、研究人员、行业、政策制定者和未来客户之间的网络。苏格兰波浪能计划（WES）截至 2018 年已获得 2 114 万英镑的政府资金支持，发展了 61 个波浪能创新项目。

4.2.7　日本海洋能装备制造相关政策

日本是一个岛国，自然资源十分有限。化石能源如煤炭、石油和天然气等几乎全部依靠进口，其他主要矿产资源也大部分依赖进口。这一基本国情促使日本高度重视海洋可再生能源的开发利用。1997 年，日本开始实施《海洋开发推进计划》《海洋科技发展计划》[101]。2007 年，日本国会通过了《海洋基本法》，该方案以保护海洋环境、确保海洋利用和安全、可持续开发利用海洋作为海洋管理的主要目标，旨在充实海洋科学知识，大力发展海洋产业，提高海洋能装备制造技术水平，进而确立"海洋综合管理""国际合作与协调"国策，促使政府与民间共同应对海洋问题，使日本在建立国际海洋秩序方面发挥先导作用[107]。2008 年，日本制定了《海洋基本计划》，2018 年公布了《第三个海洋政策基本计划》，进一步细化了《海洋基本法》的相关理念，使日本海洋经济发展规划通过法律形式得以规范化，进一步明确了国家、地方公共团队、企业、国民在发展海洋经济中的职责，旨在协调涉海各省厅间关系、明确未来施政方向、调整政策优先顺序，并对日本涉海事务予以进一步分工、规范与指导。新能源与产业技术发展组织（NEDO）通过"2018～2021 年海洋能发电示范项目"提供赠款资金支持海洋能发电的研究和示范，旨在实现海洋能源发电技术的商业化，并在实际海洋区域实施长期示范研究。除此之外，日本环境部支持的"潮流电力技术实践项目"，是一项支持大型潮流能源示范项目的基金计划，旨在开发和演示适用于海洋的潮流发电，将部署日本首个大型（500 千瓦）潮汐发电机。日本教育部还在支持一个海浪发电示范项目，2018 年选中平冢波浪发电厂，2020 年安装、并网并投入使用，进行为期一年的示范。

日本政府旨在通过海洋开发活动落实其海洋权益，并以先进的海洋开发技术为依托，在制定国际海洋秩序的过程中取得主导地位，从而制定出更符合日本国家利益的国际规范，构建出由日本占据主动权的国际海洋秩序。同时，由于受到获取利益、强化海军、守卫利益组成的旧式海权思维影响，日本在海洋能装备制造产业政策上逐步呈现出举国之力，内外呼应，安保为先，开发辅之的态势。①

4.2.8　法国海洋能装备制造相关政策

法国的地理位置优越，拥有丰富的海洋能资源。漫长的海岸线和宽阔的海洋区域为其发展海洋能提供了便利。不过，与其他欧洲国家如德国、西班牙等国家相比，法国的海洋能装备制造尤其是海上风电装备的发展相对滞后。近年来，随着能源危机与温室效应加剧，法国已经注重提高海洋可再生能源利用效率，加大相关领域资金的投入力度。与 2010 年法国一台海上风力发电机都没有的发展状况相比，2015 年 8 月，法国政府通过了《能源法案》，该法案的制定为未来法国新能源的发展指明了方向，其中计划法国的可再生能源所产生的电力将占据总电力供给的40%。法国投入近8 000 万欧元发展海洋可再生能源，其中包括启动第一期海上风力发电项目，成立法国海洋能研究所"法国低碳能源研究所"（IEED），以加强科技创新，推进海洋能开发利用，该研究所在 10 年内共得到政府 3 400 万欧元的资助，为海上风力发电、潮汐发电等五个科技项目投入 4 000 万欧元。2017 年，法国启动了国家海洋和海岸战略，加快了其海洋空间规划（MSP)，与此同时，进行商业化潮流能发电场的公开招标工作，总装机规模预计为 50 ~ 100 兆瓦。据法国海洋能研究所（FEM）预测，法国在 2025年前将相继实现波浪能、潮流能和温差能的商业化运行。

总的来说，法国政府的海洋能开发利用主要集中在小规模沿海地区。多年来，该国政府一直在为海洋能源系统发起立法和法规简化，旨在通过简化相关流程支持可再生能源发展，加大海洋能开发利用及装备研发资金投入力度，促进其巩固资金，提高海洋能开发利用效率，以达到海洋可再生能源领域的世界领先水平。

4.2.9　国外海洋能装备制造相关政策评述及启示

从上述 8 个国家海洋能装备制造发展来看，各国对于海洋能的未来发展都比较重视，但这些国家之间的发展重点不尽相同。总的来说，国际上许多国家为保证本国海洋能开发利用，已经对海洋能源开发利用以及其装备制造发展提出一系列政策扶持，多从资金扩充角度着手，国家加大资金投入力度，并在政府号召下扩大融资途径，保证海洋能装备制造研发资金投入力度。有的国家出台政策强制扩大海洋能开发利用规模，利用政府干

---

① 《日本新〈海洋基本计划〉政策倾向评析》,《中国海洋报》, 2018 年 8 月 9 日。

预，加快海洋能开发利用速度。从他国经验看中国海洋能装备制造发展，我国政府应借鉴国际相关政策经验，结合中国海洋能装备制造发展面临问题，加大海洋能装备制造资金支持，并鼓励多元化投资，保证关键技术研发资金，着力攻克技术难关；政策上鼓励、引导企业研发创新，增强企业内部创新动力；在人才培养方面出台相关政策，鼓励并给予高校培养海洋能装备制造研发人才条件支持；完善现有海洋能及海洋能装备制造相关政策，使得有可操作性的法律法规促进海洋能装备制造研发与使用；政策制定过程中，海洋能产业相关政策可以借鉴其他各种可再生能源政策的成功经验。由于海洋能研究起步较晚，海洋能在国民经济发展中占有重要的地位，具有广阔的发展前景，国家在制定海洋能相关政策上应给予更大的优惠政策，加大对海洋能的开发和支持力度。

4.3 本章小结

本章在分析中国海洋能装备制造相关政策基础上，介绍了比利时、丹麦、美国、德国、加拿大、英国、日本和法国等发达国家的海洋能开发利用及其装备制造相关政策，并对这些政策进行了评述，分析了这些政策对制定并完善我国海洋能装备制造发展相关政策的启示。基于"海洋强国"战略时代背景，将发达国家海洋能政策与中国现行的海洋能命令控制性政策、经济激励性政策和教育鼓励性政策进行比较。总的来说，中国的海洋能政策体系构建起步较晚，并以命令控制性政策为主、经济激励性政策为辅。另外，中国该领域的经济激励性政策还欠成熟，实施中仍存在有待完善之处。

第5章 中国海洋能装备制造发展的影响因素

海洋能装备制造的发展受到多种因素的影响,通过分析海洋能装备制造发展的主要影响因素,构建中国海洋能装备制造发展影响因素的指标体系和评价模型,有利于揭示海洋能装备制造发展的内在作用机理。

5.1 中国海洋能装备制造发展影响因素识别

中国海洋能装备制造业的发展受多方面因素影响,如技术创新能力较弱,关键自主核心技术缺失、产业资本配置不均衡、技术互通的合作规模不具备长期固定性等自身因素以及政府政策体系不完善等外界因素。这些因素共同导致中国海洋能装备制造业产业技术结构失衡、创新成本巨大、自主核心技术受制于人、经济效率低下,既浪费资源,又污染环境。因此,有必要通过对这些影响因素进行评价,以指导中国海洋能装备制造业技术持续突破、融合、加速应用,实现海洋能装备制造业的飞速发展。

中国海洋能装备制造的相关研究更加侧重于关键技术的应用,相对而言,从管理学视角探讨影响因素的文献则较为缺乏。基于此,本章运用扎根理论,从政府、产业等管理实践视角探讨影响因素的概念与内涵,并对其影响效应进行评析。

5.1.1 基于扎根理论的影响因素识别研究设计

5.1.1.1 研究方法

学者施特劳斯(Strauss)在其作品《发现扎根理论》中首次提到"扎根理论",学者们把扎根理论视为"通过质化研究建构理论"的科学方法论。扎根理论是对收集到的实际数据进行整理和分析,采取系统化的方法,提炼出某一种具体的现象,找出范畴间的联系,使之成为理论和定量化的结论。与实证研究不同的是，以扎根论为基础的研究没有提前建立任何理论前提，只是以资料采集和分析为中心，注重不断对比和理论抽样，是一种由上至下的归纳式质化研究，已受到管理学领域学者的广泛关注。

在极端实证主义（extreme empiricism）和完全相对主义（complete relativism）之间，扎根理论是一种妥协，它提供了一套系统的数据采集方式，有助于理论的构建，同时也强调了"持续比较"（constant comparison）与"理论取样"（theoretical sampling）的重要程度。所谓"持续比较"，指的是在收集数据的同时进行分析，即一边收集一边分析，可以不停地对理论提炼和修正。"持续比较"和实证主义者的主张有很大的不同，他们将收集数据和分析数据视为两项不同的工作。扎根理论并不要求坚持先验假设，认为有新的数据就可能产生新的理论。所以，数据的收集和形成理论应当是一个交互的过程，它们相互形成了一个循环，即"数据收集—形成理论—数据的再收集—对理论进行改善"。图 5 - 1 给出了关于扎根理论的详细研究过程。研究者在数据收集的过程中，受到持续比较思想的影响，会在收集数据的过程中发现不同的问题。想要解决这些新问题，就要从不同的信息来源收集相关数据进行核实，将新数据和原有数据所形成的类别或者范畴（category）进行比较。在新的范畴出现之后，理论便可以得到修正，理论体系之内可以纳入新的范畴，这个过程不断重复，直到达到理论饱和，也就是新收集到的数据可以被已有范畴概括，而不再产生新的范畴。

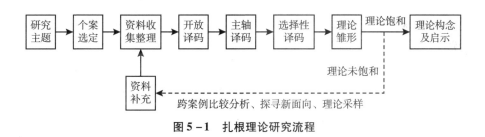

图 5 - 1　扎根理论研究流程

5.1.1.2　研究样本及数据采集

本研究在样本的选择上使用了理论抽样的方式，即受访对象的选择是根据研究意图来决定的，该方法得出的结论解释性更强。基于研究主题关键词"中国""海洋能""装备制造""发展前景"等，结合本章对主要影响因素的研究目的，确定研究样本并进行数据采集。在研究样本的选择方面，为着重表现中国情境的海洋能装备制造，主要选择国内知名海洋能开发企业或研究机构进行实地调研。同时考虑研究样本的典型性、资料可获得性等因素，最终确定 7 个海洋能装备制造机构作为研究样本，其中样本编号 A ~ D 为建模组，E ~ G 为检验组，详见表 5 - 1。

表 5 - 1   研究样本

编号	研究样本	典型性	资料处理
A	哈尔滨工程大学	哈尔滨工程大学开发的"海明 I"潮流能发电装置，是中国首个具有多年示范应用经验的 10 千瓦额定功率的坐底式水平轴潮流能独立发电系统。"海明 I"在浙江省岱山县的小门头水道进行了海上试验，"海明 I"通过海底电缆向仙洲桥灯塔供电，对灯塔进行照明与供热	初始建模
B	杭州江河水电科技有限公司	承接国家海洋局专项资金项目——300 千瓦水平轴潮流能发电机组。该项目通过国家海洋局和浙江省自然资源厅专家组联合验收。机组整机转换效率大于 36%，其首创双向无源自变距、无动密封等技术得到验证	初始建模
C	宁波东方电缆股份有限公司	高端海洋能源装备系统应用示范项目码头工程将助力该企业实现传统制造向数字化的成功转型，打造国内电缆行业的智能智造新模式，推动电缆行业与工业互联网产业高质量协同发展，全面提升我国海洋领域高端能源装备的国际核心竞争力	初始建模
D	江夏潮汐电站	海洋能装备产业化应用的典型案例。中国第一座双向潮汐电站，20 世纪 80 年代中国装机容量最大的潮汐电站，在世界上列名第三。该电站以发电为主兼有海涂围垦、海水养殖等综合效益。电站设计容量 3 900 千瓦，现装机 3 200 千瓦，年发电量约 1 000 万千瓦时，以 35 千瓦时电压向温州电网供电	初始建模
E	潍柴集团	潍柴（青岛）海洋装备制造中心项目由潍柴集团投资建设，建设完成后将具备行业一流的专业海洋装备研发、建造及相关应用技术的开发能力，形成设计研发、建造维修、展示体验、新兴消费产业和融合示范"五位一体"的综合产业基地	饱和度检验
F	广东波浪能电机设备制造有限公司	经营海洋能发电技术及电力装备的研发、生产和销售；海洋能电站建设、管理和电力销售；海岛旅游设施建设和管理；海洋环境的测量及数据处理和应用，测量仪器的研发、生产和销售；海洋工程和水下工程的测量、设计及建设	饱和度检验
G	山东海洋能源有限公司	海工装备成功入选青岛西海岸新区第一批大数据企业；通过了挪威船级社（DNV GL）认证中心的审核和认证，获得挪威船级社正式颁发的 GB/T19001 - 2016/ISO9001：2015 质量管理体系认证证书、ISO14001：2015 环境管理体系认证证书和 ISO45001：2018 职业健康安全管理体系认证证书	饱和度检验

在确定研究样本后，项目组通过多次实地调研，以半结构化访谈形式对上述单位的管理层及科研人员进行深度访谈。访谈中的指导性问题为

"什么因素将对中国海洋能装备制造的发展产生影响",从访谈中获取第一手资料。在实地调研结束后,项目组继续通过网络收集公开报道、学术文献等二手资料,利用"三角互证法"对一二手资料进行验证,剔除存在疑问的信息,避免因受访者主观性原因造成研究结论的不合理。

为了最大限度地保证本研究的信度和效度,扎根分析的具体过程安排如下:首先,将不同的样本数据分别编码,可以得到一个初始的结论,之后使用跨案例比较的方法对不同样本进行分析,并依据阶段分析的结论,进行理论取样补充数据,如此循序渐进,直到达到理论的饱和为止。其次,将项目组一分为二,其中一组对收集到的数据进行开放性的译码,另一组负责汇总和论证两组的编码表。对有异议的概念与类别,参考专家的意见,加以修改、删除,在扎根分析的开放与客观方面加以保证。在编码过程客观性与系统性的保障方面,Nvivo11被选为本章的定性分析研究软件,用以进行各种数据的编码分析工作。

5.1.2 基于扎根理论的影响因素识别译码

5.1.2.1 开放性译码

将收集到的原始信息进行概念化和分类,称为开放性编码。开放性编码是一个对数据进行拆分、揉碎再组合的过程,开放性编码的目的在于确定概念与发现范畴,用此方法对所收集到的资料进行详细分析,标签尽可能从文本中的原话进行选择,这样有利于原始概念的提取。但是提取到的原始概念层次不够高,要想完成原始概念的范畴化,必须对相关概念进行更深层的分析。通过对7个建模案例资料的持续对比和修正,最终得到智能制造技术创新动力要素的51个初始概念,经整合形成15个范畴,如表5-2所示。

表5-2 开放性译码形成的概念与范畴

范畴	概念	原始语句
政府人才培养投入	人才培养投入 产学研联合培养 人才培养规划 人才引进政策	海洋能装备属高端装备产业,从研发角度讲,需要在许多领域引进高层次人才,人才培养的资源投入是十分重要的 企业、高校、科研院所应联合培养海洋能技术的高级人才,这样才能从学到研,再到市场化,形成一个连续的培养周期 海洋能技术、海洋能装备制造的科研人力资源应具备一个合理的规划方案,配合中国海洋能开发战略、海洋能政策设计长远的、阶段性的培养计划 目前,在电子信息技术、人工智能技术等热门领域,海洋能装备研究方向的人才可能出现短缺。因此必须基于有利的人才政策向本领域吸纳人才,让更多研究生愿意选择海洋能相关研究方向,并且能够在参加工作后拥有良好的工作环境

范畴	概念	原始语句
政府技术投入	企业技术创新 产学研创新 研究开发经费 关键技术攻关	政府应大力引导社会资本对海洋能装备制造进行研发投入，通过市场机制优化创新资源配置 政府发挥带头作用，引导企业、高校、科研院所进行协同创新 从国家政策到地方财政，推动海洋能装备制造发展，必要的经费支持不可或缺 目前，中国海洋能装备制造的一些关键核心技术仍然落后于北欧、加拿大等海洋能领域强国。而以企业为核心的创新体系对于重大关键技术的突破性攻关缺乏全面的创新资源。为此，政府必须有效组织海洋能装备制造的技术创新资源，对关键核心技术进行攻关突破
政府融资投入	利税政策 金融政策 财政政策 融资政策	海洋能装备在应用中的效益问题是其商业化发展的一大阻力，而各种利税政策的出台使得生产经营活动更加顺利，也有更多的资金投入装备研发 金融环境逐渐优化，信用体系也日渐完善，良好的金融政策让企业运营更加顺利，这对海洋能装备制造领域的人才培养和科研活动很有利 近年来，地方财政给予我们许多支持，我们通过专项资金购置了许多设备，实现了智能化生产，引进了许多博士人才 为了让企业同时兼顾研发与经营，外部融资是一个重要方式。海洋能装备制造这种商业利润较小、投资回报周期长的产业，更加依赖金融政策的支持
研发经费投入	基础研究经费 应用研究经费 智能化转型经费	海洋能装备技术在许多领域仍然处于实验阶段，因此，基础研究的经费投入是十分必要的，一旦出现重要的基础研究成果，将在海洋能装备领域产生一系列连锁创新成果 在海洋能开发过程中，应用研究更受重视，为了提高装备经济产出，必须对其进行持续的改进，这需要应用研究经费的持续支持 未来海洋能装备制造向智能制造转型是必然趋势，然而，智能化改造工作量大，技术复杂，初始投入极高，因而，经费方面的支持是一项重要保障
技术改造经费投入	改造资源投入 技术改造投入 技术扩散投入 成果转化投入	完备的技术改造资源投入是海洋能装备制造发展的关键，必须经过不断的技术革新，提高海洋能转换效率，降低运营成本，从而达到商业化的必要条件 中国海域幅员辽阔，海洋环境差异较大且海洋能分布不均。因此对海洋能装备具备一定的技术改造能力，从而适应各种海域环境、海岸环境或气候因素 加快海洋能技术的扩散，是整个产业快速发展的重要因素 海洋能装备的技术创新产出只是一个阶段性成果，要实现产业发展，必须具备强大的成果转化能力，产出预期的经济效益
研发人员比重	人才结构 学术产出 专利产出	海洋能装备制造的技术密集性特性是对高层次人才需求量较大，人才结构中硕博学位从业者仍应占有较大份额 科研团队应在学术领域取得大量成果，以推动海洋能装备产业的发展 研发团队的专利成果是企业经济效益的直接来源，是企业海洋能装备制造领域发展的价值核心

范畴	概念	原始语句
合作企业投入的创新经费	跨领域创新 团队合作 联合创新绩效 生产效率提升	海洋能装备制造要求适应特殊的海域环境，在研发过程中经常需要自动化、信息技术、能源技术、海洋工程等多个领域的专业人才组成研发团队进行联合开发 大型海洋能装置的实验项目，往往需要多个团队进行协同合作，克服恶劣海床环境、气候环境影响，还要进行海上施工，此外通信设施也需要专业的团队合作解决 创新绩效和生产效率的提高是合作创新的核心目标
产学研合作程度	政产合作 产学合作 合作成果产出	国有海洋能技术研究所与本公司的技术合作中，我们可以借助国家创新力量，同时发挥我们的商业转化特长，在海洋能装备制造项目上获得更多效益 我们经常与高校合作，建立专门的研究方向，吸纳高水平的毕业生到我们这里工作，形成定向培养模式，这种模式降低了我们在人才培养方面的成本 产学研创新合作的成果更能满足海洋能装备制造的发展。具体而言，国家研究机构具备雄厚的科研实力，有助于形成具有较高价值的应用成果，而企业能够在参与技术创新的过程中，使创新计划更具商业价值。同时，高校的科研技术应用，既能输送创新人才，也能直接完成创新产出
供应链联合程度	高端材料 关键技术 高端设备	海洋能装备多在复杂的海洋环境中，需要通过良好的耐腐蚀性材料来维持装备的正常运转 海洋能装备制造需要关键技术支撑，一旦关键技术的使用权受到限制，将极大地影响生产 海洋能装备具有高精度、定制化特性，因此高端的制造装备是产业发展的必要条件
智能制造组织管理	信息物理系统 智能装备 人工智能	基于信息物理系统，海洋能装备打通了研发、制造和后期运营产品的全生命周期，促进产业价值链由制造环节向研发和服务端转移 智能装备在生产环节得到了广泛应用，比如工业智能机床对组件加工精度十分敏感，能够智能完成不同精度的组件加工任务 基于人工智能技术，海洋能装备向智能化转型，在运行过程中能够智能感应环境变化，对装备运行进行自主控制
产业结构专业化程度	装备研发技术人员 装备制造技术人员 装备运营技术人员	海洋能装备产品本身需要一定数量和质量的研发技术人员 海洋能装备制造过程较为复杂，对操作工人的能力要求较高 海洋能装备后期运行维护不同于普通产品的售后服务，需要专业程度较高的技术人员，研发人员和生产人员需要长期介入后期运营服务
区域产业聚集程度	配套设施 高端材料 运营与服务	海洋能装备制造一般为大型海洋能开发项目及相关科研项目服务，且制造任务多为离散制造模型，生产成套设备。因此，成套设备的各个组件生产，必要配套设施的区域化集聚，对于海洋能装备制造产业具有重大现实意义 海洋能装备技术的进步十分依赖高端材料，高端材料产业与海洋能装备产业的合作很重要 产品研制成功后，必要的运营服务通常外包给第三方机构，专业的海洋能装备运营机构是产业的重要组成部分

范畴	概念	原始语句
高端环节资本投入比重	智能制造投资 高端材料投资 资源开发投资	为适应海洋环境、气候环境的复杂性要求,依托智能制造的定制功能发展海洋能装备制造是产业发展的重要投资方向 高端材料领域的投资是海洋能装备发展的必要条件,尤其是在远海海洋能装备领域,高端材料创新极其重要 对海洋能资源开发的投资,在一定程度上表明海洋能装备存在市场需求,市场变化能够改变企业的创新战略,使管理层更加重视海洋能装备的开发
海洋能装备推广	精准需求分析 定价策略 品牌建设 推广渠道	海洋能装备用户群体规模较小,大规模的盲目推广可能造成资源的浪费,效率也不够高。我们对需求的分析通常以实地勘测为基础,在海洋能资源丰富的地区进行可行性分析,并在当地进行精准的用户推广 当前海洋能的商业开发与其他相同功效的能源相比并不具有比较优势,海洋能装备产品要想与其他传统的能源装备进行市场竞争,必须在定价策略上找到突破口 本公司长久以来十分关注自产海洋能装备的品牌知名度、产品质量声誉等要点,以技术、质量和服务赢得口碑,品牌之于产品的推广是重要的软实力 近年来,市场运营部门积极开拓各种渠道来宣传装备产品,新媒体越来越活跃,极大地拓宽了我们对产品进行宣传的渠道
客户管理	装备运行反馈 客户关系管理 产品增值服务	在客户允许范围内,我们会持续监测海洋能装备产品的运行数据,通过分析客户的使用需求,增强客户黏性 在产品销售、后期服务过程中开展丰富的客户关系管理工作,以服务改善强化客户忠诚度 以海洋能装备为基础,针对客户特定需求进一步提供基于海洋能装备的整体能源解决方案,引导客户融入产品研发,包括满足个性化的能源使用需求、基础设施配套、进一步的个性化产品改进等增值服务

5.1.2.2 主轴性译码

相比于开放性编码,构建不同范畴的内在联系是主轴性编码的主要目标。详细地说,根据概念类属关系(如情景关系、相似关系、语义关系、因果关系、功能关系)将单独的类别进行重组,主范畴和副范畴便从中抽取。通过分析发现,开放性编码得到的各个范畴之间的确有内在的关联,按照概念层面的相关性和逻辑性,本研究把 15 个副范畴纳入 5 个主范畴内,更深入地阐明了数据资料间的相关性,如表 5-3 所示。

主范畴	主范畴内涵	范畴
政府政策	政府对海洋能装备制造的相关支持政策	政府人才培养投入 政府技术投入 政府融资投入 研发经费投入
技术创新	海洋能装备及其生产技术的创新	技术改造经费投入 研发人员比重 合作企业投入的创新经费
产业互通	在一定区域内,某些产业之间通过政府或市场的调节,形成相互间的共同发展	产学研合作程度 供应链联合程度 智能制造组织管理
产业资本	在资本的循环运动中,依次采取货币资本、生产资本和商品资本形式,并在每一种形式中完成相应职能的资本就是产业资本	产业结构专业化程度 区域产业聚集程度 高端环节资本投入比重
市场运营	企业通过市场开发活动取得利润或提高市场占有率,着重加强市场表现来实现利益最大化	海洋能装备推广 客户管理

5.1.2.3 选择性译码

选择性译码是指从主范畴中挖掘核心范畴,把核心范畴与其他范畴联系在一起,对它们之间的关系进行分析,其中包括:确定所有范畴的核心范畴,发展故事线描绘整体行为现象,不断开发范畴,使之更加精细。结合本研究目的,核心范畴为海洋能装备制造发展影响因素,主范畴典型关系结构故事线如表 5 - 4 所示,选择性译码形成的主范畴关系结构如图 5 - 2 所示。

表 5 - 4   选择性译码形成的主范畴典型关系结构故事线

典型关系结构	结构内涵	代表性语句
政府政策→技术创新	政府政策为海洋能装备技术创新提供了良好的环境条件和直接的资源注入	在海洋能装备政策的有力支持下,海洋能装备技术创新经费充足;在政府部门的领导下,与企业和高校进行协同合作,既引进了专项人才,又开拓了成果转化渠道
产业互通→技术创新	产业互通借助互联网形成更大范围的协同,进而为技术创新提供更全面的资源支持	借助新兴数字化工业网络,海洋能装备能够获得更实时的数据资源。例如海上通信网络的覆盖,使我们能够实时掌握装备运行数据,直接传回实验室,大大提高了创新效率
产业资本→海洋能装备制造发展	资本流入海洋能装备制造领域应满足产业结构合理、产业集聚发展和高端投资目标等要求,加快海洋能装备的产业化发展	随着近年来社会和国家在海洋能领域的资本投入,海洋能装备产业有了明显的上升势头

典型关系结构	结构内涵	代表性语句
技术创新→海洋能装备制造发展	技术创新是影响产业发展的核心要素，尤其在技术密集的海洋能装备制造业领域。新兴的高技术产业在发展初期必须依靠要素投入加强发展动力	尽管在潮汐能、潮流能等领域，一些发电装置已经足够成熟，但考虑到经济效益，依然不如传统的发电形式。在温差能、盐差能等领域，只有攻克关键技术难题，才能实现产业化。所以，技术创新是海洋能装备制造发展的永恒主题
产业互通→海洋能装备制造发展	产业互通的制造方式使整个产业链的相关资源得到有效配置，能够提高海洋能装备的制造效率	相关产业的互联互通使海洋能装备制造智能化转型水平进一步提高，在装备精度、运行稳定性等方面有了极大改善，间接增加了成果转化的经济效益
技术创新→市场运营	技术创新形成的最终产品是市场运营的核心。科技含量高，质量过硬的产品，是企业取得良好市场运营业绩的基础	在海洋能装备上不断实现的技术突破，增加了开展市场转化工作的"筹码"
市场运营→海洋能装备制造发展	通过市场运营扩大海洋能装备的市场需求，进而从需求端拉动产业发展	海洋能装备产业要发展，专心搞研发固然重要，但产品毕竟要有市场、有人用才行。没有市场需求，研发的意义就不存在，产业发展也就无从谈起

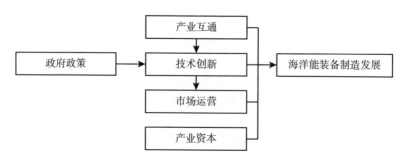

图 5 - 2　选择性译码形成的主范畴关系结构

5.1.3　中国海洋能装备制造发展影响因素体系

5.1.3.1　政府政策

2015 年 5 月出台的《中国制造 2025》明确提出通过政府引导实施制造业创新中心建设、智能制造、工业强基、绿色制造、高端装备创新五项重大工程[108]。海洋能是国家的重要绿色资源，海洋能装备制造作为一种战略性的新兴高端装备产业，在政府的大力扶持下发展迅猛。对于政府而言，巨大的经济存量要求制造业改变过于依靠不可再生资源的现状，转而以生态经济为支撑，摒弃先污染后治理的粗放型发展模式[109]。因此，在未来一段时期，海洋能装备制造作为国家新兴发展领域，很大程度上将受到政策环境的影响。

政府作为制定法律制度的领导者，将通过制度引导直接影响海洋能装备制造业发展的外部环境。除了提供稳定的发展环境外，政府还经常运用资金手段直接影响产业的发展，并转化为技术和人才两大方面的投入。战略性产业，一方面是指那些对国民经济发展具有重大影响的行业，具有一定的带动作用。这些行业既能反映出未来的经济发展趋势，也能反映出科学技术的发展，但它们的发展，却往往离不开雄厚的资本支持[110]。为此，应构建多渠道、高效的投融资体系，以最大限度地动员各类资源向海洋设备制造领域投资，形成投资良性循环，是中国培育战略性海洋能装备制造业的必要条件。另一方面由于海洋能源设备的技术含量较高，研发周期较长，风险较高，因此，对资本的持续投入要求较高。为此，中国海洋能源装备行业要加强政府投资、加强人才培训，构建多种投融资机制与渠道，为中国海洋能源装备工业发展提供物质和人力保障，推动中国海洋能装备制造业实现跨越式发展。鉴于此，本章选取政府人才培养投入、政府技术投入和政府融资投入作为政府政策的评价指标。

5.1.3.2 技术创新

技术创新是指对现有技术进行创新，即对现有技术的发展和应用。技术创新与产品创新既是紧密联系的，也是有区别的。一方面，新技术的出现常常会导致新产品的出现，技术的开发对应的是产品的创新；而新产品的概念往往是以新技术为基础的，所以技术创新往往与产品创新相伴而生，产品创新也必然包含着技术革新。另一方面，技术创新和产品创新之间存在着重大差异，产品创新是以商业和设计为重点的，以结果为特点，因此更具外部性；技术创新的本质是一个过程，所以它的内在性较强。

21世纪，科技创新在信息技术的驱动下产生了巨大的变化。信息和通信技术的融合和发展促进了社会结构的变化，导致了知识社会的出现，使传统的实验室边界逐渐"融化"，进而促进了技术创新方式的转变。为此，迫切需要建立一个以用户为中心，以需求驱动和社会实践为舞台的共同创新开放的平台，以健全中国的创新体制，通过创新的双螺旋结构，构建一个良性的创新生态，构建一个以用户为主体的创新2.0模型。

海洋能产业是中国"十二五"发展的战略新兴工业，是国家发展海洋能源产业的重要内容，从而使清洁能源逐渐取代常规能源成为可能。海洋能源装备制造业是中国海洋能源资源开发与利用的主要设备企业，应大力提升企业的技术创新能力。其中，技术创新能力是海洋能装备制造企业实现飞速发展的原动力，是企业的核心竞争力[111]。

目前，以新技术替代旧技术、智能技术替代劳动密集技术的趋势十分明显，依靠大量的资源投入、以环境为代价的经济发展已难以继续发展[112]。与此同时，全球制造业竞争已经演变为技术与创新能力竞争，海洋能装备制造业要在制造业中脱颖而出，必须摒弃其依赖资源优势的传统生产方式，将重点放在技术研发上，提高技术创新能力。因此，新技术的研究和老工艺的改造，必然会对海洋设备生产企业的发展产生一定的影响。而作为技术创新的主体，研发人员的素质对公司的创新能力有很大的影响，应注重提高研发人员的素质。鉴于此，本研究选择了研发经费、技术改造经费、研发人员比例等指标来进行技术创新评估。此外，传统的技术自主创新模式已不能满足全球化的需求，必须积极寻找技术和其他资源，扩大企业的网络协同创新之路[113]。鉴于海洋能源设备的技术结构比较复杂，其技术创新的技术深度与广度也远远超过普通产品，在海上设备公司的外部网络中寻找信息和资源的技术革新也很重要。因此，本研究以增加合作创新企业投入的创新经费作为企业外部创新环境的评价指标。

5.1.3.3 产业互通

产业互通是指特定地区的一些行业，在政府和市场的调控下，实现相互协调发展。工业革命初期就出现了"产业互通"这一概念，并且在工业化进程中得到了进一步的发展。18世纪工业革命之后，技术革新推动了社会的不断发展，促进了社会的分工，并在社会经济中形成了许多新的行业。同时，在分工加深、行业拓展的背景下，行业合作已成为这个时代的重要课题，而产业互通发展的理念就是为了解决这个问题。产业互动发展的思想经过发展和完善，逐步形成了一套较为完备的产业互动发展的理论体系。

目前，产业互通主要有三种形式：（1）资源依托型互通。比如浙商的海外投资，以发展落后的资源为基础，利用原材料的优势发展加工产业，如浙商在贵溪铜制品工业园的90%投资。（2）物流通道型互通。发达的区域以沿海为主，交通方便，更容易进入国际市场。而欠发达地区则缺乏有效的物流通道，从而制约了经济发展。因此，发达地区与欠发达地区通过物流通道互通，形成相互配套协作的产业组织，以实现地区均衡发展。例如，江西省已经和福建省厦门市达成了铁海联运的协议，并且打算和浙江省宁波市进行铁海联运，从而实现江西工业结构的转变。(3) 资本联结型互通。如引进外部资金推动产业升级、改造国有企业、投资基础设施建设等。其中，江西通过合资、参股、独资等多种方式，在江西新钢500吨薄板、江铜10万吨电解铜项目上，吸引民间资本参与，争取在该项目上建立资金链。

现阶段，大数据、人工智能、云计算等数据技术发展迅猛，推动大规模的社会化分工和协作。传统企业在新技术的驱动下，必须建立智能组织，以适应新的市场条件，进行动态的整合和创新。在智能化生产的进程中，企业的产品、服务和组织结构都必须进行变革，传统的批量生产已经无法适应中国制造业向智能化转型的需要，应通过产业结构的提升、产业结构的转型，促使中国制造业向智能化制造转型，加快制造业和服务业深度融合[114]。因此，企业在不断提升产业互通能力、有效捕捉用户的个性化需求、实现智能设备个性化决策的同时，还需要通过智能化转型提高企业的研发创新能力和信息共享能力，以提升企业的市场竞争力。

中国海洋能源设备制造业的发展任重而道远，不仅要有充足的资金和先进的技术支持，更要走低能耗、少污染的绿色生产之路。因此，在产品研发过程中，企业除了通过产业互通充分借助外部优势资源以外，还需要行业协会和技术中介服务机构的资金和技术支持，以获得智能制造发展的先机。此外，企业还可以开发智能制造管理系统，既有助于实现工厂的可视化与智能化，提高现场管理水平，还可以通过与用户、供应商、物流商等的互通，从人、机、料、法、环等多个方面入手，使海洋能装备制造整个产业链实现信息与技术的互通，优化生产制造业务流程[115]。鉴于此，本研究选取产学研合作程度、供应链联合程度和智能制造组织管理水平作为产业互通的评价指标。

5.1.3.4 产业资本

产业资本具有货币资本、生产资本和商品资本三种不同的表现形式。产业资本具有两种作用：一是在生产过程中产生剩余价值；二是通过资本流动来实现剩余的价值。

海洋能装备制造企业结构复杂，规模庞大。因此，雄厚的产业资本是海洋能装备制造企业创新发展与智能转型的坚实基础。然而，产业资本的不合理分配，会造成产业结构同构化现象，既不利于产业协同创新、产业集聚，也不能充分发挥规模经济，还会造成低度重复建设，造成区域之间的恶性竞争[116]，这就导致了中国海洋产业的低端产品过剩和高端产品短缺并存，产能过剩和供应不足并存，阻碍海洋能装备制造业的发展。此外，产业资本的分配也可以体现在企业内部，内部高端环节拥有充足的可分配资本，有利于海洋能装备制造企业由要素驱动向创新驱动转型[117]，进而促进海洋能装备制造业的发展。鉴于此，本研究选取产业结构专业化程度、区域产业聚集程度和高端环节资本投入比重作为产业资本的评价指标。

5.1.3.5 市场运营

市场运营是指企业在营销过程中，为增强品牌实力和口碑效果，依据营销管理思想，制定营销战略。市场运营是针对产品而开展的工作，可以是文化产品、体育赛事等类似的无形产品，也可以是消费品、大型机械等类似的有形产品。海洋能装备无疑属于有形产品，其市场运营工作与一般的无形文化产品、大众消费品既存在共同点，也因其科技含量高、单件小批量、项目签约等性质而有其特殊的市场运营任务。

根据扎根研究结果，海洋能装备制造企业的市场运营工作主要包括产品推广和客户管理这两个方面。在产品推广方面，海洋能装备不同于大规模生产的一般消费品，相关产品的供应过程更多倾向于 B2B 的交易模式，多为单件小批量、先有订单再生产，甚至基于客户需求进行定向的研究开发，再进行生产制造。具体来讲，海洋能装备的使用者较为稀少，他们常常受自然环境和资源条件的影响而选择使用海洋能源。为此，海洋能装备厂商的产品推广需要进行精准的需求分析，这些需求分析主要通过实地勘探而对那些具备海洋能使用条件的地区进行推广。在推广过程中，中国大部分地区都有能源供应，同类产品的竞争使得海洋能装备并不具有比较优势。因此，通过定价策略开发市场是一种有效的推广手段。此外，海洋能装备的使用地点多为滨海地区，国家能源供应网络可能受到自然环境的限制，恶劣的应用环境使得海洋能装备必须保证运行效率、稳定性等需要。一般来讲，产品品牌价值与产品质量是高度相关的。海洋能装备用户对于产品品牌非常关注，因而要求厂家通过更多的渠道进行产品推广，并开展品牌建设活动。在客户管理方面，海洋能装备的使用者稀少，市场需求便来自这些为数不多的使用者。因此，海洋能装备制造企业就必须争取到这些客户资源。由于海洋能装备大型成套、单件小批量且 B2B 交易的特点使得企业与客户的关系不是即时买卖，而是时间较长的合作关系。客户资源的稀缺性与长期合作的特征使海洋能装备制造企业必须高度重视客户管理工作，具体包括装备运行反馈、客户关系管理以及通过提供海洋能装备产品的增值服务来强化客户合作关系等手段。

5.1.3.6 中国海洋能装备制造发展影响因素指标体系

通过分析中国海洋能装备制造企业发展的影响因素，将海洋能装备制造企业发展作为一级指标，将政府政策、技术创新、产业互通、产业资本和市场运营确定为二级指标。其中，基于政府政策的三级指标分别为政府人才培养投入、政府技术投入和政府融资投入；技术创新中的四个指标分别是研发经费、技术改造经费、研发人员比重、技术合作企业投入的研发经费；产业互通中的三级指标分别为产学研合作程度、供应链联合程度和智能制造系统管理水平；产业资本中的三级指标分别为产业结构专业化程度、区域产业聚集程度和高端环节资本投入比重；市场运营中的三级指标分别为海洋能装备推广和客户管理。指标体系如表 5-5 所示。

表 5-5　　　　海洋能装备制造发展的影响因素指标体系构建

一级指标	二级指标	三级指标
海洋能装备制造企业发展（A）	政府政策（A_1）	政府人才培养投入（A_{11}）
		政府技术投入（A_{12}）
		政府融资投入（A_{13}）
	技术创新（A_2）	研发经费投入（A_{21}）
		技术改造经费投入（A_{22}）
		研发人员比重（A_{23}）
		合作企业投入的创新经费（A_{24}）
	产业互通（A_3）	产学研合作程度（A_{31}）
		供应链联合程度（A_{32}）
		智能制造组织管理水平（A_{33}）
	产业资本（A_4）	产业结构专业化程度（A_{41}）
		区域产业聚集程度（A_{42}）
		高端环节资本投入比重（A_{43}）
	市场运营（A_5）	海洋能装备推广（A_{51}）
		客户管理（A_{52}）

5.2 中国海洋能装备制造发展影响因素评价

以中国海洋能源装备制造业发展的影响因子为基础，构建了中国海洋设备制造业的直观模糊层次分析模型。

5.2.1 引入差异化权值的模糊层次评价模型

层次分析法是萨蒂（Saaty）在多标准体系中提出的一种综合定性分析与定量分析的方法。层次分析法通过确定问题、构建层次模型、构建判定矩阵、分层单排序和分层总排序五个阶段来求出各个层级组成元素在总体指标中的权重，以求出不同的可行方案的综合评估值。在选择最优方案提供依据中进行综合评判各因素权重分配时，层次分析法只依据经验，评估各因子的重要程度，或者只考虑了两种不同的极端情形，而忽略了专家判别的模糊性，很难达到客观、精确的目的。因此，学者们以扎德（Zadeh）的模糊集理论为基础，在层次分析法中引入了模糊概念与方法，并给出了模糊层次分析法[118]，并在投资决策等方面得到了很好的运用。但是，在实际问题中，模糊层次分析法也有其局限性。如模糊层次分析法中的模糊集合只可以从某种程度上反映出决策者对被试的判断，而无法准确地表达出放弃和徘徊不定的情况。为解决这一问题，阿塔纳索夫（Atanassov）[119]在扎德的模糊集的模糊概念上加入了一个新的参量——非隶属函数，通过构造直觉模糊集，可以更灵活地解决不确定性问题。本研究在层次分析法中引入了直观的模糊层次分析方法，并对其进行了拓展和发展。

层次分析法是将指数按一定的数值进行两两对比，从而确定其优先级。但是，在实践中，数据往往以模糊判断值的方式呈现，而非准确的评估值。因此，1983年，范·拉尔霍文和佩德克兹（Van Laarhoven and Pedrycz）等首次提出了将层次分析法模糊化[120]；巴克利（Buckley）[121]在此基础上发展了模糊层次分析法，他用模糊化的方法对专家主观进行了处理，其结果较层次分析法更为客观、准确，但其缺点也很明显：不能准确地表示放弃或迟疑的情形，而对于量化指标和定性指标，则要采用不同的方法。为了解决这个问题，扎德（1965）和阿塔纳索夫（Atanassov，1986）在模糊集理论基础上提出直觉模糊层次分析法，给出了"犹豫度"的定义，在决定隶属函数时，犹豫度表示个体的失误或知识的缺失[118~119]。因此，采用直觉模糊层次分析法对决策矩阵的偏好程度进行研究，得出的结论更符合实际。

5.2.1.1 将定性指标转换成模糊三角函数

阿塔纳索夫于 1986 年提出了 IFS（直觉模糊集）A 的概念。设 X 为固定非空集，$A = \{(x, \mu_A(x), v_A(x)) \mid x \in X\}$。$\mu_A(x)$ 和 $v_A(x)$ 分别表示 x 隶属于和不隶属于集合 A 的程度且应满足 $\mu_A(x) \in [0, 1]$、$v_A(x) \in [0, 1]$ 和 $0 \leqslant \mu_A(x) + v_A(x) \leqslant 1$。此外 $\pi_A(x) = 1 - \mu_A(x) - v_A(x)$ 被称为 A 中元素 $x \in X$ 的直观模糊指数，表示 x 对 A 的不确定性程度或犹豫程度。对于所有 $x \in X$，显然 $0 \leqslant \pi_A(x) \leqslant 1$。为了便于计算，我们将 $\alpha = (\mu_\alpha, v_\alpha, \pi_\alpha)$ 称为直觉模糊数（IFN），其中 $\mu_\alpha \in [0, 1]$，$v_\alpha \in [0, 1]$，$\mu_\alpha + v_\alpha \leqslant 1$，$\pi_\alpha = 1 - \mu_\alpha - v_\alpha$[122]。

定性变量在描述复杂问题时，需进行定量处理。我们可以将两个指标的比较分级分成：极端重要、非常重要、比较重要、稍微重要、同等重要[123]。这些语言变量具体的定量转换如表 5 - 6 所示。其中两个指标差距越小，不确定性越高，所以犹豫度逐渐增大，且还要满足 $\mu_{ij} + \mu_{ji} = 1$，$\mu_{ii} = 0.5$。

表 5 - 6   比较等级对应的直觉三角模糊数转换

两两比较评价等级	直觉三角模糊数
因素 i 比 j 极端重要	$(0.95, 0.05, 0.00)$
因素 i 比 j 非常重要	$(0.85, 0.10, 0.05)$
因素 i 比 j 比较重要	$(0.75, 0.15, 0.10)$
因素 i 比 j 稍微重要	$(0.65, 0.20, 0.15)$
因素 i 比 j 同等重要	$(0.50, 0.30, 0.20)$
因素 j 比 i 稍微重要	$(0.35, 0.50, 0.15)$
因素 j 比 i 比较重要	$(0.25, 0.65, 0.10)$
因素 j 比 i 非常重要	$(0.15, 0.80, 0.05)$
因素 j 比 i 极端重要	$(0.05, 0.95, 0.00)$

5.2.1.2 确定判断专家的权重

根据建立的模糊层次评价模型，选择有关专业的专家对 5 项二级指标和 15 项三级指标的重要性，按照表 5 - 7 中的 AHP 刻度的转化数对其进行对比打分。高校、科研机构等单位有关专业人员以邮件形式发送，但是因为大多数海洋设备生产厂家都不能使用外部网络，所以企业专家采取了先印刷后邮寄的方式。综合考虑，本节一共选取了 8 位专家进行问卷调查，其中包括 5 位高校专家和 3 位企业专家。由于不同的专家具有不同的权威性，所以评估被调查者意见的重要性是增强问卷信息的质量和全面性的重要因素。本节用 $D_k = (\mu_k, v_k, \pi_k)$ 评估第 k 位专家意见的重要性，表 5-7 为不同专家意见重要程度对应的直觉三角模糊数。然后就可以用式（5.1）得到 t 位专家中第 k 个专家的权重[100]。

表 5-7   专家意见重要性对应直觉三角模糊数转换

专家意见重要性	直觉三角模糊数
非常重要	(0.90, 0.05, 0.05)
重要	(0.75, 0.20, 0.05)
中等程度	(0.50, 0.40, 0.10)
不重要	(0.25, 0.60, 0.15)
非常不重要	(0.10, 0.80, 0.10)

$$\lambda_k = \frac{\mu_k + \pi_k \left(\dfrac{\mu_k}{\mu_k + v_k} \right)}{\sum_{k=1}^{t} \left(\mu_k + \pi_k \left(\dfrac{\mu_k}{\mu_k + v_k} \right) \right)} \tag{5.1}$$

且 $\sum_{k=1}^{t} \lambda_k = 1$，$(0 \leqslant \lambda \leqslant 1)$

5.2.1.3　构建聚合的直觉模糊判断矩阵

设 $R^{(k)} = (r_{ij}^{(k)})_{m \times m}$ 为第 k 位专家的直觉模糊判断矩阵，m 为不确定的各同级比较指标数量，且 i 和 $j \in [1, m]$。$\lambda = (\lambda_1, \lambda_2, \cdots, \lambda_t)$ 为所有专家的意见权重。在群体判断过程中，必须把所有的个人观点都纳入到集体的观点之中，从而构造出一个集合的直觉模糊评判矩阵。为了做到这一点，本节使用了徐泽水的直觉模糊平均权重概念（IFWA）[124]，具体聚合方式如式（5.2）所示[125]。

$$r_{ij} = (\mu_{ij}, v_{ij}, \pi_{ij}) = IFWA_\lambda(r_{ij}^{(1)}, r_{ij}^{(2)}, \cdots, r_{ij}^{(t)}) = \lambda_1 r_{ij}^{(1)} \oplus \lambda_2 r_{ij}^{(2)} \oplus \cdots \oplus \lambda_t r_{ij}^{(t)}$$

$$= \left(1 - \prod_{k=1}^{t}(1 - \mu_{ij}^{(k)})^{\lambda_k}, \prod_{k=1}^{t}((v_{ij}^{(k)})^{\lambda_k}), \prod_{k=1}^{t}(1 - \mu_{ij}^{(k)})^{\lambda_k} - \prod_{k=1}^{t}((v_{ij}^{(k)})^{\lambda_k}) \right)$$

$$\tag{5.2}$$

聚合直觉模糊判断矩阵的最终表现形式为公式（5.3）：

$$R = \begin{bmatrix} r_{11} & r_{12} & \cdots & r_{1m} \\ r_{21} & r_{22} & \cdots & r_{2n} \\ \vdots & \vdots & \ddots & \vdots \\ r_{m1} & r_{m2} & \cdots & r_{mm} \end{bmatrix} \tag{5.3}$$

5.2.1.4　一致性检验

许和雅格（Xu and Yager）[126]定义了两个直觉模糊数（IFN）a_1 和 a_2 间的距离为公式（5.4）：

$$\mathrm{d}(a_1,\ a_2) = \frac{1}{2}(\ |\mu_{a_1} - \mu_{a_2}| + |v_{a_1} - v_{a_2}| + |\pi_{a_1} - \pi_{a_2}|\ ) \tag{5.4}$$

基于此，斯米德（Szmidt）[127]提出了直觉模糊信息的距离测度概念，而许等[128]在直觉模糊信息距离测度的基础上，给出了判定矩阵的一致性检验公式（5.5）：

$$\mathrm{d}(\bar{R},\ R) = \frac{1}{2(m-1)(m-2)}\sum_{i=1}^{m}\sum_{j=1}^{m}(\ |\bar{\mu}_{ij} - \mu_{ij}| + |\bar{v}_{ij} - v_{ij}| + |\bar{\pi}_{ij} - \pi_{ij}|\ )$$
$$\tag{5.5}$$

在公式（5.5）中，R 为 "5.2.1.3　构建聚合的直觉模糊判断矩阵" 中各层指标两两比较再聚合各位专家意见得到的直觉模糊判断矩阵 $R = (r_{ij})_{m\times m} = (\mu_{ij},\ v_{ij},\ \pi_{ij})_{m\times m}$，$\bar{R}$ 为根据 R 计算得到的直觉模糊一致性判断矩阵 $\bar{R} = (\bar{r}_{ij})_{m\times m} = (\bar{\mu}_{ij},\ \bar{v}_{ij},\ \bar{\pi}_{ij})_{m\times m}$。因为 $\bar{\pi}_{ij} = (1 - \bar{\mu}_{ij} - \bar{v}_{ij})$，所以，只要求出 $\bar{\mu}_{ij}$ 和 $\bar{v}_{ij}$ 即可。

① 当 $j > i+1$ 时，则有公式（5.6）和公式（5.7）：

$$\bar{\mu}_{ij} = \frac{\sqrt[j-i-1]{\prod_{t=i+1}^{j-1}\mu_{it}\mu_{ij}}}{\sqrt[j-i-1]{\prod_{t=i+1}^{j-1}\mu_{it}\mu_{ij}} + \sqrt[j-i-1]{\prod_{t=i+1}^{j-1}(1-\mu_{it})(1-\mu_{ij})}} \tag{5.6}$$

$$\bar{v}_{ij} = \frac{\sqrt[j-i-1]{\prod_{t=i+1}^{j-1}v_{it}v_{ij}}}{\sqrt[j-i-1]{\prod_{t=i+1}^{j-1}v_{it}v_{ij}} + \sqrt[j-i-1]{\prod_{t=i+1}^{j-1}(1-v_{it})(1-v_{ij})}} \tag{5.7}$$

② 当 $j = i+1$ 时，$\bar{\mu}_{ij} = \mu_{ij}$，$\bar{v}_{ij} = v_{ij}$。

③ 当 $j < i+1$ 时，基于公式（5.6）和公式（5.7）所得，$\bar{\mu}_{ij} = \bar{v}_{ij}$，$\bar{v}_{ij} = \bar{\mu}_{ij}$。

将之前所求的直觉模糊一致性判定矩阵引入判定矩阵的一致性检验公

式（5.5）中。若 $d(\overline{R}, R) < 0.1$，则一致性检验予以通过一致性检验，反之未通过，需要设置参数 δ 进行迭代，通过调节 δ 值来修改直觉模糊一致性判定矩阵，直到通过一致性检验为止。详细的调整步骤如下：设 $\overline{\overline{R}} = (\overline{\overline{r}}_{ij})_{m \times m} = (\overline{\overline{\mu}}_{ij}, \overline{\overline{v}}_{ij}, \overline{\overline{\pi}}_{ij})$ 为调整后的直觉模糊一致性判断矩阵，其中 $\overline{\overline{\pi}}_{ij} = (1 - \overline{\overline{\mu}}_{ij} - \overline{\overline{v}}_{ij})$；设置参数 δ，其中 $\delta \in [0, 1]$；则有：

$$\overline{\overline{\mu}}_{ij} = \frac{(\mu_{ij})^{1-\delta}(\overline{\mu}_{ij})^{\delta}}{(\mu_{ij})^{1-\delta}(\overline{\mu}_{ij})^{\delta} + (1 - \mu_{ij})^{1-\delta}(1 - \overline{\mu}_{ij})^{\delta}}, \quad i, j = 1, 2, \cdots, m \quad (5.8)$$

$$\overline{\overline{v}}_{ij} = \frac{(v_{ij})^{1-\delta}(\overline{v}_{ij})^{\delta}}{(v_{ij})^{1-\delta}(\overline{v}_{ij})^{\delta} + (1 - v_{ij})^{1-\delta}(1 - \overline{v}_{ij})^{\delta}}, \quad i, j = 1, 2, \cdots, m \quad (5.9)$$

经过公式（5.8）和公式（5.9）调整后，将 $\overline{\overline{R}} = (\overline{\overline{r}}_{ij})_{m \times m} = (\overline{\overline{\mu}}_{ij}, \overline{\overline{v}}_{ij}, \overline{\overline{\pi}}_{ij})$ 代入一致性检验公式（5.5）中，直到调整后的判断矩阵通过一致性检验。

5.2.1.5　计算标准权重

各专家权重得到的直觉模糊判断矩阵，并不能明确表现出每个指标的直觉模糊权重，因此不能直观判断每个指标的影响程度。基于此，弗拉乔斯和赛克迪斯（Vlachos and Sergiadis, 2007）首先提出了直觉模糊熵的概念[129]：

$$H_j = -\frac{1}{m\ln 2} \sum_{i=1}^{m} \left[\mu_{ij}\ln\mu_{ij} + v_{ij}\ln v_{ij} - (1 - \pi_{ij})\ln(1 - \pi_{ij}) - \pi_{ij}\ln 2 \right]$$

$$(5.10)$$

这里如果 $\mu_{ij} = 0$，$v_{ij} = 0$，$\pi_{ij} = 1$（无意义）那么 $\mu_{ij}\ln\mu_{ij} = 0$，$v_{ij}\ln v_{ij} = 0$，$(1 - \pi_{ij})\ln(1 - \pi_{ij}) = 0$，$H_j = -\frac{1}{m\ln 2}(-m\ln 2) = 1$ 不标准。基于此，提出了标准的熵权即权重（w_i）定义如下：

$$w_j = \frac{1 - H_j}{m - \sum_{j=1}^{m} H_j} \quad (5.11)$$

其中，$\sum_{j=1}^{m} w_j = 1$ 符合权重定义，仅当 $\mu_{ij} = 0$，$v_{ij} = 0$，$\pi_{ij} = 1$ 时，$w_j = \frac{0}{0}$，同样无意义，不符合要求。

5.2.2　影响因素重要性实证评价研究

第一，根据构建的层次结构模型，对每一层级的指标进行两两比较，并将定性描述转换成表 5 - 8 中的直觉三角模糊数。最后收集到的问卷应该包括 8 份以 A 为基础的 A_1、A_2、A_3、A_4、A_5 比较矩阵；以 A_1 为基础的 A_{11}、A_{12}、A_{13} 比较矩阵；以 A_2 为基础的 A_{21}、A_{22}、A_{23}、A_{24} 比较矩阵；以 A_3 为基础的 A_{31}、A_{32}、A_{33} 比较矩阵；以 A_4 为基础的 A_{41}、A_{42}、A_{43} 比较矩阵；以 A_5 为基础的 A_{51}、A_{52} 比较矩阵。

第二，在判断各位专家权重的时候，可以将 5 位高校专家看成等权重的，3 位企业专家看成等权重的，且一般情况下高校专家意见的重要性高于企业专家[26]。根据表 5 - 7 专家意见重要性的定量转换可得：$D_1 = D_2 = D_3 = D_4 = D_5 = (0.90, 0.05, 0.05)$，$D_6 = D_7 = D_8 = (0.75, 0.20, 0.05)$。再代入公式（5.1）可得：

$$\lambda_1 = \lambda_2 = \lambda_3 = \lambda_4 = \lambda_5$$

$$= \frac{0.90 + 0.05 \times \left(\frac{0.90}{0.90 + 0.05} \right)}{5 \times \left[0.90 + 0.05 \times \left(\frac{0.90}{0.90 + 0.05} \right) \right] + 3 \times \left[0.75 + 0.05 \times \left(\frac{0.75}{0.75 + 0.20} \right) \right]}$$

$$= 0.1333$$

$$\lambda_6 = \lambda_7 = \lambda_8$$

$$= \frac{0.75 + 0.05 \times \left(\frac{0.75}{0.75 + 0.20} \right)}{5 \times \left[0.90 + 0.05 \times \left(\frac{0.90}{0.90 + 0.05} \right) \right] + 3 \times \left[0.75 + 0.05 \times \left(\frac{0.75}{0.75 + 0.20} \right) \right]}$$

$$= 0.1112$$

第三，将 5.2.1.3 中得到的各专家直觉模糊判断矩阵 $R^{(k)} = (r_{ij}^{(k)})_{m \times m}$ 和 5.2.1.2 中得到的各专家判断权重 $\lambda = (\lambda_1, \lambda_2, \cdots, \lambda_8)$ 代入式（5.2）中，进而得到聚合的直觉模糊判断矩阵。

第四，本章主旨是说明各因素的重要程度，即计算各指标相对于各相关指标的重要性权重。因此可以直接在聚合直觉模糊判断矩阵的基础上进行标准权重计算，这样也能明显地显示出海洋能装备制造发展过程中的核心影响因素。

$$H_1 = -\frac{1}{5\ln 2} \sum_{j=1}^{5} \left[\mu_{1j} \ln \mu_{1j} + v_{1j} \ln v_{1j} - (1 - \pi_{1j}) \ln(1 - \pi_{1j}) - \pi_{1j} \ln 2 \right] = 0.9070$$

$$w_1 = \frac{1 - 0.9070}{5 - (0.9070 + 0.9187 + 0.7803 + 0.8470 + 0.9819)} = 16.46\%$$

同理，可求出 $H_2 = 0.9187$，$w_2 = 14.38\%$；$H_3 = 0.7803$，$w_3 = 38.88\%$；$H_4 = 0.8470$，$w_4 = 27.08\%$；$H_5 = 0.9819$，$w_5 = 3.20\%$。由此可知，政府政策、技术创新、产业互通、产业资本、市场运营对中国海洋能装备制造发展的影响程度存在明显差异，其中产业互通的影响程度最大（38.88%），产业

资本次之（27.08%），接下来是政府政策（16.46%）以及技术创新（14.38%），市场运营则为影响程度最小的因素（3.20%）。

一级指标的最终权重就等于相对权重，二级指标的最终权重等于 $w_{ij} \times w_i$。各二级指标的影响权重如表 5-8 所示。

表 5-8 各二级指标的影响权重

指标	直觉模糊熵（H_i）	相对权重（w_i）	最终权重（$\underline{w_i}$）
A_1	**0.9070**	**0.1646**	**0.1646**
A_{11}	0.7172	0.3159	0.0520
A_{12}	0.7323	0.2991	0.0492
A_{13}	0.6554	0.3850	0.0634
A_2	**0.9187**	**0.1438**	**0.1438**
A_{21}	0.9355	0.2536	0.0365
A_{22}	0.9707	0.1152	0.0166
A_{23}	0.9665	0.1318	0.0189
A_{24}	0.8729	0.4994	0.0718
A_3	**0.7803**	**0.3888**	**0.3888**
A_{31}	0.7117	0.3056	0.1188
A_{32}	0.7147	0.3025	0.1176
A_{33}	0.6303	0.3919	0.1524
A_4	**0.8470**	**0.2708**	**0.2708**
A_{41}	0.7259	0.3264	0.0884
A_{42}	0.6998	0.3575	0.0968
A_{43}	0.7345	0.3161	0.0856
A_5	**0.9819**	**0.0320**	**0.0320**
A_{51}	0.7417	0.4613	0.0148
A_{52}	0.6984	0.5386	0.0172

第五，各二级指标详细的权重百分比如图 5-3 至图 5-7 所示。

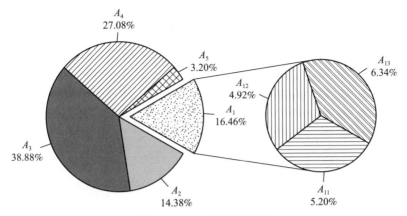

图 5 - 3 A_1 级指标权重图

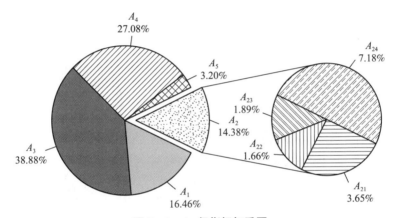

图 5 - 4 A_2 级指标权重图

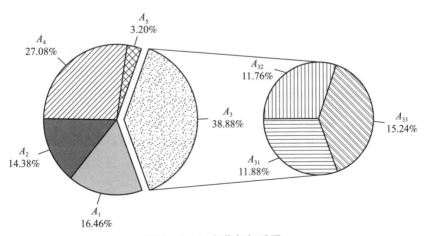

图 5 - 5 A_3 级指标权重图

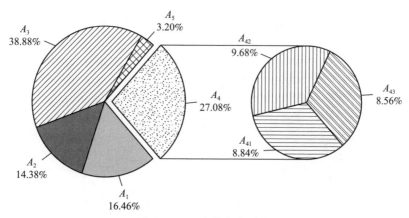

图 5-6 A_4 级指标权重图

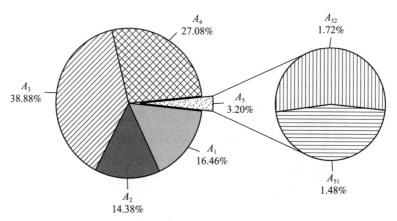

图 5-7 A_5 级指标权重图

5.2.3   实证评价结果

　　海洋能装备制造业作为成长型的战略性新兴产业，在未来的发展中如果过度依赖政府补助和政策推动，就会使行业缺乏创造性和活力，而一个僵化的行业必定会在市场竞争中失去竞争力，过早衰退。此外，如果企业只是在自己的领域内进行技术革新，将会让自己成为其他制造产业技术进步的"垫脚石"，只有不断增加产业间的互联互通能力，合理分配产业发展资本，形成强大的行业规模效应，才能促进整个行业的跨越式发展。因此，提出以下建议。

　　由各影响因素的最终权重可知，产业互通程度和产业资本分配是影响海洋能装备制造企业发展的关键因素。从整体行业层面看，应该加强产业聚集，改善产业结构，提高规模效应。作为大型的装备制造业，海洋能装备应该抛弃单打独斗、自主创新研发的路径，从产业合作入手，整合行业的优势资源，促进产业链和供应链的分工重组，提高区域的规模经济效应，进而达到"1＋1＞2"的效果。从企业层面来看，大型制造企业在向智能制造、智能管理等高端环节转型的过程中，不合理的组织结构会造成人机协同合作不协调，进而会导致工作效率降低。因此，在转型升级的道路上，企业应该多关注组织间的协调分配，加强组织的沟通交流，以确保各项工序顺利衔接。

相较于其他因素，技术创新和政府政策对海洋能装备制造发展的影响程度弱于产业互通和产业资本，但其影响是不可忽略的。一方面，在海洋能装备制造发展初期辅以必要的政府政策是产业健康发展的必要措施之一。海洋能装备制造应该合理运用政府补贴和政策优势，不过度依赖，避免低端浪费，从企业内部寻找竞争优势。另一方面，海洋能装备制造企业应以技术创新为基础，在双方合作的基础上，与行业内的公司建立横向技术联盟，共同分享技术及研究成果。实施与供应链企业的垂直协作，掌握各个生产环节的需求和供应情况，有针对性地进行技术创新，使创新成果不局限于单一环节中，而是与其他环节整合并全面创新，推进创新与互通互联协同发展。

综上所述，评价研究结果表明市场运营相对于其他四个因素对海洋能装备制造发展的影响程度极弱。究其原因，中国海洋能装备的市场化仍处于起步阶段，一部分产品仍然需要在技术上进行大幅度改进，以降低应用成本。技术层面的不成熟是造成海洋能装备市场活跃度低、体量小的根本原因，而且市场运营的对象仍然是特殊自然条件下具有能源需求的少部分用户。因此，对于当前阶段产业发展而言，其他因素更能对海洋能装备制造产生有利影响。

5.3　本章小结

本章对中国海洋能装备制造发展影响因素体系进行了深入分析。首先，对中国海洋能装备研发的典型机构进行实地调研，收集了大量信息资料。基于扎根理论，经开放性译码、主轴性译码、选择性译码厘清了中国海洋能装备制造发展的影响因素体系。其次，运用差异化权值的模糊层次评价模型，对影响因素的影响程度进行定权。研究结果表明，产业互通程度、产业资本、技术创新和政府政策，是影响海洋能装备制造企业发展的关键因素，市场运营对海洋能装备制造发展的影响较小。

第6章　影响因素对中国海洋能装备制造发展作用机理

尽管政府政策、技术创新、产业互通和产业资本对中国海洋能装备的发展具有推动作用，但这些因素的推动力并非独立存在，对海洋能装备制造的发展不仅存在直接影响，还存在交叉作用并形成间接影响。因此，本章就影响因素间的相关性进行假设，通过实证研究和多元统计方法加以验证，揭示影响因素对中国海洋能装备制造发展的作用机理。

6.1　影响因素作用机理假设

6.1.1　影响因素间接作用机理假设

6.1.1.1　政府政策与技术创新的相关性假设

海洋能装备技术创新属于微观经济领域范畴，其创新主体主要是企业，但创新行为的正外部性效应较强，容易造成市场失灵，所以政府必须参与到创新活动中来[130]。在海洋能装备技术创新方面，政府的角色主要有人才培养、技术支持、金融支持和经费政策支持等。在政府行为与创新绩效的相关研究中，政府政策应成为创新活动的补充，起到引导创新方向，加快创新速度，转化创新成果的作用[131]。研究表明，国家科技创新政策对促进创新活动、提高创新效率、促进科技成果转化、提升国家创新能力、促进经济社会快速发展具有重要作用[132]。国家目标论的观点是，政府为企业提供与其创新相适应的政策资源，将政策因素引入创新生产中，以获得创新利益。这表明，科技创新政策对企业的创新行为具有一定的推动作用，所以，多数企业对国家的科技创新将会产生积极的回应，进而实现国家目标。从中国海洋能装备制造领域的实践来看，政府的相关政策为海洋能技术的市场化发展提供有利条件。从制造业整体趋势上看，以《中国制造2025》为核心的一系列纲领性文件指明了国家政策的目标，即实现中国高端装备制造的自主创新。可见，无论是理论研究还是具体实践，政府政策对于技术创新都具有积极作用。鉴于此，对政府政策与技术创新的相关性作出如下假设：

H1：政府政策对技术创新具有正向影响。

6.1.1.2　产业互通与技术创新的相关性假设

海洋能装备技术创新的主要目的在于实现海洋能源的开发与利用。为更好地实现其应用研究价值，海洋能装备技术创新必须寻求更广泛的合作，一个重要的合作环节是科研机构与企业的合作创新。科研机构从企业获得海洋能装备的用户需求、装备运行数据、故障信息、制造信息等相关资料，从而在技术创新过程中目的性更强、指向性更强，避免技术创新的盲目性，实现技术创新的应用价值[133]。因此，基于产学研合作、供应链互通和智能制造系统的产业合作模式，这种产业互通进一步激发了海洋能装备技术的创新效率。传统的技术创新研究中，产学研合作影响合作主体的创新能力和创新绩效已成为学术界的公认理论[134]。但在创新2.0模式下，新的创新形态促使"产学研"的科技创新主体向"政产学研用"转变，再有"政产学研用"向"政用产学研"协同发展，新的社会创新形态"互联网＋"应运而生，也就是说，要使互联网在社会资源的分配中发挥最大的作用，使其更好地融合到经济和社会的各个方面，提高整个社会的创新能力和生产能力，使互联网成为经济发展的利器[135]。产业互通得以借助互联网形成更大范围的协同，进而为技术创新提供更全面的资源支持。因此，对产业互通和技术创新的相关性作出假设：

H2：产业互通对技术创新具有正向影响。

6.1.2　影响因素直接作用机理假设

6.1.2.1　产业资本对海洋能装备制造发展的相关性假设

高端装备制造业的发展离不开产业资本的投入，要素投入与技术创新对于产业规模具有重要影响，所以，产业增长主要取决于技术创新和要素投入[136]。中国海洋能的开发与利用仍处于起步阶段，产业化发展程度较低，装备水平、技术能力同发达国家仍存在较大差距。中国开发海洋能的优势在于政策与资本支持，要实现弯道超车，首先必须充分考虑基础研究成果对海洋能的应用价值。在政策有利的条件下，资本流入海洋能装备制造领域应满足专业结构合理、产业集聚发展和高端投资目标等要求。在引进技术与自主研发相结合的过程中，应加快海洋能装备的开发，从而实现海洋能开发与利用的产业化发展。因此，对产业资本和海洋能装备制造发展的相关性作出假设：

H3：产业资本对海洋能装备制造发展具有直接正向作用。

6.1.2.2 技术创新对海洋能装备制造发展的相关性假设

技术创新是影响产业发展的核心要素，尤其在高端装备制造业领域。新兴的高技术产业在发展初期必须依靠要素投入加强发展动力[137]，但从长期战略层面看，中国海洋能装备制造业要实现向全球产业链上游的攀升，掌握核心技术，发展核心技术才是长远之计。从根本上讲，要实现产业经济的可持续发展，要从依赖于要素投入量扩大而导致的外延型经济向以技术创新为核心的内涵式发展。在资本注入使得海洋能装备发展取得良好起步的基础上，依靠技术创新推动知识密集型产业发展的战略已被学术界广泛认可，并通过各种实证方法加以验证。综上所述，对技术创新和海洋能装备制造发展的相关性作出假设：

H4：技术创新对海洋能装备制造发展具有直接正向作用。

6.1.2.3 产业互通对海洋能装备制造发展的相关性假设

海洋能装备制造所需的相关技术复杂多样，企业完全掌握产品全生命周期内的所有技术需求难度较高，经济可行性较低。产业互通的制造方式使整个产业链的相关资源得到有效配置，能够提高海洋能装备的制造效率。同时，智能制造的发展为中国海洋能装备制造指明了新的发展方向。然而，面对庞杂的智能制造技术、属性不一的数据信息以及传统新能源装备制造工艺与智能制造相结合的障碍，单个企业要实现对整个智能化生产体系的全面控制是很困难的。在工业机器人和智能工厂解决方案等细分行业，中国已经涌现出许多具有领先技术的公司，但是，目前还缺少一体化的整合公司，能够对整个架构信息物理系统和整个过程进行数字处理[138]。因此，通过产业互通的方式寻求海洋能装备制造产业链中个体间的相互协同，是发展智能制造并促进产业发展的有效途径。基于此，对产业互通和海洋能装备制造发展的相关性作出假设：

H5：产业互通对海洋能装备制造发展具有直接正向作用。

6.1.3 影响因素作用机理假设模型

通过以上分析，将中国海洋能装备制造发展的影响因素作用机理模型化，如图6-1所示。

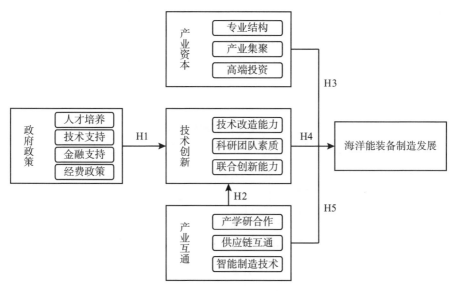

图 6-1 中国海洋能装备制造发展影响因素作用机理假设模型

6.2 中国海洋能装备制造发展影响
因素作用机理实证研究

6.2.1 影响因素测量量表设计

6.2.1.1 变量测度

为确保题项之间具有较高的一致性，提高问卷度量的信度和效度，在分析中国海洋能装备制造影响因素的基础上，设计量表进行测量，以此作为影响因素作用机理研究的数据来源。本研究测度量表一部分引用相关文献中具有良好信度与效度且认可度较高的量表题项，另一部分根据前述理论分析结论自行设计。选用的量表包括以下五个部分。

第一部分为政府政策，包括人才培养、技术支持、金融支持和经费政策四个维度；第二部分为技术创新，包括技术改造能力、科研团队素质和联合创新能力三个维度；第三部分为产业互通，包括产学研合作、供应链互通和智能制造技术三个维度；第四部分为产业资本，包括专业结构、产业集聚和高端投资三个维度；最后是海洋能装备制造发展，由四个题项对其进行测度。

调查问卷包括基本信息和主体信息两部分。其中，基本信息主要包括企业所属类属行业、企业规模和企业年限；主体部分包含了多个不同的研究变量的测验题目。运用李克特五点量表法进行题项分析，分别表示为"非常不符合；不符合；一般；符合；非常符合"。量表具体内容如表6-1所示。

表6-1 海洋能装备制造测量量表

变量	维度	编号	题项简述
政府政策	人才培养	AH1	海洋能技术人才培养投入程度
		AH2	同高校、科研院所合作，联合培养专业人才
		AH3	基于发展战略进行人才规划
		AH4	人才引进政策有利性
	技术支持	AT1	支持企业技术创新
		AT2	组织企业与高校、科研院所的技术合作
		AT3	提供必要的经费支持
		AT4	引导关键技术的创新活动
	金融支持	AF1	利税政策支持
		AF2	金融政策支持
		AF3	财政政策支持
		AF4	融资政策支持
	经费政策	AP1	基础研究经费
		AP2	应用研究经费
		AP3	智能化转型经费
技术创新	技术改造能力	BT	改造资源投入
		BT	技术改造投入
		BT	技术扩散投入
		BT	成果转化投入
	科研团队素质	BR	硕士及以上学历比例
		BR	科研团队人均高水平学术成果数量
		BR	科研团队人均专利成果数量
	联合创新能力	BS	科研团队跨学科合作能力
		BS	多团队联合创新效率
		BS	技术创新对企业绩效的提升
		BS	创新成果对生产效率的提升效果

变量	维度	编号	题项简述
产业互通	产学研合作	CC	政产合作
		CC	产学合作
		CC	合作成果产出效率
	供应链互通	CS	装备制造高端材料供应
		CS	装备制造关键技术供应
		CS	装备制造高端设备供应
	智能制造技术	CI	信息物理系统的应用
		CI	智能装备应用
		CI	人工智能技术应用
产业资本	专业结构	DM	海洋能源开发技术人员质量
		DM	装备制造自动化人员质量
		DM	智能制造技术开发运营人员质量
	产业集聚	DI	海洋能装备配套设施建设
		DI	海洋能装备高端材料生产
		DI	海洋能装备运营与服务相关产业
	高端投资	DH	智能制造投资
		DH	高端材料投资
		DH	资源开发投资
海洋能装备制造发展		E1	海洋能装备制造产业产值
		E2	海洋能装备制造产业创新成果
		E3	海洋能装备智造化水平
		E4	海洋能装备制造产业链丰富度

6.2.1.2 小样本前测检验

正式发布大样本调查问卷之前，在小范围内发放问卷进行预测试，浅析影响海洋能源装备制造业发展因子的信度与效度，剔除检验不合格的量表题项，由此作为问卷量表的修改依据。本研究主要采取两个阶段发放再回收问卷。第一阶段为前测研究阶段，主要通过邮寄信件和电子邮件的方式，直接向有关企业或科研院所的研发人员提供 80 份调查问卷，收集 72 份有效的调查问卷，进行小样本测试。

信度是衡量变量一致性的一个重要标准。Cronbachs Alpha 系数法是保证实证研究数据可靠性的好办法。如果 Cronbachs Alpha 值超过 0.7，则认为该题项有较高的可信性，可以接受这个题项，否则，应修改或删除测量题项。使用 SPSS 软件进行信度测试，并依据 Cronbachs Alpha 系数的大小判定问卷的信度等级。如果在删除某一题项后，Cronbachs Alpha 因子增大，则表明该题项的内部一致性不高，与整个调查表的设计不符，应予以删除。

影响因素对应变量的测量题项一部分来自认可程度较高的相关文献，另一部分基于本研究的理论分析自行设计。在讨论交流阶段，通过与业内相关研究者和企业受访者进行探讨，量表的题项已为学术界及企业界人士所公认。因此，本研究的问卷调查题型的设计，其内容效度高，可以表示所要测的变量。效度分析由收敛效度分析和区别效度分析构成，一般采用 KMO 检验和巴特利特检验来度量收敛效度。KMO 检验用于衡量变量之间的关联度，KMO 数值越接近 1，则表示各变量之间的关联度越高，越适合对各变量使用因子分析；反之，如果 KMO 的数值趋向于 0，表示各个变量之间相关性不强，则因子分析不合适。通常规定 0.6 为 KMO 的度量临界值，超过 0.6 的 KMO 值被视为能够接受。在单位矩阵假设的基础上对巴特利特球度检验进行效度检验，如果用巴特利特球度法进行统计观测，其结果的概率比所给出的显著性水平 α 低，说明原有变量分析的相关矩阵不是单位矩阵，所以，因子分析的方法适合原有变量，反之不适合。并且，不同测量题项在其对应的测量潜变量上的因子载荷值要超过 0.5，公因子的累计解释方差百分比要超过 30%，否则将被认为是无效的。此外，如果各个潜变量之间的相关系数存在显著性，同时相关系数相加或减去两倍标准差的数值不包括 1，那么说明问卷数据区分效度良好。

使用 SPSS22 软件对收集到的问卷数据进行信度和效度分析，分析的结果见表 6 - 2。所有测量变量的 Cronbachs Alpha 值都高于可接受水平 0.7，该量表具有较高的内在一致性和良好的信度。在删除题项 XH2 之后，Cronbachs Alpha 值得到提升，说明删除此题项可增加样本数据的可信性，所以考虑把它移除。所有变量的 KMO 值都大于 0.6，同时巴特利特球度检验的概率均为 0，低于给定的 0.001 的显著性水平，所以巴特利特球度检验结果具有显著性；使用最大化正交旋转的方法处理样本数据可知，除要移除的问项外，每个测量问项的因素载荷都大于 0.7，公因子对总方差的累计解释率都大于 58.954%，调查问卷具有良好的收敛效度。在一定的显著性水平上，各个测验题项之间的相关性都是显著的，所有相关系数的置信区间都不包括数字 1，调查问卷具有良好的区分效度。

表 6 - 2　　　　　　　　　信效度分析

变量	维度	编号	α	删除题项α	KOM	因子载荷	解释方差%	相关系数
政府政策	人才培养	AH1	0.731	0.712	0.722	0.688	75.398	0.509 ~ 0.688
		AH2		0.693		0.692		
		AH3		0.684		0.702		
		AH4		0.719		0.717		
	技术支持	AT1	0.876	0.816	0.807	0.787	68.452	0.517 ~ 0.783
		AT2		0.809		0.813		
		AT3		0.798		0.874		
		AT4		0.763		0.826		
	金融支持	AF1	0.703	0.674	0.628	0.763	66.846	0.186 ~ 0.394
		AF2		0.681		0.558		
		AF3		0.748		0.894		
		AF4		0.511		0.679		
	经费政策	AP1	0.695	0.519	0.619	0.655	58.954	0.269 ~ 0.548
		AP2		0.584		0.689		
		AP3		0.536		0.654		
技术创新	技术改造能力	BT	0.897	0.832	0.748	0.883	79.864	0.192 ~ 0.587
		BT		0.857		0.897		
		BT		0.842		0.768		
		BT		0.799		0.796		
	科研团队素质	BR	0.851	0.768	0.718	0.886	78.982	0.619 ~ 0.792
		BR		0.711		0.918		
		BR		0.814		0.869		
	联合创新能力	BS	0.873	0.815	0.717	0.759	77.180	0.598 ~ 0.699
		BS		0.768		0.781		
		BS		0.750		0.762		
		BS		0.835		0.806		

变量	维度	编号	α	删除题项 α	KOM	因子载荷	解释方差%	相关系数
产业互通	产学研合作	CC		0.679		0.827		0.578 ~ 0.724
		CC	0.798	0.598	0.699	0.869	86.184	
		CC		0.615		0.751		
	供应链互通	CS		0.718		0.818		0.596 ~ 0.813
		CS	0.827	0.802	0.725	0.856	73.525	
		CS		0.686		0.810		
	智能制造技术	CI		0.685		0.868		0.609 ~ 0.795
		CI	0.831	0.625	0.715	0.781	76.486	
		CI		0.794		0.768		
产业资本	专业结构	DM		0.612		0.787		0.156 ~ 0.249
		DM	0.764	0.568	0.688	0.883	77.916	
		DM		0.681		0.824		
	产业集聚	DI		0.549		0.812		0.386 ~ 0.587
		DI	0.852	0.618	0.720	0.861	76.024	
		DI		0.682		0.794		
	高端投资	DH		0.765		0.863		0.591 ~ 0.792
		DH	0.810	0.714	0.821	0.875	68.620	
海洋能装备制造发展		E1		0.809		0.817		0.598 ~ 0.706
		E2	0.828	0.814	0.828	0.869	73.419	
		E3		0.820		0.856		
		E4		0.783		0.857		

6.2.2 问卷调查与信效度检验

6.2.2.1 问卷调查

依据小样本数据的信度与效度测试结果，剔除不合格的测试题项，删除 AF3 题项后，根据国内外学者在问卷调查研究中所做的总结与经验，修正了最初调查表中相关问题的设计和用语。同时，根据有关学者和企业界人士的观点，对量表中的题型进行了多次修正，减少因题目项意义不明而产生的负面影响。经修改形成调查问卷的第二稿，得到中国海洋能装备制造发展的影响因素的最终测量问卷。

问卷调查的第二阶段为实证调研阶段，该阶段根据小样本前测研究结果对问卷量表重新制定，删除无关项，形成信度和效度更高的量表进行大样本统计研究。

为保证量表样本覆盖的全面性和代表性，本研究根据海洋能装备制造的认定，选取了波浪能装备制造、潮汐能装备制造、盐差能装备制造、潮流能装备制造和海洋温差能装备制造等典型海洋能装备行业作为调研对象，后续研究工作将采用因子分析和结构方程模型分析。考虑到答卷者对题项的回答难免存在主观评价现象，为了力求做到数据的客观、精确、科学、有效、可实施的可行性，本研究对调查时间进行严格控制，并且对调查问卷的回收率进行了统计。

这一阶段利用在相关单位工作的本校毕业学生以及相关社会资源，共发放 300 份有关企业的调查问卷，收集到 267 份有效问卷，回收率为 89%；另外，该研究小组利用网上发布的 200 份调查问卷，获得 169 份有效问卷，回收率 84.5%。两阶段共计 580 份调查问卷，508 份被回收，无效调查问卷（存在遗漏、整卷同分等问题的问卷）被剔除，最终收回 502 份有效问卷，有效调查率为 86.5%。样本覆盖统计如表 6 - 3 所示。

表 6 - 3   样本统计信息

分类信息	类型	样本数量（份）	百分比（%）
所属行业	波浪能装备	77	13.28
	盐差能装备	37	6.38
	温差能装备	89	15.34
	潮汐能装备	245	42.25
	潮流能装备	132	22.75
单位规模	小型	178	30.69
	中型	286	49.31
	大型	116	20.00
调研岗位	管理层	198	34.14
	研发岗	209	36.02
	技术岗	173	29.84

6.2.2.2 信度与效度检验

利用 Cronbachs Alpha 系数和验证性因子分析，检验了大样本的信度、效度，并对模型的拟适合性进行了判定。

6.2.2.2.1 政府政策信效度分析

检验结果如表6-4所示。总体上，Cronbachs Alpha 系数为0.826，高于可接受的0.7，具有良好的信度。三个变量的 Cronbachs Alpha 系数都在可接受的0.7以上。删除各个题项后，Cronbachs Alpha 系数未得到提升，该量表具有较高的内在一致性和良好的信度。

表6-4　　　　　　　　　　政府政策信度检验结果

变量	总体 α	维度	编号	α	删除题项 α
政府政策	0.826	人才培养	AH1	0.792	0.648
			AH2		0.659
			AH3		0.623
			AH4		0.674
		技术支持	AT1	0.774	0.704
			AT2		0.718
			AT3		0.769
			AT4		0.765
		金融支持	AF1	0.751	0.607
			AF2		0.626
			AF4		0.548
		经费政策	AP1	0.720	0.584
			AP2		0.591
			AP3		0.527

用于验证因子分析的政府政策的参数估算见表6-5，拟合指标及因子载荷的结果见表6-6及图6-3。表6-5的各个参数估计值在显著性水平为0.001时都有显著性。表6-6反映二阶因子模型 χ^2/df 为1.641小于3，RMSEA为0.042小于0.08，GFI、AGFI均大于0.8，TLI、IFI均大于0.9，PNFI、PCFI均大于0.5，模型拟合指数较好。由图6-3可知，每个因素对外界环境的因子载荷都超过0.62，超过了可接受水平0.5。

表 6 - 5   政府政策验证性因子分析

变量			Estimate	S. E.	C. R.	P	Standard Estimate
人才培养	←	政府政策	0.932	0.193	4.901	***	0.707
技术支持	←	政府政策	0.997	0.114	8.814	***	0.718
金融支持	←	政府政策	1.105	0.158	7.003	***	0.891
经费政策	←	政府政策	1.000	—	—	—	0.668
AP2	←	经费政策	1.347	0.152	8.909	***	0.714
AP3	←	经费政策	1.000	—	—	—	0.644
AT1	←	技术支持	0.981	0.118	8.378	***	0.782
AT4	←	技术支持	0.964	0.109	8.922	***	0.813
AT3	←	技术支持	0.972	0.134	7.264	***	0.792
AT2	←	技术支持	1.000	—	—	—	0.616
AF4	←	金融支持	1.109	0.126	8.845	***	0.703
AF1	←	金融支持	1.128	0.134	8.482	***	0.784
AF3	←	金融支持	1.000	—	—	—	0.628
AH1	←	人才培养	1.141	0.148	7.751	***	0.726
AH2	←	人才培养	1.108	0.139	8.019	***	0.796
AH3	←	人才培养	1.004	0.007	11.584	***	0.754
AH4	←	人才培养	1.000	—	—	—	0.688
AP1	←	经费政策	1.109	0.186	5.970	***	0.709

注：*** 表示在 0.001 的水平下显著。

表 6 - 6   政府政策拟合指标

拟合指数	χ^2/df	RMSEA	GFI	AGFI	TLI	IFI	PNFI	PCFI
建议值	< 3	< 0.08	> 0.8	> 0.8	> 0.9	> 0.9	> 0.5	> 0.5
二阶模型	1.641	0.042	0.947	0.958	0.971	0.960	0.647	0.587

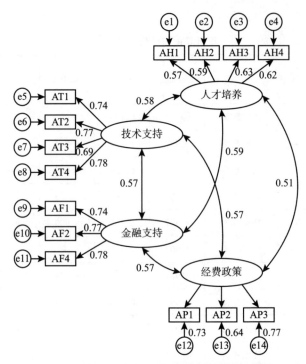

图 6 - 2　政府政策验证性因子分析相关性模型

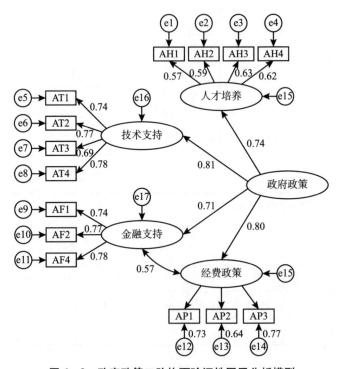

图 6 - 3　政府政策二阶构面验证性因子分析模型

6.2.2.2.2 技术创新信效度分析

检验结果如表6-7所示。总体的 Cronbachs Alpha 系数为0.875，高于可接受的0.7，具有良好的信度。变量的三个维度变量 Cronbachs Alpha 系数均超过了0.7的可接受水平。在每个题项删除后，Cronbachs Alpha 因子没有得到提高，量表中的一致性和信度都很好。

表6-7   技术创新信效度分析

变量	总体 α	维度	编号	α	删除题项 α
技术创新	0.875	技术改造能力	BT1	0.822	0.745
			BT2		0.732
			BT3		0.698
			BT4		0.687
		科研团队素质	BR1	0.794	0.712
			BR2		0.744
			BR3		0.713
		联合创新能力	BS1	0.742	0.667
			BS2		0.578
			BS3		0.698

使用验证性因子分析的方法对技术创新进行分析，得到的结果如表6-8所示。拟合指标及因子载荷的结果见表6-8及图6-4，在显著性水平为0.001时，各个参数估算值均显著。表6-9反映二阶因子模型 χ^2/df 为2.762小于3，RMSEA为0.078小于0.08，GFI、AGFI均大于0.8，TLI、IFI均大于0.9，PNFI、PCFI均大于0.5，模型拟合指数较好。由图6-5可知，每个因素对外界环境的影响因子都超过0.61，超过了可接受的0.5。

表6-8   技术创新验证性因子分析

变量			Estimate	S. E.	C. R.	P	Standard Estimate
技术改造	←	技术创新	1.000	—	—	—	—
科研团队	←	技术创新	0.957	0.113	8.554	***	0.788
联合创新	←	技术创新	1.127	0.154	7.411	***	0.788
BR1	←	科研团队	1.033	0.173	6.057	***	0.698

变量			Estimate	S. E.	C. R.	P	Standard Estimate
BR2	←	科研团队	1.000	—	—	—	0.687
BR3	←	科研团队	1.120	0.138	8.181	***	0.764
BS2	←	联合创新	0.887	0.182	4.906	***	0.563
BS1	←	联合创新	1.004	0.113	8.951	***	0.693
BS3	←	联合创新	1.000	—	—	—	0.712
BS4	←	联合创新	0.980	0.103	9.602	***	0.788
BT2	←	技术改造	1.167	0.116	10.066	***	0.754
BT1	←	技术改造	1.178	0.109	10.894	***	0.726
BT3	←	技术改造	1.000	—	—	—	0.726
BT4	←	技术改造	1.047	0.110	9.597	***	0.674

注：*** 表示在0.001的水平下显著。

表6-9　　　　　　　　　技术创新拟合度指标

拟合指数	χ^2/df	RMSEA	GFI	AGFI	TLI	IFI	PNFI	PCFI
建议值	<3	<0.08	>0.8	>0.8	>0.9	>0.9	>0.5	>0.5
二阶模型	2.762	0.078	0.996	0.812	0.971	0.947	0.709	0.697

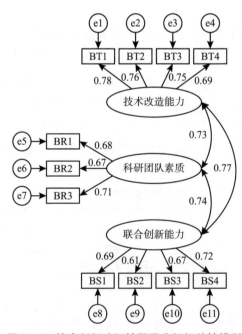

图6-4　技术创新验证性因子分析相关性模型

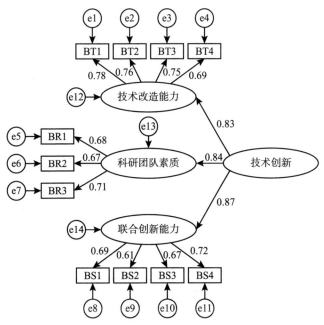

图 6-5　技术创新二阶构面验证性因子分析模型

6.2.2.2.3　产业互通信效度分析

检验结果如表 6-10 所示，总体的 Cronbachs Alpha 系数为 0.808，高于可接受的 0.7，具有良好的信度。三个维度变量 Cronbachs Alpha 系数均超过了 0.7 的可接受水平。在各题项删除后，Cronbachs Alpha 系数未得到提高，且在量表中具有很高的一致性，具有良好的信度。

表 6-10　　　　　　　　　　产业互通信度分析

变量	总体 α	维度	编号	α	删除题项 α
产业互通	0.808	技术改造能力	BT1	0.792	0.716
			BT2		0.762
			BT3		0.642
		科研团队素质	BR1	0.709	0.687
			BR2		0.509
			BR3		0.599
		联合创新能力	BS1	0.798	0.615
			BS2		0.774
			BS3		0.675

使用验证性因子分析得到产业互通的参数估计值见表 6-11，拟合指标及因子载荷的结果见表 6-12 及图 6-6，在显著性水平 0.001 时，各个参数估算值都有显著意义。表 6-12 反映二阶因子模型 χ^2/df 为 1.456 小于 3，RMSEA 为 0.058 小于 0.08，GFI、AGFI 均大于 0.8，TLI、IFI 均大于 0.9，PNFI、PCFI 均大于 0.5，模型拟合指数较好。由图 6-7 可知，各个因素对外界环境的因子载荷都超过了可接受水平 0.5，表明产业互通结构模型具有良好的信效度。

表 6-11　　　　　　　　　　产业互通验证性因子分析

变量			Estimate	S. E.	C. R.	P	Standard Estimate
产学研	←	产业互通	1.000	—	—	—	0.846
智能制造	←	产业互通	0.587	0.103	5.732	***	0.609
供应链	←	产业互通	1.019	0.164	6.274	***	0.784
CC2	←	供应链	0.863	0.073	11.842	***	0.654
CS2	←	产学研	1.074	0.117	9.176	***	0.713
CS3	←	产学研	0.894	0.089	10.122	***	0.662
CS1	←	产学研	1.000	—	—	—	0.767
CC1	←	供应链	0.893	0.087	10.294	***	0.719
CC3	←	供应链	1.000	—	—	—	0.872
CI1	←	智能制造	1.000	—	—	—	0.890
CI2	←	智能制造	1.262	0.175	7.216	***	0.695
CI3	←	智能制造	1.178	0.196	6.035	***	0.716

注：*** 表示在 0.001 的水平下显著。

表 6-12　　　　　　　　　　产业互通拟合指标

拟合指数	χ^2/df	RMSEA	GFI	AGFI	TLI	IFI	PNFI	PCFI
建议值	<3	<0.08	>0.8	>0.8	>0.9	>0.9	>0.5	>0.5
二阶模型	1.456	0.058	0.978	0.894	0.975	0.989	0.594	0.657

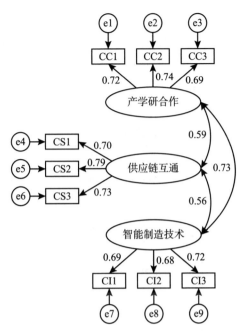

图 6-6 产业互通验证性因子分析相关性模型

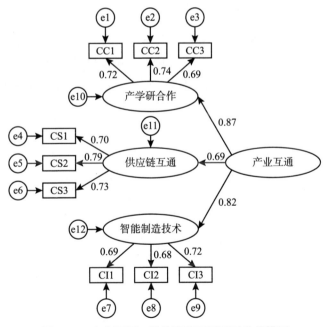

图 6-7 产业互通二阶构面验证性因子分析模型

6.2.2.2.4　产业资本信效度分析

检验结果如表 6 - 13 所示，总体的 Cronbachs Alpha 系数为 0.837，高于可接受的 0.7，具有良好的信度。三个维度变量 Cronbachs Alpha 系数均超过了 0.7 的可接受水平。在各题项删除后，Cronbachs Alpha 系数未得到提高，在量表中具有很高的一致性，且具有良好的信度。

表 6 - 13　　　　　　　　　　　　产业资本信度分析

变量	总体 α	维度	编号	α	删除题项 α
产业资本	0.837	专业结构	BT1	0.758	0.616
			BT2		0.642
			BT3		0.722
		产业集聚	BR1	0.795	0.727
			BR2		0.679
			BR3		0.714
		高端投资	BS1	0.717	0.573
			BS2		0.698

使用验证性因子分析得到产业资本的参数估计值，见表 6 - 14，拟合指标及因子载荷的结果见表 6 - 15 及图 6 - 8。表 6 - 14 中的各个参数在显著性水平为 0.001 时都有显著性。表 6 - 15 反映二阶因子模型 χ^2/df 为 1.551 小于 3，RMSEA 为 0.042 小于 0.08，GFI、AGFI 均大于 0.8，TLI、IFI 均大于 0.9，PNFI、PCFI 均大于 0.5，模型拟合指数较好。由图 6 - 9 可知，各个因素对外界环境的影响都超过 0.62，超过可接受水平 0.5，说明产业资本结构模型具有良好的信度。

表 6 - 14　　　　　　　　　　　产业资本验证性因子分析

变量			Estimate	S. E.	C. R.	P	Standard Estimate
专业结构	←	产业资本	1.000	—	—	—	0.872
高端投资	←	产业资本	0.557	0.107	5.213	***	0.611
产业集聚	←	产业资本	1.019	0.154	6.632	***	0.772
CC2	←	产业集聚	0.712	0.069	10.354	***	0.644

变量			Estimate	S. E.	C. R.	P	Standard Estimate
CS2	←	专业结构	1.109	0.121	9.208	***	0.691
CS3	←	专业结构	0.881	0.090	9.804	***	0.712
CS1	←	专业结构	1.000	—	—	—	0.723
CC1	←	产业集聚	0.857	0.088	9.773	***	0.715
CC3	←	产业集聚	1.000	—	—	—	0.748
CI1	←	高端投资	1.000	—	—	—	0.703
CI2	←	高端投资	1.198	0.172	6.976	***	0.685

表 6 – 15 　　　　　　　　　　　**产业资本拟合指标**

拟合指数	χ^2/df	RMSEA	GFI	AGFI	TLI	IFI	PNFI	PCFI
建议值	<3	<0.08	>0.8	>0.8	>0.9	>0.9	>0.5	>0.5
二阶模型	1.551	0.042	0.976	0.908	0.952	0.973	0.511	0.680

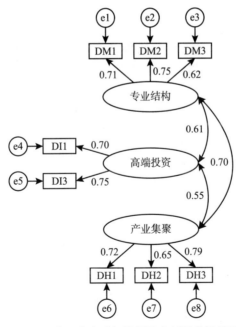

图 6 – 8　产业资本验证性因子分析相关性模型

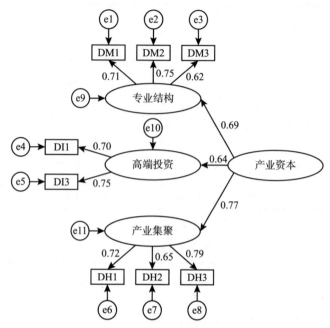

图 6-9　产业资本二阶构面验证性因子分析模型

6.2.2.2.5　海洋能装备制造发展的信度分析

如表 6-16 所示，Cronbachs Alpha 系数为 0.727，删除题项后的 Cronbachs Alph 系数均小于整体，信度检验结果较好。

表 6-16　　　　　　　　海洋能装备制造发展信度分析

变量	总体 α	编号	删除题项 α
海洋能装备制造发展	0.727	E1	0.694
		E2	0.709
		E3	0.711
		E4	0.685

基于信度分析，对智能制造使用验证性因子分析，得到结果如图 6-10 所示。各观测变量对设备制造的因子载荷都大于 0.58，表明该模型具有良好的有效性。

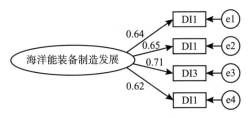

图 6 – 10　海洋能装备制造发展因子模型

6.2.3　影响因素作用机理假设模型实证检验

基于以上验证性因子分析，运用极大似然法（ML）对中国海洋能装备制造发展的影响因素作用机理模型的相关假设进行验证。结构方程检验结果分别如表 6 – 17 和图 6 – 11 所示。实证结果表明：政府政策对技术创新具有显著正向影响（Beta = 0.48，p < 0.001），假设 H1 通过检验；产业互通对技术创新具有显著正向影响（Beta = 0.53，p < 0.001），假设 H2 通过检验；产业资本对海洋能装备制造具有显著正向影响（Beta = 0.47，p < 0.001），假设 H3 通过检验；技术创新对海洋能装备的制造产生了积极的作用（Beta = 0.39，p < 0.001），假设 H4 通过检验；产业互通对海洋能装备的制造产生了积极的影响（Beta = 0.57，p < 0.001），假设 H5 通过检验。

表 6 – 17　　　　　　　　　　　结构方程整体检验

变量			Estimate	S. E.	C. R.	P	Standard Estimate
专业结构	←	产业资本	1.000				0.622
高端投资	←	产业资本	0.576	0.112	5.163	***	0.721
产业集聚	←	产业资本	1.043	0.133	7.874	***	0.602
人才培养	←	政府政策	0.744	0.065	11.505	***	0.724
技术支持	←	政府政策	1.137	0.159	7.187	***	0.641
金融支持	←	政府政策	0.838	0.012	69.854	***	0.702
经费政策	←	政府政策	1.000	—	—	—	0.748
产学研	←	产业互通	0.896	0.063	14.233	***	0.804
供应链	←	产业互通	1.000	—	—	—	0.671
技术改造	←	技术创新	1.000	—	—	—	0.763

变量			Estimate	S. E.	C. R.	P	Standard Estimate
智能制造	←	产业互通	1.009	0.123	8.269	***	0.763
装备制造	←	技术创新	1.423	0.089	16.022	***	0.393
装备制造	←	产业资本	1.267	0.032	39.614	***	0.467
科研团队	←	技术创新	1.873	0.122	15.377	***	0.775
联合创新	←	技术创新	1.735	0.185	9.452	***	0.795
装备制造	←	产业互通	1.000	—	—	—	0.573

注：*** 表示在 0.001 的水平下显著。

表 6-18　　　　　　　　　　结构方程拟合指标

拟合指数	χ^2/df	RMSEA	GFI	AGFI	TLI	IFI	PNFI	PCFI
建议值	<3	<0.08	>0.8	>0.8	>0.9	>0.9	>0.5	>0.5
二阶模型	1.958	0.045	0.988	0.894	0.963	0.994	0.598	0.714

6.2.4　实证结果分析

中国海洋能装备制造发展受到政府政策、产业资本、技术创新、产业互通等因素的影响。其中，政府政策因素包括人才培养、技术支持、金融支持和经费支持四个维度；技术创新因素包括技术改造能力、科研团队素质和联合创新能力三个维度；产业互通因素包括产学研合作、供应链互通和智能制造三个维度；产业资本因素包括专业结构、产业集聚和高端投资三个维度。本研究通过分析和讨论主要影响因素对中国海洋能装备制造发展的作用机理，认为影响因素的作用方式包括直接影响和间接影响两种，提出了相关假设。基于前人研究和自行设计的方式对影响因素及其二级指标设计了调查问卷，通过信度和效度检验对问卷进行修改，得到了可信度较高的量表。基于结构方程模型对中国海洋能装备制造发展的影响因素作用机理模型进行了实证研究，实证结果支持提出的假设：政府政策和产业互通对技术创新具有直接正向影响，并通过技术创新间接影响中国海洋能装备制造发展；产业资本、技术创新和产业互通对海洋能装备制造具有直接的正向影响。

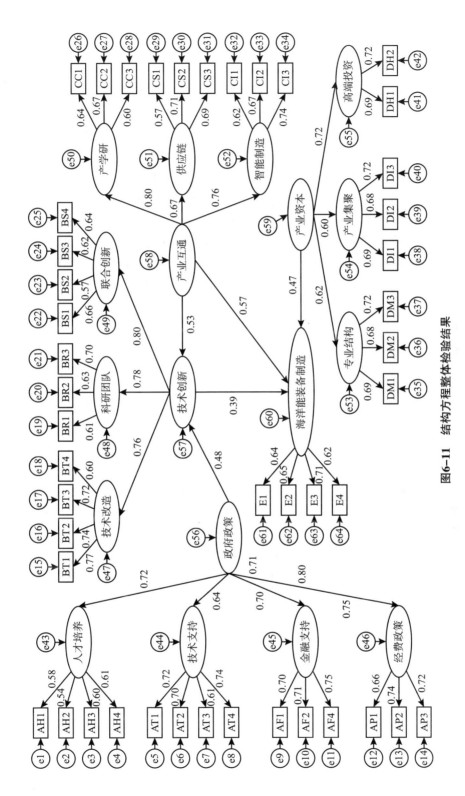

图6-11 结构方程整体检验结果

· 113 ·

6.3 本 章 小 结

    本章对中国海洋能装备制造发展的影响机理进行深入研究。首先，提出了产业互通、政府政策对中国海洋能装备制造发展的间接作用假设，以及产业资本、产业互通、技术创新对中国海洋能装备制造发展的直接影响假设，由此建立中国海洋能装备制造发展的影响机理假设模型。其次，设计了影响因素测量量表，通过小样本前测检验得到了合理的调查问卷。最后，通过问卷调查获得影响因素指标的测量数据并进行了信效度检验。基于结构方程模型实证检验了中国海洋能装备制造发展的影响因素作用机理假设，揭示了影响因素作用机理。

第7章　中国海洋能装备制造发展情景

中国海洋能装备制造发展的影响因素变化趋势将决定其未来发展情景。从产业长期发展视角看，影响因素变化具有较高程度的不确定性，与经济环境、制造业转型环境、科技进步环境具有极大相关性。因此，有必要对影响因素变化趋势作出不确定性假设，进行全面的情景分析。

7.1　中国海洋能装备制造发展趋势分析

7.1.1　《中国制造2025》

《中国制造2025》的根本目的在于改变中国制造业"大而不强"的局面。其中，智能制造工程是《中国制造2025》着力发展的五大核心工程之一，为此，《中国制造2025》强调了新一代信息技术与制造装备融合的基础创新及工程应用对于发展智能制造工程的重要性，提出支持政产学研用联合攻关，集中优势力量研发智能装备和具有学习能力的智能装置，并在此基础上实现智能装备产业化，使其深度融入制造领域。实现传统制造业向智能制造转型，是一项复杂的系统性工程，在此过程中我们需要高效利用行业龙头企业的比较优势，逐步实现核心制造领域的智能化转型[138]。同时也要利用好装备制造行业的区位优势和集聚优势，对装备制造领域内经验丰富的企业以及相关装备产品需求持续扩张的地区、行业中，分类实施流程制造、离散制造、智能装备和产品、新业态新模式、智能化管理、智能化服务等试点的示范及应用推广。建立智能制造标准体系和信息安全保障系统，搭建智能制造网络系统平台。从国际制造业发展形势看，进入21世纪，世界制造强国纷纷提出制造业回归战略计划[139]。2008年金融危机后，美国政府提出的"再工业化"和"制造业回归"战略则有效提振了美国国内装备制造业的投资信心、拉动了美国乃至世界对装备制造的消费需求。2013年，德国政府提出"工业4.0"战略，其战略目标是增强德国工业在全球的影响力和竞争力，从而在第四次工业革命中抢占高地。目前，德国的"工业4.0"战略已经得到了德国各界的广泛认同，而且也为其他国家发展自己的"第四次工业革命"提供了模板。因此，世界制造强国的制造业发展战略对中国制造业的转型升级而言，既是机遇，也是挑战。

目前，中国海洋能装备制造的产业化发展仍落后于欧美发达国家，装备技术水平在补短板的任务中还要兼顾制造业革命带来的技术革新。在全球制造业产业模式发生重大变革的大背景下，海洋能装备制造作为中国高端装备制造业新的潜力增长点，必须紧跟《中国制造2025》战略方针，将向全球产业链上游攀升作为产业发展目标[139]。尽管国内市场潜力巨大，但随着中国对外开放程度不断提升，世界制造强国主导的国际竞争仍对国内海洋能装备的发展构成了极大威胁。借助《中国制造2025》战略发展大势，海洋能装备制造必须面向智能制造转型，将智能制造作为产业升级方向。然而，我国海洋能装备制造企业生产车间中，主要生产线、核心生产设备大部分属于欧美品牌。智能制造核心设备与技术的海外依赖性导致智造化成本居高不下，严重限制产业智能化转型。创新能力不足是造成设备与技术海外依赖的重要原因，造成的后果很大程度上体现在企业对外支付高昂的技术使用费用与设备购置费用。因此，在《中国制造2025》战略的有利形势下，海洋能装备制造面向智能制造转型的进程仍然要依靠智能制造技术创新，同时还要抵御世界制造强国的竞争冲击。

7.1.2　能源供给侧结构性改革

能源不仅是现代经济社会发展不可或缺的基础动力，而且是维护国家安全的重要战略资源[140]。《中华人民共和国国民经济和社会发展第十三个五年规划纲要》明确指出，中国要大力实施能源变革，积极改变能源利用方式，优化能源供给结构，提高能源利用效率，建设清洁低碳、安全高效的现代能源体系。从中长期看，为着力推进能源生产和消费革命，需要在"十三五"期间重点开展能源供给侧结构性改革。"推进能源生产和消费革命，构建清洁低碳、安全高效的能源体系""调整能源结构、加大节能力度和考核"。党的十九大报告和2018年中央经济工作会议为中国能源发展指明了方向。能源供给结构性改革是深化中国供给侧结构性改革的重要举措，党的十九大报告提出要加快培育绿色低碳领域新增长点，扩大能源优质供给，持续深化供给侧结构性改革。随着国内能源供给结构性改革的深入，去煤炭产能的力度逐年加大，中国能源供给结构持续得到优化。从能源安全角度考虑，中国能源消费总量呈逐年增大趋势，能源结构中煤炭仍占据主要地位。能源需求压力增大与去煤炭产能并行，迫切要求海洋能产业化发展，同时也对海洋能装备提出更高要求。此外，国际能源环境不稳定，影响国际能源安全事件频发，国内能源供给对外依存度高的现状也要求中国海洋能产业尽快实现自立自强。从政策角度看，相比传统能源装备，政府能源战略将更倾向于海洋能装备产业发展。中国能源结构及相关发展情况见图 7 – 1 至图 7 – 5 所示。

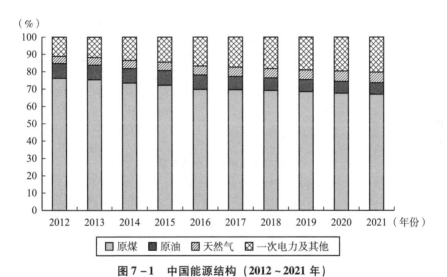

图 7 – 1　中国能源结构（2012～2021 年）

资料来源：《BP 世界能源统计年鉴》，作者自行绘图。

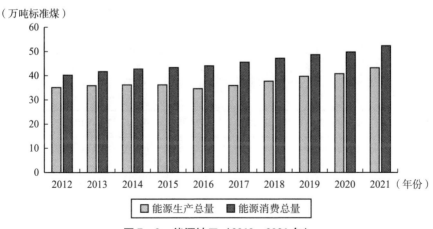

图 7 – 2　能源缺口（2012～2021 年）

资料来源：《BP 世界能源统计年鉴》，作者自行绘图。

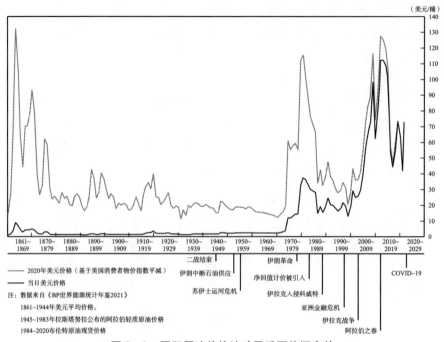

图 7 - 3　国际原油价格波动及重要能源事件

资料来源：《BP 世界能源统计年鉴》，作者自行绘图。

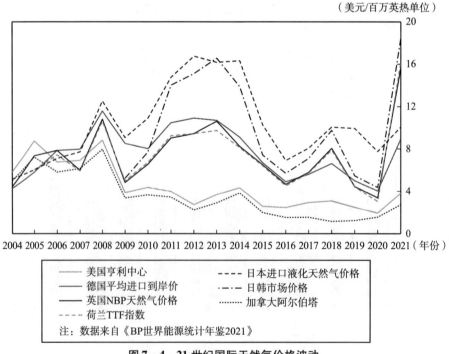

图 7 - 4　21 世纪国际天然气价格波动

资料来源：《BP 世界能源统计年鉴》，作者自行绘图。

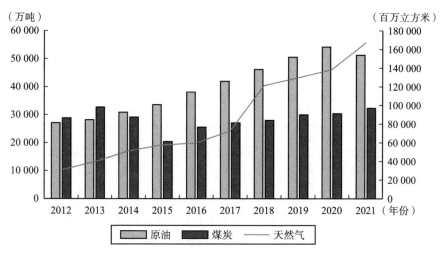

图 7－5　主要化石能源进口（2012～2021 年）

资料来源：《BP 世界能源统计年鉴》，作者自行绘图。

综上可见，加强优质供给，优化能源结构，是能源供给侧结构性改革的两项核心任务。能源供给结构性改革的关键在于海洋能的开发与利用，高质量、高性能的海洋能装备是推动海洋能大规模应用的基本保障，也是推动中国能源供给侧结构性改革的物质基础。为减少低端供给、无效供给，提升供给质量，海洋能装备制造必须向智能制造转型，在形成装备智造化体系的过程中提升装备供给质量，最终达到能源结构优化目的。

7.1.3　"一带一路"建设

"一带一路"是指"丝绸之路经济带"和"21 世纪海上丝绸之路"，于 2013 年 9 月和 10 月由我国国家主席习近平分别提出。① "一带一路"倡议的提出一方面可以解决国内部分产业产能过剩、需求不足的问题，另一方面可以加强中国企业与世界各国企业的交流合作，实现互利共赢。

相关研究表明，中国光伏、风电产业在"十二五"时期存在产能过剩的现象。由于市场因素与政策因素的影响，工信部于 2015～2016 年将光伏、风电产业从产能过剩行业移除。然而，2018 年初，工信部发文要求严格控制新上单纯扩大产能的光伏制造项目。因此，外界开始对国内光伏制

---

① http：//www. scio. gov. cn/ztk/wh/slxy/31200/Document/1415297/1415297. htm，《天津日报》，2015 年 4 月 14 日。

造是否存在产能过剩有了猜测和担忧，这与国内需求裹足不前密切相关。根据中国光伏协会最新发布的报告，中国在光伏装备零件制造中存在产能过剩问题，其中多晶硅、硅片、电池、组件领域的产能过剩问题尤为严重。同时，中国正在进行供给侧结构性改革，能源供给结构低碳化已经成为能源供给侧结构性改革的重要方向。正是因为把握了能源供给侧结构性改革的发展目标，中国太阳能、风能等海洋能技术近几年有了飞速发展，一些技术的先进程度已经位居世界前列。在《中国制造2025》战略引导下，中国海洋能装备智能制造也有了突破性发展。这种智造化发展带来的结果，一方面将增强中国海洋能装备的有效供给，提高装备供给结构的适应性和灵活性；另一方面将促进中国海洋能装备制造业国际竞争能力的整体提升。可以肯定，中国海洋能技术、海洋能装备制造智能化发展以及地缘优势，为中国与"一带一路"沿线国家开展海洋能领域合作提供了竞争资本。因此，基于"一带一路"建设，中国同沿线国家开展合作，对输出海洋能装备制造业多余产能是一大机遇。

从"一带一路"沿线的国际环境看，美国对中东石油依赖度持续下降，受能源价格、全球气候变化和大气污染等多因素影响，"一带一路"沿线上的一些产油大国，如沙特、伊朗、埃及等西亚和北非国家，已经意识到海洋能开发与利用的重要性，并且出现加强海洋能装备领域国际合作的迫切愿望。"一带一路"沿线上一些原本化石能源稀缺的国家，如东盟一些国家、日本、韩国等，受其本国自然资源条件的限制和经济发展的要求，也存在开发和利用海洋能的意愿。而中国与这些"一带一路"沿线国家开展海洋能装备输出，也有利于推动中国企业的技术服务和装备走出国门，使世界各国能与中国深化在新能源领域以及相关配套基础设施建设等方面的合作。毋庸置疑的是，在世界各国积极进行能源转型的背景下，中国与"一带一路"沿线国家进行能源尤其是海洋能的合作，将会是互惠共赢，意义重大的。

综上所述，"一带一路"建设的开展，无疑将拓展中国海洋能装备的发展空间，在国内供给侧结构性改革扩大了海洋能装备内需的同时，国际市场的大门为海洋能装备制造提供了新的舞台。然而，海洋能装备走出国门必将面对世界制造强国的强力竞争，加快海洋能装备的智造化转型，将是应对竞争的指导性纲领。中国海洋能装备制造在"一带一路"建设的推动下，有望基于装备制造发展转型，成为继高铁之后中国高端装备制造业的新名片。

7.1.4 智能制造产业发展

智能制造产业链不但具有覆盖广度而且具有覆盖深度，主要的组成部分有智能制造设备、现代工业互联网、高级工业软件以及将若干高端智能设备有机结合形成的一体化操作系统集成等重要方面。纵观世界上制造业比较发达的国家，我们可以发现像德国、日本这样的传统制造强国在智能制造领域仍然处于领先地位，这说明他们已经实现了智能制造转型升级的平稳过渡，这也为其他国家进行智能制造转型提供了借鉴。因此，世界上很多制造业基础较好的发达国家和一些发展中国家，同样在进行传统制造业的转型升级。近年来，中国的智能制造产业规模呈现指数增长的扩张趋势，当然，智能制造技术的不断突破与智能制造设备的不断更新，是其背后的最大推动力，这也为未来如何进一步扩大智能制造产业规模提供了借鉴。根据工业和信息化部的统计数据，最近十年间中国的智能制造业产值占到全球产值的 19% ~ 21%，其中在 2016 年，中国智能制造业产值突破了 12 000 亿元，实现了跨越式发展。

一般来讲，从传统制造向智能制造转型往往需要分别实现自动化、信息化、互联化、智能化这四个主要目标，每一个目标的实现都可以为建成完善的智能制造体系打下坚实基础。在德国提出进行第四次工业革命的"工业 4.0"战略以来，世界各国都将目光转移到了制造业智能化转型上，其中中国提出的《智能制造 2025》就是向智能制造转型的长期规划。就目前而言，中国的制造业发展存在失衡现象，即高端装备制造业受制于人、低端装备制造业产能过剩，也就是中国目前仍然处于"工业 2.0"的后期阶段，"工业 3.0"尚未完全普及，"工业 4.0"只是刚刚起步。但是，随着国家战略规划、相关支持政策的相继涌现，中国制造业的信息化和智能化正呈现出蓬勃增长的态势。近年来，国家不断完善发展智能制造的产业政策，从《智能制造装备产业"十二五"发展规划》《智能制造科技发展"十二五"规划》到《中国制造 2025》，再到《智能制造"十三五"发展规划》的发布，都是以发展先进制造业为核心目标，布局规划制造强国的推进路径。2011 ~ 2017 年中国智能制造装备产业市场规模如图 7 - 6 所示。

总体上看，制造业面向智能制造转型是未来生产力变革的必然趋势，海洋能装备制造要实现向全球产业链上游攀升，必须实现智造化转型。借助中国智能制造产业的良好发展趋势，海洋能装备的智造化转型不仅要着眼于世界制造业领先的技术升级，更要改变关键技术对外依赖性强的短板。

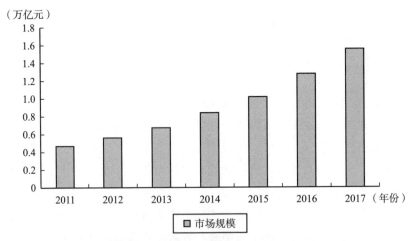

图 7 - 6 中国智能制造装备产业市场规模 （2011 ~ 2017 年）

7.2 中国海洋能装备制造发展情景方案

7.2.1 能耗高压情景

基于对中国海洋能装备制造发展大环境的全面分析，经课题组讨论，着力构建能耗高压情景、要素投资情景和智能制造情景，通过影响因素变量的权变函数参数设定反映情景特征。

课题组采用灰色预测理论对中国原油进口量、天然气进口量、能源消费总量和能源缺口等反映能源压力的重要指标进行了短期预测。未来五年预测结果表明，中国能源缺口将达到 162 693 万吨标准煤，天然气进口量将翻倍，未来中国将面临巨大的能源压力，能源安全形势不容乐观。鉴于此，有必要对能源消耗的巨大压力进行假设，并研究该情景下中国海洋能装备制造发展水平。根据以往经验，政府能源政策的选择仍以国家能源安全为主要决策依据。因此，能耗高压情景下，政府政策将向海洋能等非化石能源的开发与利用倾斜，从而对海洋能装备的发展起到关键作用。

7.2.2 要素投资情景

"一带一路"建设正如火如荼地进行，越来越多的沿线国家感受到中国经济增长带来的国际利益，中国开放程度持续扩大，同沿线国家的贸易往来进一步深化，为中国海洋能装备走出国门提供了广阔的增长空间，国际市场被进一步打开。在国际需求的吸引下，资本持续涌入海洋能装备制造产业，对产业发展要素的投资持续扩大。在该情景下，产业资本对中国海洋能装备制造发展起到了重要的推动作用。

7.2.3　智能制造情景

海洋能装备运行环境的复杂性要求企业生产适应性更强的产品，而要使单一装备适应各种运行环境的目标显然不切实际，不仅在技术上难度要求高，而且某一环境下的多余性能又会导致资源浪费。因此，基于智能制造系统实现装备环境适应性的个性化生产成为提升装备精度、合理配置资源的转型途径。《中国制造 2025》为高端装备的转型指明了方向，智能制造成为未来精密设备、高模块化制造的转型方向。在海洋能装备的"智能制造"模式下，产学研合作进一步向用户个性化目标靠拢，供应链在工业物联网技术的支撑下耦合性更强，产业互通达到新高度、新模式，产业互通因素在中国海洋能装备制造的发展中具有更重要的地位。

7.3　基于灰色系统理论的影响因素发展趋势预测

7.3.1　灰色系统预测模型

灰色系统理论是 1982 年中国学者邓聚龙教授创立的以"小数据，贫信息"不确定系统为研究对象的新学说。灰色预测模型以少量数据信息为基础，经灰色序列生成和灰色模型处理得到可信性较高的预测结果。我国海洋能的开发与利用时间较短，海洋能装备的智能制造处于起步阶段，相关数据信息较为匮乏，具有灰色系统理论要求的"小数据、贫信息"特征。因此，可以使用灰色预测模型对影响因素驱动力的相关指标进行预测，研究影响因素变化趋势。

灰色预测模型以经典 GM（1，1）模型为基础，采用最小二乘法进行参数辨识。灰色预测模型经过长期的研究发展，产生了缓冲算子抗扰动、边值优化、最小二乘优化以及灰色 verhulst 模型、GM（1，1）幂模型等一系列创新研究，不断减小灰色预测模型的预测误差。以经典 GM（1，1）模型为基础，采用变权缓冲算子、对数型缓冲算子、边值优化和 GM（1，1）幂模型等方法，根据数据序列特征分别进行指标序列模拟，选用模拟误差最小的方法进行指标预测。

7.3.1.1　经典 GM（1，1）模型

$X^{(0)} = (x^{(0)}(1), x^{(0)}(2), x^{(0)}(3), \cdots, x^{(0)}(n))$ 为非负准光滑序

列，对原始序列 $X^{(0)}$ 做累加生成，得序列 $X^{(1)} = (x^{(1)}(1), x^{(1)}(2), x^{(1)}(3), \cdots, x^{(1)}(n))$。其中，$X^{(1)}(k) = \sum_{i=1}^{k} x^{(0)}(i)$，$k = 1, 2, 3, \cdots, n$。再将 $X^{(1)}$ 作紧邻生成，得序列 $Z^{(1)} = (z^{(1)}(1), z^{(1)}(2), z^{(1)}(3), \cdots, z^{(1)}(n))$。其中，$Z^{(1)}(k) = 0.5x^{(1)}(k) + x^{(1)}(k-1)$，$k = 1, 2, 3, \cdots, n$。进而得到 GM（1，1）模型的灰色微分方程：

$$x^{(0)}(k) + az^{(1)}(k) = b \qquad (7.1)$$

经典灰色建模过程采用最小二乘法估计 GM（1，1）模型的参数向量：

$$\hat{\alpha} = (a, b)^T = (B^T B)^{-1} B^T Y \qquad (7.2)$$

其中，$Y = \begin{bmatrix} x^{(0)}(2) \\ x^{(0)}(3) \\ \cdots \\ x^{(0)}(n) \end{bmatrix}$；$B = \begin{bmatrix} -z^{(1)}(2) \\ -z^{(1)}(3) \\ \cdots \\ -z^{(1)}(n) \end{bmatrix}$。

对应 GM（1，1）模型的灰色微分方程，由 GM（1，1）模型的白化微分方程：

$$\frac{dx^{(1)}}{dt} + ax^{(1)} = b \qquad (7.3)$$

求解白化微分方程，得 GM（1，1）模型的时间响应函数：

$$\hat{x}^{(1)}(t) = \frac{b}{a} + \left(x^{(0)}(1) - \frac{b}{a} \right) e^{-a(t-1)} \qquad (7.4)$$

将上式离散化，得到 GM（1，1）模型时间响应序列：

$$\hat{x}^{(1)}(k) = \frac{b}{a} + \left(x^{(0)}(1) - \frac{b}{a} \right) e^{-a(k-1)} \quad (k = 2, 3, \cdots, n) \qquad (7.5)$$

最后，对 $\hat{x}^{(1)}(k)$ 作一阶累减还原，得到模拟序列和预测值：

$$\hat{x}^{(0)}(k) = \hat{x}^{(1)}(k) - \hat{x}^{(1)}(k-1) \qquad (7.6)$$

7.3.1.2 缓冲算子优化

灰色预测模型在预测稳定系统发展趋势时是十分有效的，但当预测目标受到外界因素的强烈扰动时，直接对原始数据建立预测模型往往出现较大的模拟误差，无法得到可信度较高的预测值。这一现象出现的本质并非对模型有效性的否定，其原因在于系统行为表现的数据序列已经不能反映系统的真实变化规律。可以利用缓冲算子解决冲击扰动系统的预测问题。缓冲算子对系统行为数据的作用效果有所不同，分为强化缓冲算子和弱化缓冲算子两类。经缓冲算子 D 作用后缓冲序列 XD 比原数据序列 X 的增长（或衰减）速度快，则 D 为强化缓冲算子；缓冲序列 XD 比原数据序列 X 的增长（或衰减）速度慢，则 D 为弱化缓冲算子。按照强弱化缓冲算子定义，强化缓冲算子用于原始序列前半部分变化速度大，后半部分变化速度小、若原始序列前半部分变化速度小，后半部分变化速度大，则选用弱化缓冲算子。按照这一规则，分析预测指标数据序列的变化形势，选择合适的缓冲算子，本章选用变权缓冲算子和对数型缓冲算子引入 GM(1，1) 模型。

设 $X = (x(1)，x(2)，x(3)，\cdots，x(n))$ 为系统行为非负数据序列，则设置四类缓冲算子 d_1、d_2、d_3、d_4。

变权弱化缓冲算子 d_1：

$$XD_1 = (x(1)d_1，x(2)d_1，x(3)d_1，\cdots，x(n)d_1) \tag{7.7}$$

其中，

$$x(k)d_1 = \lambda x(n) + (1-\lambda)x(k)(0 < \lambda < 1，k = 1，2，\cdots，n)$$

变权强化缓冲算子 d_2：

$$XD_2 = (x(1)d_2，x(2)d_2，x(3)d_2，\cdots，x(n)d_2) \tag{7.8}$$

其中，

$$x(k)d_2 = \frac{(x(k))^2}{\lambda x(n) + (1-\lambda)x(k)}(0 < \lambda < 1，k = 1，2，\cdots，n)$$

变权缓冲算子对原始序列的强（弱）化程度与权数取值同方向变化，即权数 λ 越接近 1，对原始序列的作用强度越大。

对数型弱化缓冲算子 d_3：

$$XD_3 = (x(1)d_3，x(2)d_3，x(3)d_3，\cdots，x(n)d_3) \tag{7.9}$$

其中，

$$x(k)d_3 = \frac{\ln \sum_{i=k}^{n} x(i)}{\ln[(n-k+1)x(k)]}$$

对数型强化缓冲算子 d_4：

$$XD_4 = (x(1)d_4，x(2)d_4，x(3)d_4，\cdots，x(n)d_4) \tag{7.10}$$

其中，

$$x(k)d_4 = \frac{(n-k+1)x(k)\ln x(k)}{\ln \prod_{i=k}^{n} x(i)}$$

7.3.1.3 GM(1，1) 模型初始值优化

应用最小二乘法对 GM(1，1) 模型边值问题进行优化是常用且有效的方法，而在模型精度检验时采用平均相对偏差的方法，从而导致模型优化与模型精度检验的脱节问题。因此，在对模型初始值进行优化时，应基于平均偏差最小化的优化模型。

系统初始行为序列 $X^{(0)}$ 经累加生成 $X^{(1)}$ 和紧邻生成 $Z^{(1)}$ 后，得到 GM(1, 1) 模型的基本形式 $x^{(0)}(k) + az^{(1)}(k) = b$，对应的白化方程及其解为：

$$\frac{\mathrm{d}x^{(1)}}{\mathrm{d}t} + ax^{(1)} = b \tag{7.11}$$

$$\hat{x}^{(1)}(t) = \frac{b}{a} + ce^{-at} \tag{7.12}$$

作累减还原，令 $\hat{x}^{(0)}(t) = \hat{x}^{(1)}(t) - \hat{x}^{(1)}(t-1)$，$t \geq 2$，则

$$\hat{x}^{(0)}(t) = ce^{-at}(1 - e^{a}) \tag{7.13}$$

依据平均偏差最小的优化准则确定参数 c：

$$\min_{c} \sum_{t=1}^{n} (\hat{x}^{(1)}(t) - x^{(1)}(t))^2 \tag{7.14}$$

构建累加序列与模拟序列差的平方和函数：

$$F(c) = \sum_{t=1}^{n} (\hat{x}^{(1)}(t) - x^{(1)}(t))^2 = \sum_{t=1}^{n} \left(\frac{b}{a} + ce^{-at} - x^{(1)}(t) \right)^2 \tag{7.15}$$

令 $F'(c) = 0$，可得极小值点 c 值（易证 $F''(c) < 0$）；

$$c = \frac{\sum_{i=1}^{n} \left(x^{(1)}(i) - \frac{b}{a} \right)}{\sum_{i=1}^{n} e^{-2ai}} \tag{7.16}$$

令 $t = k$，得到时间响应函数：

$$x^{(1)}(k) = \frac{\sum_{i=1}^{n} \left(x^{(1)}(i) - \frac{b}{a} \right)}{\sum_{i=1}^{n} e^{-2ai}} e^{-ak} + \frac{b}{a} \tag{7.17}$$

7.3.2 影响因素发展趋势预测

7.3.2.1 能耗高压情景下变量权变函数相关参数如表 7-1 和表 7-2 所示。

表 7-1   能耗高压情景指标预测

预测指标	最小模拟误差	预测模型	预测结果
原油进口量（万吨）	0.01122956	变权强化缓冲算子权数：0.1	46 048.06
			51 151.79
			56 821.19
			63 118.96
			70 114.74

预测指标	最小模拟误差	预测模型	预测结果
天然气进口量 （亿立方米）	0.02410488	变权强化缓冲算子 权数：0.15	1 038.377
			1 237.093
			1 473.837
			1 755.887
			2 091.914
全国能源消费总量 （万吨标准煤）	0.002756	对数型强化缓冲算子	457 017.4
			466 440.8
			476 058.4
			485 874.3
			495 892.7
能源缺口 （万吨标准煤）	0.056484	边值优化模型	101 579.1
			114 273.7
			128 554.7
			144 620.4
			162 693.9

表 7-2   能耗高压情景影响因素变化趋势

变量	初值	权变函数系数	终值
政府政策	0.17	0.123628	0.4871
人才培养	0.0537	0.039055	0.153875
技术支持	0.0508	0.036996	0.145692
金融支持	0.0655	0.047577	0.187534
技术创新	0.1486	0.017778	0.1942
创新经费	0.0377	0.004503	0.049249
技术改造	0.0171	0.002055	0.022372
科研团队	0.0196	0.002337	0.025596
联合创新	0.0742	0.008883	0.096983
产业互通	0.4016	-0.07595	0.2068
产学研	0.1227	-0.0232	0.063198

变量	初值	权变函数系数	终值
供应链	0.1215	− 0.02298	0.062557
智能制造	0.1574	− 0.02977	0.081045
产业资本	0.2798	− 0.06546	0.1119
专业结构	0.0913	− 0.02136	0.036524
产业集聚	0.1	− 0.02339	0.040004
高端投资	0.0884	− 0.02067	0.035372

7.3.2.2 要素投资情景下变量权变函数相关参数如表7-3所示。

表7-3 要素投资情景影响因素变化趋势

变量	初值	权变函数系数	终值
政府政策	0.17	− 0.01505	0.1314
人才培养	0.0537	− 0.00475	0.041509
技术支持	0.0508	− 0.00448	0.039302
金融支持	0.0655	− 0.00581	0.050589
技术创新	0.1486	0.021677	0.2042
创新经费	0.0377	0.005491	0.051785
技术改造	0.0171	0.002504	0.023524
科研团队	0.0196	0.002851	0.026914
联合创新	0.0742	0.01083	0.101977
产业互通	0.4016	− 0.07018	0.2216
产学研	0.1227	− 0.02143	0.067721
供应链	0.1215	− 0.02123	0.067034
智能制造	0.1574	− 0.02751	0.086845
产业资本	0.2798	0.063549	0.4428
专业结构	0.0913	0.020753	0.14453
产业集聚	0.1	0.02273	0.158301
高端投资	0.0884	0.020105	0.139969

7.3.2.3 智能制造情景下变量权变函数相关参数如表7－4所示。

表7－4 智能制造情景影响因素变化趋势

变量	初值	权变函数系数	终值
政府政策	0.17	－0.02842	0.0971
人才培养	0.0537	－0.00898	0.030674
技术支持	0.0508	－0.00848	0.029043
金融支持	0.0655	－0.01096	0.037384
技术创新	0.1486	0.020546	0.2013
创新经费	0.0377	0.005205	0.05105
技术改造	0.0171	0.002374	0.02319
科研团队	0.0196	0.002702	0.026531
联合创新	0.0742	0.010265	0.100529
产业互通	0.4016	0.070216	0.5817
产学研	0.1227	0.021469	0.177768
供应链	0.1215	0.021234	0.175964
智能制造	0.1574	0.027513	0.227968
产业资本	0.2798	－0.06234	0.1199
专业结构	0.0913	－0.02034	0.039135
产业集聚	0.1	－0.02228	0.042864
高端投资	0.0884	－0.01969	0.0379

7.4 中国海洋能装备制造发展情景方案的系统动力学仿真

7.4.1 系统动力学建模

根据影响因素作用机理的模型检验结果，政府政策对技术创新具有显著正向影响（Beta1＝0.48，p＜0.001），产业互通对技术创新具有显著正向影响（Beta2＝0.53，p＜0.001），产业资本对海洋能装备制造具有显著正向影响（Beta3＝0.47，p＜0.001），技术创新对海洋能装备制造具有显著正向影响（Beta4＝0.39，p＜0.001），产业互通对海洋能装备制造具有显著正向影响（Beta5 = 0.57，p < 0.001）。该结果反映了影响因素对中国海洋能装备制造发展的作用机理。系统动力学（system dynamics，SD）以系统科学理论为基础，通过使用计算机仿真技术研究系统反馈结构和运行机理[52]。海洋能装备制造发展影响因素作用机理模型中，各因素间相互作用，沿时间轴以自身变化形成特定情景。这一发展变化过程符合系统动力学的研究逻辑，因此，基于系统动力学原理，使用 MATLAB 建立系统动力学模型并进行仿真研究。

7.4.1.1 系统动力学方程如下

①政府政策流率变量

$$Ar = x_{AH}(t) \times w_{AT} + x_{AF}(t) \times w_{AF} + x_{AP}(t) \times w_{AP} \tag{7.18}$$

②政府政策情景变量

$$As = \int_0^t Ar\,\mathrm{d}x \tag{7.19}$$

③产业互通流率变量

$$Cr = x_{CC}(t) \times w_{CC} + x_{cs}(t) \times w_{CS} + x_{CI}(t) \times w_{CI} \tag{7.20}$$

④产业互通情景变量

$$Cs = \int_0^t Cr\,\mathrm{d}x \tag{7.21}$$

⑤技术创新流率变量

$$Br = x_{VT}(t) \times w_{BT} + x_{BR}(t) \times w_{BR} + x_{BS}(t) \times w_{BS} + As \times Beta1 + Cs \times Beta2 \tag{7.22}$$

⑥技术创新情景变量

$$Bs = \int_0^t Br\,\mathrm{d}x \tag{7.23}$$

⑦产业资本流率变量

$$Dr = x_{DM}(t) \times w_{DM} + x_{DI}(t) \times w_{DI} + x_{DH}(t) \times w_{DH} \tag{7.24}$$

⑧产业资本情景变量

$$Ds = \int_0^t Dr\,\mathrm{d}x \tag{7.25}$$

⑨海洋能装备制造流率变量

$$Es = Ds \times Beta3 + Bs \times Beta4 + Cs \times Beta5 \tag{7.26}$$

⑩海洋能装备制造情景变量

$$Es = \int_0^t Er\,\mathrm{d}x \tag{7.27}$$

7.4.1.2 影响因素权变函数

$$w_i(t) = k_i \times \ln(t+1) + w_i(0), t \in (0, 12) \tag{7.28}$$

其中，$k_i = \dfrac{w_i(13) - w_i(0)}{\ln(13)}$ 且 $i = AH$，AT，AF，AP，BT，BR，BS，CC，CS，CI，DM，DI，DH 等二级变量。

7.4.2 情景方案仿真

基于上文建立的系统动力学模型进行情景仿真，SD 模型主要设置如下：INITIAL TIME = 0，TIME SETP = 1，Units For Time = YEAR，Integration Type = Euler，变量间作用强度沿用影响因素作用机理模型的研究结果。分别将预设的三个情景方案权变函数代入模型作为仿真输入，使用 MATLAB 仿真工具进行数值仿真。海洋能装备制造在诸因素的联合作用下而发展，在不同情景下，诸因素的作用力有所不同。基于此，首先在预设情景下分析影响因素的间接与直接作用力，最后对能耗高压情景、要素投资情景及智能制造情景下的海洋能装备制造发展进行对比。

根据影响因素作用机理研究结论，政府政策与产业互通变量通过技术创新，对海洋能装备制造发展具有间接正向作用，技术创新、产业互通和产业资本变量对海洋能装备制造具有直接正向作用。情景仿真的过程数据揭示了各变量对海洋能装备制造发展的作用力大小，间接作用力如图 7-7、图 7-9、图 7-11 所示，直接作用力如图 7-8、图 7-10、图 7-12 所示。

能耗高压情景的影响因素作用力仿真结果如图 7-7 和图 7-8 所示。情

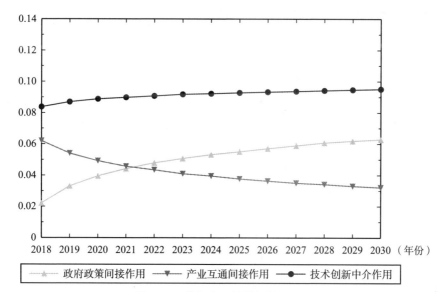

图 7-7　能耗高压情景间接作用力

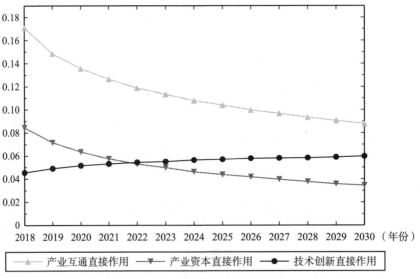

图 7-8 能耗高压情景直接作用力

景仿真过程数据表明，中国在未来能源需求压力逐渐增大的过程中，政府政策在海洋能装备制造发展过程中的作用力逐渐增大，通过技术创新推动产业持续发展。该发展过程中，技术创新的直接作用变化不大，可见能源消耗压力虽然在一定程度上促进了海洋能装备制造技术创新，但政策的核心仍然要以国家能源安全为出发点。技术创新作为一项长期能源安全战略，并不能完全缓解急剧上涨的能源需求，而对现有技术的改造和引进，加快海洋能装备产业化发展并降低能源转化成本，才是能耗高压情景下的当务之急。

要素投资情景的影响因素作用力仿真结果如图 7-9 和图 7-10 所示。当海洋能装备市场需求扩大时，产业资本对中国海洋能装备制造的发展作用力持续增强，政府政策在产业发展中的影响力下降，市场逐渐成为资源配置的主要手段。在资本涌入市场的过程中，政府需要警惕的是海洋能装备产业的投资方向，避免低端产能、无效产能的滋生，引导企业向装备制造的高端领域投资，并向产业链上游攀升。在要素投资情景下，中国海洋能装备制造的战略目标应上升到创新引力产业发展，避免装备销售市场扩大而形成利益驱动的短视行为。

智能制造情景的影响因素作用力仿真结果如图 7-11 和图 7-12 所示。智能制造情景下，中国海洋能装备受产业互通的驱动出现较大程度发展，产学研合作水平的提高，促进了装备研发与制造，供应链互通实现资源的有效配置，智能制造系统的应用进一步提高装备制造精度，产业发展受产业互通因素和技术创新因素的影响较大。综合三种情景方案的仿真结果，智能制造情景下中国海洋能装备发展前景更佳。因此，虽然政府政策和产业资本在不同情景下都能够促进产业发展，但中国海洋能装备制造的发展必须以技术创新、产业互通为战略选择依据，以海洋能装备的智能制造转型作为海洋能装备制造业升级换代、占据全球海洋能装备制造产业链核心位置的主要动力。

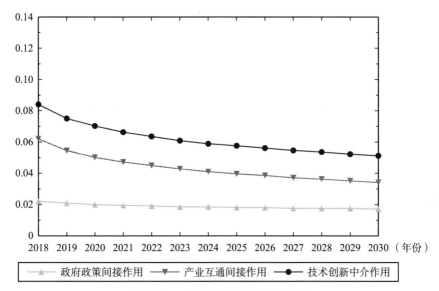

图 7 - 9　要素投资情景间接作用力

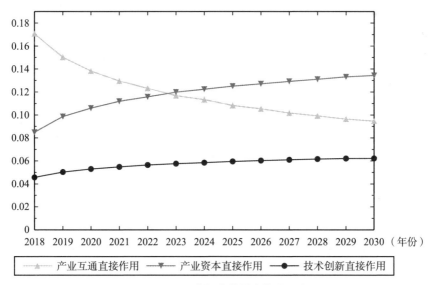

图 7 - 10　要素投资情景直接作用力

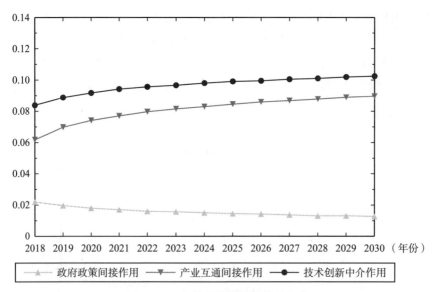

图 7 - 11　智能制造情景间接作用力

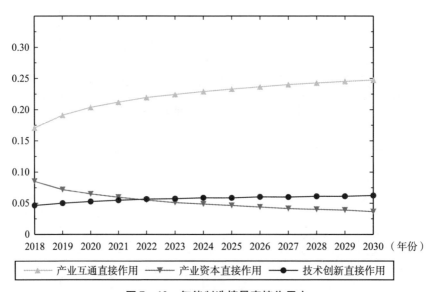

图 7 - 12　智能制造情景直接作用力

7.4.3　仿真结果分析

　　基于情景方案的影响因素变化趋势仿真分析，能耗高压情景、要素投资情景及智能制造情景下，海洋能装备制造发展的 SD 模型的仿真结果如图 7 - 13 所示。仿真结果表明，智能制情景下，中国海洋能装备制造的发展程度最佳，要素投资情景和能耗高压情景次之。

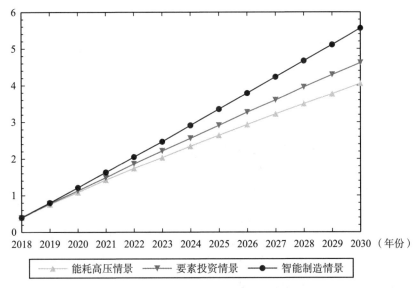

图 7-13　海洋能装备制造发展的 SD 模型的仿真结果

作为中国能源供给侧结构性改革的重要物质力量，海洋能装备的智能制造转型必须在抓住"一带一路"建设有利机遇的同时，紧跟《中国制造 2025》战略下制造业转型升级步伐，关注制造数字化、管理智能化能力的提升，加快云计算、工业物联网、信息物理系统的集成应用程度。在长期发展战略层面上，要与金融产业、智能制造产业形成良好合作，形成产业互联互通，逐步完善智能制造创新环境、增强协同创新能力，鼓励先进智造化技术的引进应用、集成应用。情景分析表明，在智能制造情景下，中国海洋能装备制造业具有从局部智能化向全面智能化发展的趋势。中国应把握影响因素驱动力的有利态势，为海洋能装备向智能制造的全面转型创造动力基础，成为新一代工业生产技术的供应国，并主导海洋能装备智能化转型市场。

7.5　智能制造情景下中国海洋能装备协同智造体系及协同要素

情景分析结果表明，在能耗高压、要素投资和智能制造等情景方案中，智能制造情景是中国海洋能装备制造的最优发展情景。该情景下，产业互通和技术创新等影响因素将主导中国海洋能装备产业。影响因素的有利性，是海洋能装备向智能制造的全面转型创造动力基础，行业的智造化形态也必然出现变革。基于对智能制造系统运行特征的研究，结合协同学理论，本研究构建了智能制造情景下中国海洋能装备的"协同智造"体系，并对其协同要素进行分析。

7.5.1 中国海洋能装备协同智造模式分析

协同论主要研究远离平衡态的开放系统在与外界有物质或能量交换的情况下，如何通过内部协同作用，自发地出现时间、空间和功能上的有序结构。协同论以现代科学的最新成果——系统论、信息论、控制论、突变论等为基础，吸取了结构耗散理论的大量营养，采用统计学和动力学相结合的方法，通过对不同领域的分析，提出了多维相空间理论，建立了一整套数学模型和处理方案，在微观到宏观的过渡上，描述了各种系统和现象中从无序到有序转变的共同规律。

对智能制造系统的理解应包括两个层面：企业层面和产业层面。企业层面的智能制造是传统生产流程向智能工厂、智能车间转型，通过集成智能化技术而实现，这一层面的智能制造系统注重智造技术配合。产业层面的智能制造则是企业间的协同，基于产品全生命周期一切任务所对应执行者的相互合作而形成。从产品的需求判定、研发设计到生产制造，再到交付后的售后服务，新一代智能制造系统的建设应适应产品全生命周期的所有环节。因此，智能制造系统的相应任务也更加多元化，从而涉及多种属性智造技术的全面支持。新一代智能制造系统的构建应从广义智造系统入手，企业层面的智能制造系统则是构成广义智造系统的子系统。

智能制造情景下，产业互通的作用得到体现，即发展海洋能装备制造应在产业层面形成互通，而产业内独立主体间的互通，本质上表现为以智能制造为目标的协同，可将其称为海洋能装备"协同智造"。因此，海洋能装备向智能制造转型，建立产业层面的协同智造体系至关重要。在建立协同智造体系前，本研究首先对协同智造模式加以分析，提出以下协同模式。

第一，目标协同。制造主体的协同首先应建立在目标一致的基础上。海洋能装备制造全生命周期中包含多个参与主体，从前期的研究开发、到中期的生产制造、再到后期的运营反馈，不同主体在各自任务模块下拥有其独立任务目标，同一主体在不同装备制造阶段的目标也有差异。海洋能项目任务的复杂性，使装备智造系统参与主体拥有各自的任务目标，目标的集合构成了海洋能装备智造系统的目标体系。各主体在达成项目任务目标的同时，还存在其私有目标，如对收益、推广、市场占有率的追求。因此，在海洋能装备协同智造系统中，各参与主体在执行各自任务的同时，不仅需要考虑自身目标的实现，更要了解合作方目标内容，以目标共同实现的理念进行多目标优化和协调，从而基于目标的协同，提高智造系统的整体运行效率。

第二，流程协同。由于海洋能装备具有定制性，多为大型成套设备，因而海洋能装备的制造过程属于典型的离散型生产方式。从装备制造各阶段任务划分的角度看，参与主体以各自技术专长执行生产任务或提供智造资源，但由于海洋能装备制造工艺异常复杂且智造化转型相关智造资源种类繁多，致使人工统筹海洋能项目总体计划难度高、任务重。因此，只有整个生产流程中参与主体良好协同，才能基于人机一体化实现制造流程的智能动态规划、压缩任务周期以及资源优化配置，更大地创造智能规划价值。

第三，信息协同。数字经济时代的到来为智能制造提供了强大的数据驱动力量。海洋能装备制造依托于海洋能相关开发项目或科研项目，从装备研发设计、装备制造到安装运营，各项任务均需要获取大量信息资源，同时也产生着大量信息。新一代人工智能就是要从数据中学习，从数据中提取知识并将新认识应用于制造过程。智能设备、智能优化算法的应用无不以可识别的信息为基础，因而传感技术和数据分析技术在智造制造中的地位尤为重要。海洋能装备智造过程中参与主体不仅需要自身活动产生的数据信息，对于其他任务活动产生的信息也存在需求。在工业物联网的推动下，信息协同需要智造系统所有主体相互提供数据信息，形成海量信息即时交流的大环境，并基于云计算、大数据分析、智能优化算法等先进智造技术提升海洋能装备智造系统整体效率。

第四，资源协同。海洋能装备制造向智能制造转型，技术资源、生产资源、人力资源和信息资源的有效协同是效率提升、质量提升的基础。智能制造资源指用于支持智能制造实现的人力、物力、财力和智力资源。如支持海洋能装备制造前期活动的科研创新资源和咨询服务、支持生产过程的专用智能设备和智能制造技术、支持后期服务的运营商资源和用户资源等。海洋能装备智造资源由智造系统参与主体掌控，因而资源协同建立在参与主体协同之上。装备制造所需的智造资源搜索，能产生主体间的合作需求，而主体间的有效协同，标志着资源协同已然完成。主体携带智造资源进入海洋能装备智造系统后，通过分析参与主体提供的资源及其技术指标等资料，利用智能优化决策实现资源的优化安排。

7.5.2　中国海洋能装备协同智造体系建立

海洋能装备协同智造体系的建立，离不开智能制造的相关技术，主体间的有效协同也建立在智能制造技术的集成框架中。因此，本研究总结了海洋能装备智能制造的关键技术，如表 7-5 所示。通过将关键智能制造技术的集成应用，结合海洋能准备制造的协同模式构建"协同智造"体系，如图 7-14 所示。

表 7-5　　　　　　　　　　海洋能装备智能制造技术清单

智造技术清单	应用简述
信息物理系统	综合计算、网络和物理环境的多维复杂系统，使海洋能装备智造协同中实现计算、通信与物理实体的一体化协同
云计算	在海洋能装备制造系统在融入工业物联网的过程中提供集群、作业、数据等管理的一站式大数据处理分析服务
数据分析	对智造协同产生的规模巨大的数据信息进行分析，挖掘潜在信息
工业物联网	将具有感知、监控能力的移动通信、智能分析等技术不断融入海洋能装备智造过程各个环节
人工智能	通过人工智能的应用，扩大、延伸和部分地取代人在制造过程中的脑力劳动，实现资源分配优化、流程优化、决策优化的功能
工业机器人	面向工业领域的多关节机械手或多自由度的机器装置，人工智能技术使工业机器人在海洋能装备制造中自主完成加工装备任务
网络安全	信息传输过程中的共性任务
智能研发	根据用户需求持续改进的闭环智能研发流程，感知用户需求并灵活调整，提升海洋能装备个性化定制程度
智能决策支持系统	人工智能技术的拓展，充分应用人类知识，求解问题的推理性知识，通过逻辑推理协助解决复杂决策问题
智能传感	将采集、处理、交换信息的能力应用于海洋能装备制造过程的实时测控或使用中的远程监控
虚拟现实与仿真	模拟生产现场实现实时监控，模拟设备运行实现远程诊断
数字化通信网络	提高海洋能装备智造系统信息传输稳定性，满足实时通信要求
精密制造	提升海洋能装备中国制造精度标准，生产高端装备
智能控制系统	以人工智能指令为基础，实现海洋能装备制造全过程的智能控制

智造技术清单	应用简述
3D 打印	金属 3D 打印精度仍低于传统工艺，但未来发展空间巨大，可用于海洋能装备零部件加工
数据库系统	建立信息管理平台的必备技术
智能供应链	使传统供应链结构中库存、运输、信息等要素进一步智能化

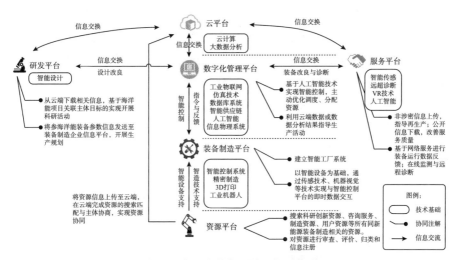

图 7-14　海洋能装备"协同智造"体系

海洋能装备协同智造体系以装备全生命周期为时间轴，体系内参与主体在不同时间节点上处于各自任务模块，并在同平台内形成单一模块参与主体间的协同，再由平台间协同达到智造化的完全协同。参与主体间的协同主要体现在目标协同、流程协同、信息协同和资源协同等四个维度上，以智造技术的整体架构为实现手段并通过数据或物质交换完成。

7.5.3　中国海洋能装备协同智造要素分析

海洋能装备协同智造体系中，参与主体间通过协同实现先进智造技术的整体架构，形成完备的智能制造体系。体系的运行除受到智造技术的制约外，还受主体间协同效应的影响。因此，从目标协同、流程协同、信息协同和资源协同等四个维度对影响中国海洋能装备协同智造体系的协同要素进行分析。

7.5.3.1　目标协同要素

目标协同能够使海洋能装备协同智造体系的各个参与主体在目标上保

持一致，然而在各自私有目标的影响下，多方目标实现协调一致难度较大。因此，必须在协同智造体系中设置一个关联全局的目标管理方，通过有效的目标管理手段实现多方协同目标的一致，保证海洋能装备的智能制造在合理目标规范下顺利进行。基于此，海洋能装备智造目标管理、参与主体目标一致性及海洋能装备产业的政产学研用多方联合，是目标协同的核心要素。

7.5.3.2　流程协同要素

海洋能装备制造全生命周期包括研发、生产、运营等主要环节。在研发环节，需要海洋能装备运营的反馈信息进行技术更新。生产环节则需要供应链的智能化以及生产的敏捷性，以达到海洋能装备的定制化目标。在运营环节，需要通过智能传感、数字化通信网络实时监控装备运行状况。上述各环节在海洋能装备智造过程中形成了一个流程闭环。因此，海洋能装备协同智造体系中流程协同要素应包括全局智能动态规划、装备生产敏捷性、供应链智能化以及实时监控等要素。

7.5.3.3　信息协同要素

信息协同的关键在于建立一个依托云服务以及数字化通信网络的信息平台作为信息管理核心。同时，不同主体间的信息标准也影响着信息协同效率。在信息获取终端，传感技术决定信息获取的质量和数量。因此，信息协同要素应包括海洋能装备制造产业核心信息平台、装备信息标准化、云服务、传感技术和数字化通信网络。

7.5.3.4　资源协同要素

海洋能装备制造的必要资源包括生产资源、创新资源以及服务资源。要完成海洋能装备协同智造体系的顺利运行，则须注重相关智能制造技术资源的加入。其中，资源专用性决定可用性，资源整合决定完整性，资源收益决定效率性。因此，海洋能装备协同智造体系中资源协同要素应包括海洋能装备智造资源整合、智造资源专用性以及智造资源收益等要素。

7.6　本 章 小 结

本章研究了中国海洋能装备制造发展情景，在对中国海洋能装备制造发展趋势分析的基础上，建立了能耗高压情景、要素投资情景和智能制造情景等中国海洋能装备制造发展情景方案。运用灰色系统预测模型，分析了各情景方案下中国海洋能装备制造发展的影响因素变化趋势。结合中国海洋能装备制造发展影响因素评价研究确定的指标权重、主要影响因素作用机理、海洋能装备制造发展情景方案及其对应的影响因素变化趋势等研究结果，建立了系统动力学仿真预测模型，利用 MATLAB 仿真技术对各情景方案进行仿真分析，评价情景优劣性，确定中国海洋能装备制造发展的最佳情景方案，为海洋能装备产业的政策制定提供理论依据。基于情景分析结论，在智能制造情景下，通过分析协同模式、总结智能制造关键技术清单，建立了海洋能装备协同智造体系，并对决定体系运行效果的协同要素进行了分析。

第8章 中国海洋能装备制造关键技术的发展趋势

海洋能相关装备制造产业的发展在很大程度上反映了国家开发利用海洋能的能力，有效地识别海洋能装备制造关键技术和预测其未来发展趋势，对构造其技术发展路径意义重大。由于未来技术发展具有一定的不确定性，并且关键技术从研发到成熟应用存在一定的滞后期。因此，将现有的文献数据库和专利数据库作为未来关键技术发展方向研究的主要依据，并运用技术挖掘方法进行分析，能够有效地提高技术识别效率。在识别出关键技术的基础上，将智造化技术引入海洋能装备制造的发展中，并利用生长曲线模型预测相关智造化技术的发展趋势，为中国海洋能装备制造未来发展以及智造化转型提供参考依据。

8.1 中国海洋能装备制造关键技术发展趋势分析的步骤与方法

8.1.1 中国海洋能装备制造关键技术发展趋势分析步骤

每一次工业革命往往伴随着新技术的诞生和发展。技术成为提高生产力的关键要素之一。类似地，中国海洋能的开发和利用，依赖于海洋能装备制造技术的发展，该关键技术对中国海洋能装备制造发展起到了重要的作用。近年来，随着国家对创新研发效率和创新转化效率重视的加深，中国创新能力取得了长足发展，但关键核心技术的创新能力依旧有很大不足，严重制约相关产业发展。攻克中国海洋能装备制造关键技术，是中国海洋能装备制造高质量发展的关键。明确的关键技术发展趋势分析，有利于加快中国海洋能装备制造的发展。因此，中国海洋能装备关键技术发展趋势的分析步骤如下。

第一，通过文献研究法和专家意见法总结出中国海洋能装备制造技术发展现状以及未来可能发展的热门领域及技术，缩小技术搜寻范围。

第二，在此基础上以文献数据库和专利数据库为数据来源，识别出中国海洋能装备制造未来发展的关键技术，并依托关键技术识别构建关键技术功效矩阵，分析关键技术针对的技术功效发展侧重点。

第三，在中国海洋能装备制造关键技术及技术矩阵功效分析的基础上，结合智能制造高速发展的时代背景，将智能化技术与海洋能关键技术功效要求融合，进行中国海洋能装备智造化技术预见与发展前景分析，为中国海洋能装备制造未来发展以及智造化转型提供参考依据。

8.1.2　海洋能装备制造关键技术发展趋势分析方法

技术挖掘首先要明确挖掘的对象以及数据来源。对于海洋能装备关键技术识别的数据来源主要来自文献数据库和专利数据库，因为其中包含了大量创新性和前瞻性的技术。所运用的方法有词频分析（word frequency analysis）技术和专利分析（patent analysis）技术。词频分析技术是指选择合适的数据库，如文献数据库、专利数据库，对所选文本提取关键词后对关键词之间的关系进行分析与研究的方法。与词频分析技术不同的是，专利分析虽然也是对专利说明书、专利公报中的专利所包含的文本信息进行分析，但运用的是更加科学的统计学方法，使专利中所包含的信息转化为能够预测未来技术变化的竞争情报。因此，词频分析技术和专利分析技术成为海洋能装备制造关键技术发展的主要分析方法。

研究中国海洋能装备制造关键技术发展趋势，首先采用文献研究法以及专家调查法认清中国海洋能装备制造发展现状及中国海洋能装备制造发展要求，利用词频分析与专利分析相结合的方法充分挖掘中国海洋能装备制造发展情况及热门领域，对海洋能装备制造技术发展清单所包含的各项技术进行综合打分及确定关键技术分数临界值，从而确定关键技术并构建关键技术功效矩阵。

在此基础上，将智造化技术引入海洋能装备制造的发展中，利用生长曲线模型预测相关智造化技术的发展。一项技术从诞生到衰退是有着自己的发展轨迹的。类似于自然界中的生物生长过程，一般要经历产生（发生）、成长（发展）、稳定（成熟）三个主要阶段。在不同的环节中，事物的变化速度是不一样的。总体上来说，在第一个过程中，事物变化发展的速度较为缓慢，到了第二阶段，速度加快，到了第三阶段则变化速度减慢、状态趋于稳定，按照这样的规律构成的曲线被称为生长曲线。目前，生长曲线模型已广泛用于描述及预测生物个体生长发育及某些技术、经济特性的发展领域中。本章选取 Gompertz 曲线模型对中国海洋能装备制造智造化技术进行技术预见及前景展望分析，为中国海洋能装备制造发展提供借鉴。

8.2 中国海洋能装备制造关键技术识别及功效分析

8.2.1 中国海洋能装备制造关键技术发展要求

坚持深化供给侧结构性改革，是加快从"制造大国"向"制造强国"转变的必由之路。党的十九大报告中着重提出优先发展先进、高端制造业，推动绿色环保产业、节能低碳产业等的快速发展，进一步提高优质增量在供给侧的占比。加快国家供给侧结构性改革的重要组成部分就是推进能源供给侧结构性改革进程，尤其是在能源供给侧持续开发新能源，不断提高新能源供给水平，在新能源领域找到新的经济增长点。海洋能是具备极大开发潜力的新能源种类，它的特性是生产过程不产生污染，并且具备可再生能力。加快提升对海洋能的利用水平，对于优化能源供给能力和供给结构，挖掘海岸和岛屿的发展潜力，保障国家能源安全，实现绿色发展，具有重要的战略意义。一个国家开发海洋能源，离不开海洋资源基础与相应的开发能力，而海洋能装备制造技术就是其中的关键一环。海洋能装备制造技术是国家建设海洋能电站的物质基础和技术保障，一个国家海洋能电站的建设规模与水平，综合反映了国家海洋能装备技术的整体实力。

中国拥有总长度达 3.2 万千米的海岸线，在海洋能开发方面具有较高的自然资源禀赋。中国加强提高对海洋能的开发和利用水平，有利于优化长期以煤炭为主的能源结构，进而缓解化石能源消费所导致的环境污染和二氧化碳排放。在应对能源危机和实现"碳达峰"与"碳中和"目标的压力下，中国开始提高包括海洋能在内的可再生能源的重视程度，利用投资引导和政策倾斜，为开发利用海洋能提供条件。

在提高海洋能这一新能源的开发利用水平方面，海洋经济发展的"十三五"规划和制造业发展相关规划指出，要遵循突破关键技术研发，开展试点项目示范，到全面推开实践应用的发展思路，其中重点强调了海洋能装备制造技术研要达到国际领先水平，不断缩小与技术前沿的距离，在海洋能装备的生产制造上要形成一定规模。由此可见，现阶段海洋能开发具有极大潜力，未来的发展前景相当可观，国家对海洋能的开发有着明确的思路，确保中国海洋能建设规模与利用水平达到世界前列的关键，在于不断突破海洋能装备技术瓶颈。因此，如何培养海洋能装备制造产业技术创新能力，提高海洋能装备制造产业的技术创新水平，进而不断发掘海洋能资源潜力、提高海洋能资源利用能力，是中国国民经济和社会发展迫切需要解决的问题。

中国海洋能装备制造发展环境还存在以下困境：首先，中国对于海洋能开发和利用的认知水平仍处于初级阶段，海洋能装备制造技术关键性作用的认识有待提高，海洋能及其装备制造相关的政策扶持和投资引导有所欠缺。其次，由于资源禀赋和经济发展"路径依赖"，中国的能源供给被锁定在以煤炭为代表的化石能源为主体的能源结构中，尽管在面对环境治理和实现"双碳"目标的压力下，中国已经意识到改变能源结构的重要性，开始逐步降低化石能源使用量，不断加强新能源的开发和利用，但囿于过去经验不足和未来发展的不确定性，中国始终未能将海洋能作为新能源重点发展的对象，因此面临海洋能装备制造技术迟迟未能突破发展的瓶颈。再次，虽然意识到海洋能装备制造技术是中国开发海洋能资源的关键，但对于其技术发展路线没有明确的规划，由此造成的管理方面的缺失导致没有明确的海洋能装备技术发展路径与人才培养机制。最后，从国际差距层面来看，以中国海洋能电站的建设规模与国家蕴藏的丰富海洋能资源比较来说，中国海洋能源装备制造技术整体水平与美国等海洋强国的海洋能产业化水平以及与其相关联的海洋能装备制造技术存在较大差距。因此，中国海洋能装备制造技术发展的规划应该符合以下标准和条件：（1）海洋能装备制造关键技术发展应该具备经济性，既要保障盈利水平，也要满足市场对海洋装备的需求；（2）要顺应社会发展目标，海洋能装备技术研发要符合当下节能降耗、减污降排的趋势，满足可持续发展、建设环境友好型社会的要求；（3）技术发展要具有可行性，除了经济可行性之外，海洋能装备制造技术要满足推广应用的需求，充分考虑实际产业的技术基础；（4）海洋能装备制造技术创新始终关注国际技术前沿，不断突破核心技术瓶颈，将主动权牢牢掌握在自己手中，这对于保障技术安全具有十分重要的意义。

8.2.2 中国海洋能装备制造关键技术识别

8.2.2.1 中国海洋能装备制造关键技术识别理论及步骤

8.2.2.1.1 确定研究对象

海洋能作为可再生能源，海洋能发电具有可再生、无污染等优点。目前，海洋能电站类型主要包括潮汐能电站、海洋温差能电站、波浪能电站、潮流能电站、海水盐浓度差能电站等。本节以这五类海洋能电站装备制造技术为研究对象，根据各项海洋能装备制造技术不同指标的重要程度及分值，计算中国海洋能装备制造技术综合分值，识别中国海洋能装备制造关键技术。

8.2.2.1.2 确定模型分析指标

对中国海洋能装备制造关键技术进行技术预测，必然需要考虑不同类型海洋能电站发展的重要程度。当前，中国不同类型海洋能电站的技术水平、各界对该类型海洋能电站的关注程度以及该类型海洋能电站所需海洋能的储量，对海洋能电站发展具有极大影响。为明晰中国海洋能装备制造关键技术评价指标，课题组邀请10名拥有较高海洋能装备制造领域学术造诣及知名度的专家，以问卷方式获取意见，综合专家意见以及课题组成员调研工作，最终选取技术差距、关注程度以及不同类型海洋能储量作为分析指标，如表8-1所示。

表8-1　　　　　　　　中国海洋能装备制造关键技术评价指标

指标名称	指标含义
技术差距	某类型的海洋能装备制造技术国内发展水平与海外发展水平的差距
关注程度	国内各领域对某类型的海洋能装备制造技术的关注程度
海洋能可用储量	不同类型的海洋能在中国可开发利用储量

8.2.2.1.3 模型假设

依托上文确定的中国海洋能装备制造关键技术评价指标，综合课题组开展的小型专家研讨会讨论结果及课题组项目研究过程中所积累的调研结果，并参考相关文献作出如下假设。

假设1：中国不同类型海洋能装备发展的关键程度判断过程中，仅考虑技术差距、关注程度以及不同类型海洋能可用储量三个影响因素。

假设2：近年来，中国海洋能装备制造及其技术发展有较大突破，进入新的发展阶段，在某些技术上已经取得了较大成果，但是要想真正成为海洋能装备制造强国，中国的海洋能装备制造产业仍存在亟须解决的问题。中国海洋能装备制造技术存在研发设计能力较弱、高端人才缺乏等问题，整体发展水平仍有待进一步提升。比较国内外海洋能装备制造技术发展状况及技术差距，有利于认清中国海洋能装备制造技术当前存在的差距，有针对性地弥补中国海洋能装备制造技术发展的不足[141~142]。

"技术后发优势"理论指出，通过引进和模仿发达国家的先进技术，有利于在一定程度上弥补发展中国家研发资源差，技术落后等问题[143]。Elkan（1996）强调了技术差距是技术进步的关键影响因素之一，主要通过技术能力的差异和获取技术机会的大小来改变技术进步效率[144]。Lai 等（2009）和易先忠（2010）认为弥补技术差距能够提高对先进技术的模仿能力，加快技术吸收，最终实现技术自主创新取得领先优势[145~146]。因此，鼓励与国际发展程度相差较多的海洋能装备制造技术发展，有利于弥补该项海洋能装备制造技术与国际发展的差距，实现技术后发优势。

据此，假设其他条件相同，某类型海洋能装备制造技术水平的国内发展水平差距与其发展关键程度正相关。即表示：某类型海洋能装备制造技术水平与国内外发展水平差距越大，技术水平越弱，中国越应该重点发展该项海洋能装备制造技术，提高该类型海洋能装备制造技术水平，缩小与国际差距。

假设3：国家及相关单位资金支持力度、海洋科技人才质量以及政策扶持是海洋能装备制造技术发展的重要驱动因素。科学研究离不开资金的支持，充足的资金保障才能促使更多的学者投入海洋能装备制造技术，进而提升中国海洋能装备制造技术的研究水平[147]；加快海洋科技人才队伍建设，有利于切实增加海洋能装备制造技术研发能力及市场竞争力[148]；完善的海洋能装备制造技术研发扶持政策体系能够提高企业研发海洋能装备制造技术积极性，营造有利于海洋能装备制造技术研发的市场环境[149]。

海洋能装备制造技术被国家、地方政府、企业、学术界以及金融机构等领域关注程度以及重视程度是该项技术发展重要性的证明[150~151]。一方面，被各领域重视的海洋能装备制造技术，证明该项海洋能装备制造技术在资源、市场前景等方面具有重要意义。另一方面，海洋能装备制造技术在各领域重视程度高，有利于加大国家以及相关单位资金投入力度，提高海洋科技人才的质量，提升海洋能装备制造技术研究的成果转化率。

据此，假设其他条件相同，某类型海洋能装备技术被各领域关注程度以及重视程度与其发展关键程度正相关，则表明某类型海洋能装备技术被各领域关注程度以及重视程度越高，中国越应该重点发展该项海洋能装备技术。

假设4：中国海洋能储量丰富，开发利用前景十分广阔。浩瀚的海洋蕴藏着巨大的能源资源，理论上其资源量要远远高于陆上能源资源量。

2016 年，欧盟《全球海洋治理联合声明》指出，截至目前，人类已开发利用的全球海底面积还不到 3%，还有 90% 以上的海底面积处于未知状态。由于当前技术限制，海洋能可用储量相较于海洋能总量更能代表其开发前景[152~153]。

某种类型海洋能可用储量越高，代表该种海洋能开发利用的潜力越大，开发利用这种海洋可能得到更多的产出，从而获得更多的收益，发挥海洋能清洁资源优势，缓解当前资源紧张和环境污染的困局[154]。海洋能装备制造技术是开发利用海洋能的重要保障，完善可用储量大的海洋能源装备制造技术研发体系，提高其技术水平，有利于提高该种类型海洋能源的开发程度及利用效率。

据此，假设其他条件相同，某类型海洋能电站所需海洋能在中国可用储量与其技术发展关键程度正相关，则表明某类型海洋能电站所需海洋能在中国可用储量越高，中国越应该重点发展该项海洋能装备技术。

假设 5：中国不同类型海洋能装备制造技术发展的技术差距、关注程度以及不同类型海洋能储量三个影响因素之间互不相关，互不影响。

8.2.2.1.4 模型建立

建立衡量中国海洋能装备未来着重发展方向模型：

$$Y = \{Y_i \mid X_i > c\}, \quad (i = 1, 2, \cdots, n) \tag{8.1}$$

$$X_i = WP^T = \sum_{j=1}^{3} W_j P_{ij}, \quad (j = 1, 2, 3) \tag{8.2}$$

$$W = (W_1, W_2, W_3) = (W_{技术差距}, W_{关注程度}, W_{海洋能储量}) \tag{8.3}$$

$$P = (P_{i1}, P_{i2}, P_{i3}) = (P_{i技术差距}, P_{i关注程度}, P_{i海洋能储量}) \tag{8.4}$$

其中，

$$P_{技术差距} = (P_{显著落后}, \cdots, P_{中国领先}) \tag{8.5}$$

$$P_{关注程度} = (P_{关注很多}, \cdots, P_{没有关注}) \tag{8.6}$$

$$P_{海洋能储量} = (P_{储量较多}, \cdots, P_{储量较少}) \tag{8.7}$$

Y——中国海洋能装备技术集合；

X_i——第 i 项技术总得分；

W_j——第 j 个指标的权重；

X_{ij}——第 i 项技术关于第 j 个指标的得分。

权重系数及临界值计算：

本研究中，某类型海洋能装备制造技术的技术水平差距、关注程度、该类型海洋能电站所需要的海洋能储量等相关指标的权重系数以及中国海洋能装备制造发展方向选择临界值采取专家调查法进行确定。

价值系数计算：

其中，借助专利分析的方法，得出中国海洋能装备技术水平差距的分数。专利分析这一方法工具通常用来对技术的发展趋势进行预判，其主要依据是某项技术领域的专利以及专利的引用次数等数据信息。

具体衡量指标如下：

$$专利增长率 = (当前专利数 - n 年前专利数)/n 年前专利数 \times 100\%$$

$$(8.8)$$

注：本研究中 n = 5

$$专利百分比 = 该专利数/专利总数 \qquad (8.9)$$

$$专利被引平均次数 = 一个国家、地区或企业所有专利被后来专利引用次数$$

$$(8.10)$$

$$当前影响指数 = \frac{某国家或组织前五年专利在当年被引用次数}{预期应用次数} \quad (8.11)$$

$$技术强度 = 专利数 \times 当前影响力指数 \qquad (8.12)$$

活性因子：表明某一特定国家在哪些专利类别中具有相对强势或弱势。

$$I_A(b,\ d) = \frac{f(b,\ d)}{\sum_b f(b,\ d)} \qquad (8.13)$$

b——国家；

d——某一专利分类；

f(b, d)——该国家在某一专利分类中的专利数；

$\sum_b f(b, d)$——该专利分类中总专利的比率。

借助于词频分析（word frequency analysis）方法工具，获取在不同领域中，各类海洋能装备制造技术的被注重程度的分数：

利用 CNKI 作为分析的数据来源，首先进行文献统计，要求文献与中国海洋能装备制造技术具有相关性。将初步统计的海洋能装备制造技术相关文献作为分析基础，导出为 EndNote 文本格式。在对初步统计数据进行处理后，提取关键词进行词频分析，这一步主要借助具备词频分析能力的 SATI 软件。依据频次统计确定中国不同类型海洋能装备制造技术被各领域关注程度指标得分。

中国各类型海洋能电站所需海洋能可用储量得分依靠于数据统计以及专家调查法。

查阅相关书籍、文献资料等，估算潮汐能电站、海洋温差能电站、波浪能电站、潮流能电站、海水盐浓度差能电站所需要的相应能量的能量值在中国和全球总量数据，然后进一步与专家咨询的相关数据进行综合处理，最终校准该指标的分数。

8.2.2.2 中国海洋能装备制造关键技术识别模型计算结果

8.2.2.2.1 权重系数计算结果

综合考虑中国海洋能装备制造技术发展情况、各领域对海洋能装备制造技术关注程度以及不同类型海洋能储量等分析指标。首先筛选出符合本研究背景的被调查人员，其中包括海洋能装备制造企业中的技术部门的研发人员和管理人员，他们或参与到海洋能装备技术研发过程中，或具备统筹技术研发过程的经验，还有各高校相关领域的专家，以及海洋能研究机构的研究人员。向 35 位筛选出的被调查人员发放问卷，现实中受到诸多因素的限制，最终问卷的有效回收率为 43%。依据有效回收问卷中的数据分析，最终将中国海洋能装备预期发展趋势的各个方向的重要性指数确定为：

$$W = (W_1, W_2, W_3) = (W_{技术差距}, W_{关注程度}, W_{海洋能储量}) = (0.40, 0.25, 0.35)$$
$$(8.14)$$

中国海洋能装备制造技术未来发展方向选择的得分临界值（a）为 0.50。

8.2.2.2.2 价值系数计算结果

（1）技术差距价值系数确定

将 CNKI 作为分析样本来源，以潮汐能电站（潮汐能）、海洋温差能电站（海洋温差能）、波浪能电站（波浪能）、潮流能电站（潮流能）、海水盐浓度差能电站（海水盐浓度差能）为关键词，通过 CNKI 的高级检索查询功能，获取与海洋能装备制造技术有关的专利总数，并分别统计国内专利数量和国际专利总数量。以 2016～2021 年为时间区间，筛选出相关专利技术，并对数据进行进一步清洗，将与海洋能装备技术无关以及同一专利出现多次等情况进行处理，以此作为基础数据进行专利的变化趋势和专利组成结构的分析；以国家知识产权局网为数据来源，以潮汐能电站（潮汐能）、海洋温差能电站（海洋温差能）、波浪能电站（波浪能）、潮流能电站（潮流能）、海水盐浓度差能电站（海水盐浓度差能）为专利检索词，得出相应专利的被引用数据，将与海洋能装备制造技术无关以及同一专利出现多次等情况进行处理，以此作为基础数据计算各个类型专利的平均被引用数量，得出当前的影响系数，并统计各个类型专利的活性因子，通过分析以上数据，将技术差距价值这一海洋能装备技术的重要指标系数确定。

（2）关注程度价值系数确定

将 CNKI 作为分析样本来源，以潮汐能电站（潮汐能）、海洋温差能电站（海洋温差能）、波浪能电站（波浪能）、潮流能电站（潮流能）、海水盐浓度差能电站（海水盐浓度差能）为关键词，通过 CNKI 的高级检索查询功能，并对数据进行进一步清洗，将与海洋能装备技术无关的文献以及同一文献出现多次等情况进行处理，将初步统计的海洋能装备制造技术相关文献作为分析基础，导出为 EndNote 文本格式。在对初步统计数据进行处理后，提取关键词进行词频分析，这一步主要借助具备词频分析能力的 SATI 软件。将所得结果再利用 Ucine 继续进行数据格式转化并输出到 NetDraw 软件中，运行软件并得到中国海洋能装备制造技术的关键词矩阵图谱如图 8-1 所示。计算与潮汐能电站（潮汐能）、海洋温差能电站（海洋温差能）、波浪能电站（波浪能）、潮流能电站（潮流能）、海水盐浓度差能电站（海水盐浓度差能）相关词汇的出现频次，以此获取不同领域中各类海洋能装备制造技术被注重程度的分数，其计算结果如表 8-2 所示。

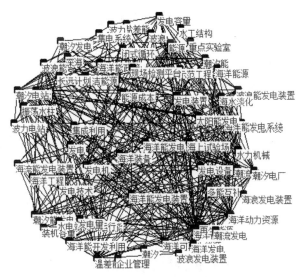

图 8-1　关注程度价值系数确定图谱

表 8-2　　　　　　　中国各类型海洋能装备制造技术总得分

	技术差距	关注程度	海洋能可用储量	技术总得分 X_i
权重系数 W_j	0.40	0.25	0.35	—
潮汐能电站制造技术	0.542	1.000	0.412	0.611
海洋温差能电站制造技术	0.681	0.404	1.000	0.723
波浪能电站制造技术	0.060	0.787	0.073	0.246
潮流能电站制造技术	0.231	0.574	0.031	0.247
海水盐浓度差能电站制造技术	0.712	0.191	0.233	0.414

（3）海洋能可用储量价值系数确定

通过查阅相关文献，对海洋能源的分布空间和总体数量信息进行采集。数据主要来源于以下几个方面：国家海洋局、中国科普博览网和历年《中国沿海潮汐能资源普查》以及历年《中国沿海农村海洋能资源区划》。将所取得的数据结合专家调查法综合计算海洋能储量指标得分。

根据上述词频分析技术、专利分析技术、数据统计及专家调查法计算得到中国某类型海洋能装备制造技术与国外技术差距、各领域对该类型海洋能装备制造技术关注程度、各个种类海洋能源的存量及其利用价值权数，利用权重系数以及公式（2）计算得出中国各类型海洋能装备制造技术在技术差距、关注程度与储量的分数情况和总分数情况，其计算结果如表8-2所示。

由表8-2可知，中国具备优势的海洋能源储量类型为温差能，但是在海洋温差能电站制造技术方面与国际温差能开发技术前沿存在一定距离，中国各领域面临对海洋温差能电站制造技术关注程度不高问题。对海洋能装备制造技术差距、关注程度、相应能源的可用储备量三项得分进行权数平均运算，从各项技术的总分数情况来看，温差能电站技术在各技术类型中的分数最高。因此，温差能电站装备制造技术是中国未来海洋能装备制造技术的主要发展方向，应加大对温差能技术创新投入的力度，通过政策倾斜、投资导向等方式为海洋温差能的创新开发利用提供支持。根据海洋能装备制造未来发展方向选择的得分临界值（a）可以发现，从总体技术得分情况来看，温差能电站技术虽然是中国未来主要的海洋能开发技术发展方向，但是潮汐能电站技术现阶段的发展水平和技术基础也具备一定的发展潜力。

目前来看，虽然潮汐能电站技术与国际技术前沿存在差距，并且在相关的专利数量上也不具备优势，但是在中国的海洋能装备制造技术中，潮汐能电站技术处于技术成长的中后期阶段，相较于其他技术具有一定的领先优势，技术成熟度高，相关的专利数量排在前面。除此之外，潮汐能在各项技术中受到最高的关注度，并且潮汐能可用储量排在中国海洋能源资源的第二位，具有很大的开发潜力。因此，在海洋能装备技术发展过程中，要推动潮汐能电站技术水平的提高，通过对国外先进技术的学习和借鉴，不断追赶国际技术前沿。除海洋温差能电站制造技术与潮汐能电站制造技术之外，其他三种类型的海洋能电站技术的得分均未达到分数临界值，所以现阶段三种技术在理论上不能作为海洋能装备制造技术的未来发展的选项。不过，通过对表中的数据进行分析，对中国未来的海洋能装备制造技术发展规划仍具有一定意义。从相应海洋能源的可用储量来看，我国波浪能、潮流能和海水盐浓度差能的能源总量虽然存在开发利用价值，但与全球总体的数量相比，显得捉襟见肘。从技术差距看，我国海水盐浓度差电站制造技术与国际技术前沿的差距最大，即使从整体视角来看，该项技术在国际上虽处于技术发展阶段的初期，但研发进程更为落后，尚处在该领域的摸索阶段，社会各界也缺乏对海水盐浓度差电站技术的认识。与国际技术前沿差距最小的海洋能电站制造技术为波浪能电站制造技术，这主要是因为国际上该项技术的应用也处于初级阶段，其研究情况和项目进展与中国的情况大体相同。因此，要发展波浪能技术，仅依靠学习借鉴的渐进式创新，已不能满足发展要求，需要提高自主创新能力，取得该项技术的突破。中国潮流能电站与国际技术前沿的差距及形成情况，与波浪能电站的发展情况类似，但是其能源可用储量相对于全球整体情况来说，在 5 种海洋能资源中差距最大，其未来的发展前景不容乐观。由表 8 - 2 的数据内容分析可知，在中国海洋能装备制造技术中，海洋温差能电站制造技术最具发展潜力，潮汐能电站制造技术最具发展前景。

8.2.3 中国海洋能装备制造关键技术功效矩阵分析

8.2.3.1 中国海洋能装备制造关键技术功效矩阵构建

技术功效矩阵的主要作用为对某项技术的发展情况进行了解，可以看到分析对象技术的特性及不足之处，可以用于对技术的未来发展进行规划。本研究通过技术词选取、功效词选取、技术功效矩阵构建过程进行中国海洋能装备制造关键技术专利分析。

8.2.3.1.1 技术词的选取

基于上述研究结果，潮汐能电站制造技术与海洋温差能电站制造技术总得分高于海洋能装备制造未来发展方向选择的得分临界值（a）。因此，选取潮汐能电站制造技术与海洋温差能电站制造技术作为海洋能装备制造重点研究方向。潮汐能电站的发电原理与水力发电类似，主要是利用潮汐现象所造成的海水涨落间势能的变化，在这一过程中，将海水势能进行转化的水轮机的作用尤为重要；海洋温差能电站的工作原理为利用表层高温海水汽化驱动汽轮机发电，再利用深层低温海水将汽化海水冷凝，在这一过程中发挥作用的冷热交换系统以及汽轮机的作用不容忽视。作为发电装备，发电机制造技术水平对发电效率影响很大。因此，选取"热交换器制造""蒸发器制造""发电机制造""冷却管制造""汽轮机制造"以及

"水轮机制造"等相关技术作为分析对象。

8.2.3.1.2 功效词的选取

本文应用专利文献词频分析法选取功效词。以 CNKI 专利库为数据来源，分别检索"热交换器制造""蒸发器制造""发电机制造""冷却管制造""汽轮机制造"以及"水轮机制造"等技术的相关专利，清洗数据，筛选与研究主题相关的专利，对数据结果进行词频分析，结果如图 8-2 所示。

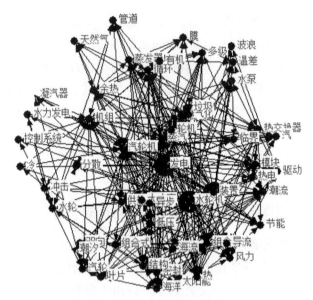

图 8-2 技术功效词提取图谱

根据词频分析的输出内容，结合潮汐能电站与海洋温差能电站发电原理及技术特点，综合系统分析，最后选取"安全性""抗压性""抗高温性""质量控制""抗腐蚀性""生态保护"以及"成本控制"作为技术功效词。

8.2.3.1.3 技术功效矩阵的构建

基于上述研究成果，以"热交换器制造""蒸发器制造""发电机制造""冷却管制造""汽轮机制造"以及"水轮机制造"等为技术词，以"安全性""抗压性""抗高温性""质量控制""抗腐蚀性""生态保护"以及"成本控制"为技术功效词，利用相关专利以及文献资料构建中国海洋能装备制造关键技术功效矩阵，如图 8-3 所示。

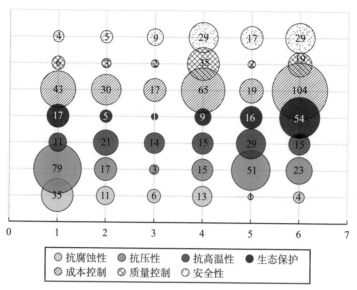

图 8 - 3　海洋装备制造技术功效矩阵图

注：图中横坐标数字 1 ~ 6 依次代表：水轮机制造技术、蒸发器制造技术、热交换器制造技术、冷却管制造技术、汽轮机制造技术、发电机制造技术。

8.2.3.2　中国海洋能装备制造关键技术功效矩阵构建结果分析

从关键技术和技术功效词所形成的功效矩阵来看，潮汐能电站和海洋温差能电站的各项关键技术都对成本控制这一功效特性表现出了极大兴趣，大量专利都有这个功能趋向。其中，发电机装备制造技术、冷却管制造技术是居于通过专利数量表现出成本控制趋向的前两位。由于海洋能电站及其装备制造产品面临工作环境大多为水下作业，较为特殊，对抗压性的相关专利数量也较多，有较高的重视程度，可见该性能的研究已经进入较为成熟的阶段，但热交换器的所涉及的抗压性能研究仍较少。比较而言，除质量控制与抗压性之外，剩余的五种功效都没有在专利数量上体现出相关研究对它们的关注度，但中国海洋能装备要实现高质量发展，不能只关注基础运行功能与短期经济效益，保障装置运行安全是装备制造产业研发产品的底线，研究缺乏对安全性关注会影响装备制造企业的长期发展。海洋能装备制造企业提升竞争力和长久利益的关键在于提高产品质量，考虑到海洋能装备所面临的长期在海水与海岸边等工作环境中，设备的抗腐蚀性也应该作为功效性能研究的关注点。除此之外，海洋能装备作为连接海洋资源与人类发展的关键环节，其生态性能决定了人类能源开发与自然和谐共生的水平，海洋能装备发展的主题之一就是优化能源结构，实现节能减排，保护自然环境。生态保护性能的缺失将违背这一初衷，不仅不能保护环境，反而会影响当地人的正常生活。整体而言，生产上的质量控制，性能上的抗腐蚀、抗压、抗高温，运行中的安全性、生态保护等技术功效，都是海洋能装备投入推广应用中不可或缺的性能。未来的技术研发应该填补缺失的功效，优化已有的功效，从政策导向和资金投入等方面支持这些功能的开发。

8.3　中国海洋能装备制造关键技术柔性创新机制

柔性战略是指在复杂多变的市场竞争环境中，企业为提高生产经营效率，增强企业竞争力，实现更高的利润水平，而通过制定一系列的组织规划和经营方案，提高企业对动态化环境的适应能力，精准识别和把握机会，并对环境变化作出及时反馈。

柔性创新有利于中国海洋能装备制造提高创新动力，攻克关键技术，增强自身实力。本部分通过分析中国海洋能装备制造关键技术柔性创新因素及因素变化趋势，初步探索中国海洋能装备制造关键技术柔性创新机制，为攻关中国海洋能装备制造关键技术提供借鉴。

8.3.1　中国海洋能装备制造关键技术柔性创新因素分析

海洋能装备技术的发展，是一个国家海洋能开发和利用海洋能的重要技术基础。中国海洋能装备制造产业要在复杂多变的外部市场环境生存和发展，不断满足市场需求，就要对自身的资源进行整合以适应环境，并及时捕捉外部环境的动态，不断对自身计划进行对应调整，以在激烈竞争中取得先机。创新柔性对企业的动态能力提出了较高的要求。企业整合资源的能力是提高创新柔性的基础，企业应当不断调整资源配置来适应动态变化的创新需求。创新柔性能够使企业应对市场环境对产品需求的变化，提高创新的灵活性和效率。而技术基础能力决定了制造业创新动力及成功的概率。由此可见，技术基础能力强弱，能够直接影响装备制造关键技术是否创新，影响创新的成败。因此，具备一定的技术基础是中国海洋能装备制造关键技术创新柔性机制运行的前提。

中国海洋能装备制造发展不仅为了解决能源危机问题，还要注意经济效益的可行性。中国海洋能装备制造关键技术创新柔性的目的很大程度上是通过技术的创新与模式的变革，从价值链低端向中高端跃进，不断提升产品附加值。新一代信息技术的快速发展和数字化的不断普及，装备制造企业面临急剧变革的产业环境和持续涌出的产品新需求，企业如果不能及时调整战略规划与商业模式，不仅会影响未来的生产经营，甚至会被快速变化的市场淘汰。企业只有及时捕捉外部竞争环境的动态变化并及时做出反馈，识别商业机会，才能不断提高企业的盈利能力。企业利用数字化技术与外部环境形成良性互动，整合资源来对外部环境变化做出及时反馈，提高战略灵活性，形成客户画像，挖掘潜在信息并对未来的市场需求做出合理的预测，以在激烈的竞争中取得先机，最终实现商业模式的创新。由此可见，商业模式创新是中国海洋能装备制造关键技术创新柔性机制持续运行的保证。

环境动态性反映了企业所处的环境中各种要素难以判断的变化趋势和变化速度，这些要素变化既包括企业内部的组织变革、产品和服务创新以及技术升级等重要因素改变发生方向和速度，也包括企业外部环境中所要面对的市场竞争对手、产业链合作企业以及目标客户等重要因素行为在某一时间段内的变化趋势和变化速度。根据企业内外部环境中各种要素的变化特点，可以分为高动态环境与低动态环境。高动态环境的特点是各种要素的改变趋向难以预测，变化剧烈，客户不断出现新的需求，竞争者不断创新产品与服务；而低动态环境中各种要素的状态较为稳定，产品与服务的需求一段时期内不会出现剧烈改变。低动态环境为企业提供了一个较为温和的发展空间，外部环境对企业动态能力的要求较低，市场需求对企业的产品创新能力也没有太多要求，因此企业的压力较小，对于创新柔性这一能力的培养也较为缓慢。而当企业处于高动态环境中时，来自客户需求变化和市场中竞争对手倒逼的压力，企业需要培养创新柔性与环境中各要素建立联系，捕捉各种要素变化趋势与变化幅度并快速做出反应来满足客户需求，以提高市场竞争力。企业通过整合内部资源，及时调整资源配置，来匹配创新柔性的需求，并在这一过程中实现企业由传统制造向智能制造升级。由此可见，环境动态性是中国海洋能装备制造关键技术创新柔性机制运行高效的催化剂。中国海洋能装备制造关键技术柔性创新机制如图 8-4 所示。

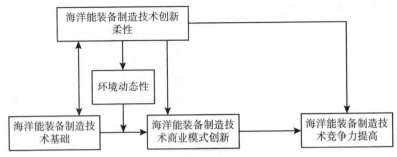

图 8 - 4　中国海洋能装备制造关键技术柔性创新机制构建图

8.3.2　中国海洋能装备制造关键技术柔性创新因素变化趋势

基于所构建的海洋能装备制造关键技术柔性机制模型，进一步分析中国海洋能装备制造关键技术柔性创新因素变化趋势。

第一，具备良好的海洋能装备制造技术基础，一方面，能够给海洋能装备制造柔性创新提供一定的技术支持，增加企业的创新动力；另一方面，当柔性创新动力增加后，海洋能装备制造技术基础又得到了一定的提高。

第二，当商业模式得到创新后，会给海洋能装备制造业提供经济保证。资金是柔性创新的保证，而不断的柔性创新又为企业创造资金，加大海洋能装备制造业攻克关键技术的资金投入，为攻克海洋能装备制造关键技术、提高竞争力提供保证。

第三，当处于高动态市场环境时，一方面，对海洋能装备制造创新能力要求就会有所提高，一定程度上对海洋能装备制造进行柔性创新带来了强制性；另一方面，市场对产品要求提高，柔性创新后带来的产品更能满足市场需求，从而为海洋能装备制造业带来经济效益。

8.4　中国海洋能装备制造关键技术的预见与前景

8.4.1　中国海洋能装备制造关键技术预见

依托于前文研究结果，中国海洋能装备制造应重点发展潮汐能电站以及海洋温差能电站，加大制造业柔性创新能力，着重关注水轮机制造技术、蒸发器制造技术、热交换器制造技术、冷却管制造技术、汽轮机制造技术、发电机制造技术，关注相关装备的抗腐蚀性、抗高温性、生态保护、质量控制、安全性这五方面功效的发展。德国"工业 4.0"计划、美国的"工业互联网"、日本"工业复兴计划"、欧盟"2020 增长战略"都提出制造业向智造化转型的重要性，而我国的《中国制造 2025》明确指出了智能制造与制造业结合是制造业未来发展方向。海洋能装备制造技术想要得到更好的发展，就必须顺应时代潮流，在智能制造背景下，向智能化装备转型。由于工业软件、工业物联网、工业机器人三项智造化技术对中国新能源装备制造面向智能制造转型具有重要作用[155]。因此，可利用这三项智造化技术实现中国海洋能装备制造抗腐蚀性、抗高温性、生态保护、质量控制、安全性等技术功效的发展，并促进中国海洋能装备实现智造化转型。

为进一步分析工业软件、工业物联网、工业机器人智造化技术如何实现中国海洋能装备制造技术主要功效，明确这三项智造化技术各自的主要技术对于实现中国海洋能装备制造技术主要功效十分重要。利用专家调查法，结合搜集相关文献资料，分析工业软件、工业物联网、工业机器人智造化技术在海洋能装备方面的功效应用，分析结果如表 8 – 3 所示。

表 8 – 3   智造化技术对于中国海洋能装备制造重要功效实现的影响

智造化技术	主要技术	实现海洋能装备功效应用
工业软件	嵌入式软件技术	—
	非嵌入式软件技术	抗腐蚀性、抗高温性、生态保护、质量控制、安全性装备制造设计
工业物联网	传感器技术	对所设计的海洋能装备实现测试与自动控制
	设备兼容技术	—
	网络技术	高可靠性、高实时性以及高安全性进行数据传输
	信息处理技术	对数据进行高效处理
	安全技术	确保数据采集过程中准确无误
工业机器人	可编程技术	将中国海洋能装备制造柔性化发展
	拟人化技术	利用智造化机器人力传感器、负载传感器、视觉传感器等拟人化技术适应海下作业环境
	机电一体化技术	利用微电子技术、计算机技术优化海洋能装备制造技术

结果显示，中国海洋能装备制造可以应用于非嵌入式软件技术进行相关功效的海洋能装备设计；应用传感器技术、网络技术、信息处理技术以及安全技术将海洋能装备制造过程中涉及的数据进行搜集、整理与监控，确保海洋能装备制造的精密性、保质性以及安全性；工业机器人

智造化技术所涉及的可编程技术、拟人化技术以及机电一体化技术在整个海洋能装备制造的过程中可优化海洋能装备制造技术。由此可见，非嵌入式软件技术、传感器技术、网络技术、信息处理技术、安全技术、可编程技术、拟人化技术、机电一体化技术，对中国海洋能装备制造实现重要功效有很大的影响，而各项智造化技术的未来发展程度，直接决定了其对中国海洋能装备制造影响的程度。本书通过进一步研究这八项智造化技术的未来发展趋势，旨在为中国海洋能装备智造化转型发展提供借鉴。

本书采用生长曲线法研究这八项智造化技术未来发展趋势。生长曲线预测法是指利用生长曲线模型，观测所预测事件的一组数据随时间的变化符合生长曲线的规律，以此预测事件的发展。生长曲线预测模型有多种类型，包括多项式增长曲线、简单指数曲线、修正指数曲线、Gompertz 曲线等。本节选取 Gompertz 曲线模型进行研究，研究方法如下。

利用公式：

$$y_{ti} = Ka^{b^i t}\left[\,i = (1,\ 2,\ \cdots,\ 8)\,\right] \tag{8.15}$$

y_{ti}——各类智造技术相关专利数量

K、a_i、b——常数

其中，数字 1～8 分别代表非嵌入式软件技术、传感器技术、网络技术、信息处理技术、安全技术、可编程技术、拟人化技术、机电一体化技术，求出本次研究中涉及的智造技术未来发展曲线。

通过对数求解：

$$\ln\hat{y}_{ti} = \ln K + (\ln a_i) b_i^t \tag{8.16}$$

$$S_{1i} = \sum_{t=n+1}^{n} \ln y_{ti} \tag{8.17}$$

$$S_{2i} = \sum_{t=n+1}^{2n} \ln y_{ti} \tag{8.18}$$

$$b_i = \left(\frac{S_{3i} - S_{2i}}{S_{2i} - S_i}\right)^{\frac{1}{n}} \tag{8.19}$$

$$\ln a_i = (S_{2i} - S_i)\frac{b_i - 1}{b_i(b_i^n - 1)^2} \tag{8.20}$$

$$\ln K_i = \frac{1}{n}\left(S_i - \frac{b_i(b_i^n - 1)}{b_i - 1} \times \ln a_i\right) \tag{8.21}$$

$$a_i = e^{\ln a_i} \tag{8.22}$$

$$K_i = e^{\ln k_i} \tag{8.23}$$

本次研究对 2000～2020 年相关专利数量进行统计，经人工筛选后，求解（如表 8-4 所示），在模型计算过程中，发现现阶段中国所涉及的非嵌入式软件技术相关专利较少，无法支撑此次技术生长曲线研究，但是这也说明了本技术下一阶段应得到重点关注。

表 8-4　　　　　　中国海洋能装备制造智造化技术相关系数表

	a_i	b_i	K_i
第一组	—	—	—
第二组	$a_2 = 0.001$	$b_2 = 0.696$	$K_2 = 3\ 608.329$
第三组	$a_3 = 0.0005$	$b_3 = 0.501$	$K_3 = 21.589$
第四组	$a_4 = 0.0006$	$b_4 = 0.501$	$K_4 = 28.905$
第五组	$a_5 = 25.179$	$b_5 = 1.063$	$K_5 = 1.016$
第六组	$a_6 = 0.005$	$b_6 = 0.857$	$K_6 = 51.265$
第七组	$a_7 = 1.200$	$b_7 = 1.131$	$K_7 = 2.693$
第八组	$a_8 = 0.055$	$b_8 = 0.828$	$K_8 = 106.059$

以专利数量代表技术发展情况，依托技术生命周期图，结合技术专利生长曲线图，分析技术发展所处阶段，技术生命周期如图 8-5 所示。根据上述数据绘制中国海洋能装备制造关键技术分析图如下，横轴代表时间，纵轴代表相关的专利数量。

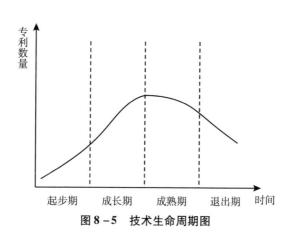

图 8-5　技术生命周期图

根据上述数据绘制中国海洋能装备制造关键技术分析图如下（见图 8-6 至图 8-12）。其中，传感器技术未来发展分析如图 8-6 所示。依托技术生命周期图分析发现，当前传感器技术已经经历了技术起步期、成长期，在 2002 ~ 2014 年实现高速发展，目前已经逐步进入平稳阶段，市场需求有所下降，但结合传感器技术当前市场情况，未来 5 ~ 10 年市场前景良好。总体来看，传感器技术涉及的相关专利数量较多，可见传感器技术发展基础较好，市场需求较大。传感器技术水平的高低是衡量科学技术现代化程度的重要标志，是新技术革命的重要基础。实现传感器技术在海洋能装备制造发展中的有效应用，有利于提高海洋能装备制造自动控制水平和测试技术，感受人的感官不能感受到的外界信息，增加海洋能装备制造运行过程中信息获取的途径与可信度，从而使中国海洋能装备制造稳定地运行与发展。

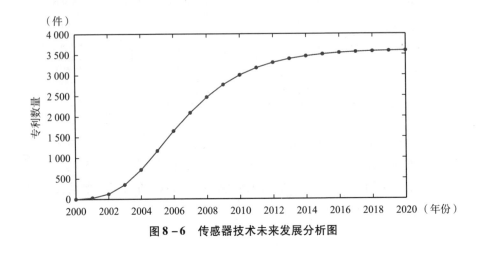

图 8 - 6　传感器技术未来发展分析图

网络技术未来发展分析如图 8 - 7 所示。促进网络技术在海洋能装备制造发展中的应用，有利于提高海洋能装备制造运行过程中的数据传输以及数据处理速度，提高海洋能装备制造运行效率和安全性。依托技术生命周期图分析发现网络技术经历了技术起步阶段，在 2001 ~ 2009 年实现了技术的高速发展，近年来，网络技术发展已经进入平稳时期。从总体来看，网络技术相比较传感器技术发展而言，进入平稳时期更长，但专利数量仍较少。原因可能是由于前期对网络技术发展重视程度不够。近年来，专利数量虽有提高，但专利总量仍较少，还需进一步宣传并鼓励其发展，提高中国海洋能装备制造的现代化程度，更大范围、更高效率、更加精准地优化海洋能装备制造生产和服务过程中的资源配置，打造人、机、物全面互联的新型网络基础设施，形成智能化发展的新兴业态和应用模式。

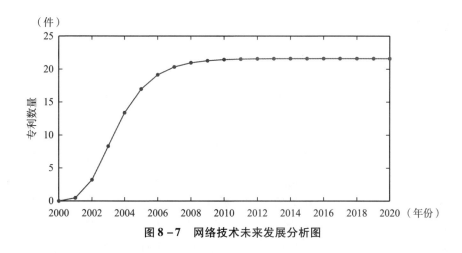

图 8-7　网络技术未来发展分析图

信息处理技术未来发展分析如图 8-8 所示。依托技术生命周期图，分析发现，信息处理技术与网络技术发展趋势较为接近，专利数量也相差不多，自 2000 年逐渐起步，2002～2010 年实现专利数量快速增长，近年来数量增长幅度不大。因此，从技术发展趋势上看，信息处理技术虽然已经进入平稳阶段，但技术缺口仍较大，需要提高相关单位重视程度，以政策激励其发展，使海洋能装备制造研发、运行过程中，决策者与经营者能够快速有效地处理海量和复杂的数据，从中筛选有效信息，提高信息利用效率。并利用"人工神经网络"等新型智能信息处理系统，处理不完善、不准确以及模糊的信息，通过联想记忆，从部分信息中获得全部信息，实现海洋能装备制造服务过程中信息接收的全面性，促进中国海洋能装备制造安全运行。

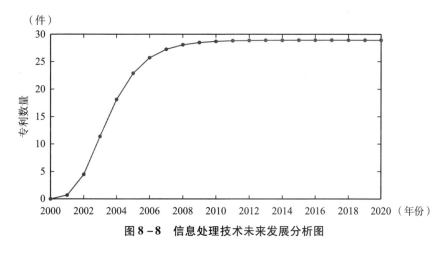

图 8-8　信息处理技术未来发展分析图

安全技术未来发展分析如图 8 - 9 所示。海洋能装备制造运行安全稳定以及确保数据采集过程中准确无误，是提高海洋能开发利用效率，保障海洋能装备制造高质量发展的必要前提。因此，将智能化安全技术与海洋能装备制造发展相融合，对于中国建设海洋强国有重要意义。参照安全技术未来发展分析图发现，安全技术在 2012 年才进入起步阶段，近年来专利数量增长较快，且技术当前总体仍处于高速增长阶段，市场发展前景较好。从总体来看，专利数量较多，可见安全技术在海洋能装备制造发展中的重要性，是海洋能装备制造智能化技术未来发展的主要方向。未来应更加重视海洋能装备制造相关的安全技术研发，提高中国海洋能装备制造运行安全，实现海洋能装备制造核心技术自给自足，以打破垄断、满足需求、自主创造、拓展市场为目的，建立全新的产业体系，最终实现海洋产业装备从生产到"智造"的转变。

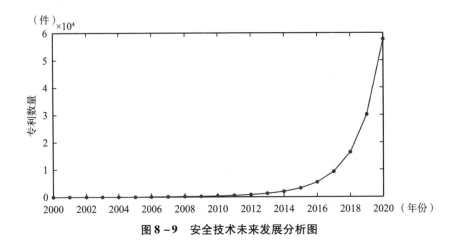

图 8 - 9　安全技术未来发展分析图

可编程技术未来发展分析如图 8 - 10 所示。依托技术生命周期图分析发现，当前可编程技术相关专利数量较少，2000 年进入起步阶段，2003年至今，技术总体仍处于高速发展阶段，未来前景较好。究其原因，当前以数控技术为中心的高效柔性制造技术是加工技术发展的主流，有利于在多品种变批量的市场需求条件下实现响应敏捷化、运行智能化和效益最优化。可编程技术的发展，有利于中国海洋能装备制造技术适应制造业高效柔性化发展趋势。因此，下一阶段，各单位应继续加大可编程技术研究的重视力度，提高研发资金投入，促进可编程技术与海洋能装备制造发展相融合，实现中国海洋能装备制造相关行业柔性化发展，提高应对突发情况的能力，快速应对变化做出调整，超越环境创造价值，缩小国际差距甚至实现"弯道超车",建设海洋强国。

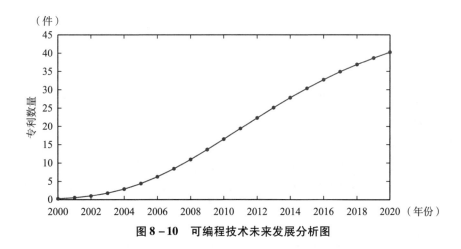

图 8 - 10 可编程技术未来发展分析图

拟人化技术未来发展分析如图 8 - 11 所示。拟人化技术与可编程技术发展阶段类似,2000 年进入起步阶段,2010 年至今,专利数量仍处于快速增长阶段,市场前景较好,但总体来看专利数量较少,仍需要进一步提高各单位对拟人化技术在海洋能装备制造中应用的重视程度。利用智造化机器人力传感器、负载传感器、视觉传感器等拟人化技术适应海下作业环境。一方面,海洋能装备制造工作环境多在海下,环境较为艰苦,人力劳动危险性较大,且效率较低,而拟人化技术的发展有利于利用智能化机器在海下作业,降低人力工作危险。另一方面,利用智能化机器进行海下作业,有利于降低海洋能装备建造和运行成本,提升海洋能装备的可靠性、稳定性及可维护性,进而提高海洋能装置转换效率。

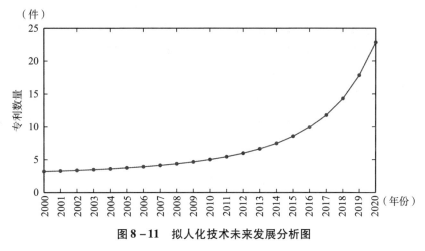

图 8 - 11 拟人化技术未来发展分析图

机电一体化技术未来发展分析如图 8 - 12 所示。机电一体化技术总体专利数量不多,自 2000 年至今一直处于专利数量快速增长阶段,市场前景较好。未来还应提高相关单位对海洋能装备制造机电一体化技术应用的重视以及资金投入力度,将机械技术、电工电子技术、微电子技术、信息技术、传感器技术、接口技术、信号变换技术等多种技术进行有机结合,并综合自动化技术、数字化技术以及智能化技术应用到海洋能装备制造研发与服务中,打破时间和地域的限制,改善海洋能装备制造领域的技术结构、产品构成及生产管理方式,提高海洋能装备的功能以及可靠性等。实现主力装备结构升级,突破重点新型装备,提升设计能力和配套系统水平,形成现代化海洋能装备制造体系。

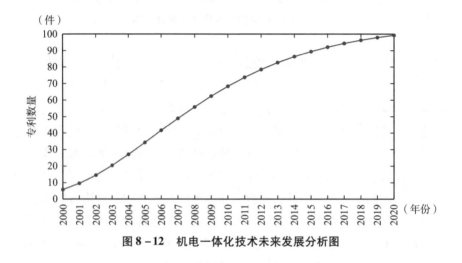

图 8 -12　机电一体化技术未来发展分析图

中国海洋能装备制造与智造化技术应用的有效结合,有利于中国海洋能装备制造快速发展。工业软件技术、工业物联网技术和工业机器人技术作为智造化技术中的核心技术,其未来发展对中国海洋能装备发展有很大的影响。明确这三项智造化技术中主要技术的未来发展前景,对中国海洋能装备制造发展的影响十分重要。《中国制造 2025》能源装备实施方案中提出,中国海洋能装备应从技术攻关、试验示范以及应用推广三个方面发展。因此,2025 年是中国海洋能装备制造发展的关键节点,对这一时期的海洋能装备制造发展进行技术规划十分重要。

下一阶段,中国海洋能装备制造将着重发展潮汐能电站制造技术以及海洋温差能电站制造技术,不断扩大其生产规模,提高发电效率,并逐渐向智造化生产转型。依托于工业软件、工业物联网、工业机器人三项智造化技术，优化中国海洋能装备制造，提高其抗腐蚀性、抗高温性、生态保护、质量控制以及安全性能。

8.4.2 中国海洋能装备制造关键技术发展前景

8.4.2.1 中国海洋能装备制造未来发展方向以及关键技术

潮汐能作为可再生能源，具有清洁、无污染等特点，潮汐能发电符合绿色低碳发展要求。作为海洋能另一种形式的海洋温差能具有随时间变化相对稳定的特点。我国潮汐能与海洋温差能储量相对较大，从技术差距、各领域关注程度等不同角度综合分析，与其他类型海洋能电站比较而言最具发展前景。因此，应将潮汐能电站与海洋温差能电站作为重点海洋能电站发展。就潮汐能电站的发展而言，水轮机制造技术十分重要，应作为关键技术进一步发展；海洋温差能电站的工作原理决定了蒸发器制造技术、热交换器制造技术、冷却管制造技术、汽轮机制造技术和发电机制造技术的重要性，应将其作为海洋温差能装备制造未来发展的关键性技术。

8.4.2.2 中国海洋能装备制造关键技术所关注的重点功效

无论是潮汐能电站，还是海洋温差能电站，由于其在水下作业的特殊性，其技术功效要求也有所不同，应用词频分析技术与专利分析技术综合分析并构建技术功效矩阵后，抗腐蚀性、抗高温性、生态保护、质量控制和安全性，是中国海洋能装备技术未来发展技术功效所应关注的重点。

8.4.2.3 中国海洋能装备制造关键技术转型升级

无论是《海洋可再生能源发展"十三五"规划》，还是《中国制造2025》，都指明了在中国处于装备制造和能源革命迈向智能制造交汇点的此刻，中国海洋能装备技术向智造化转型升级成为必然趋势。为了中国海洋能装备进一步发展，应积极跟随智能制造步伐，将智造化技术引入中国海洋能装备制造中。

8.4.2.4 智造化技术选择与中国海洋能装备未来发展

工业软件、工业物联网和工业机器人作为新能源装备制造智造化核心技术，对中国海洋能装备技术智造化转型具有极大的影响。分析发现，非嵌入式软件技术、传感器技术、设备兼容技术、网络技术、信息处理技术、安全技术、可编程技术、拟人化技术和机电一体化技术，对中国海洋能装备制造智造化转型有一定的促进作用。利用非嵌入式软件技术进行中国海洋能装备技术设计，并在模拟仿真后进行大规模投产；传感器技术、设备兼容技术、网络技术、信息处理技术和安全技术可分别用来进行信息数据的搜集、处理、分析与传输；可编程技术、拟人化技术和机电一体化技术，用来对中国海洋能装备制造进行优化；采用柔性化设计，利用拟人化机器人技术进行系统监测生产，最终达到人机一致，并推广使用。研究发现，安全技术、拟人化技术、可编程技术以及机电一体化技术发展空间较大，在下一阶段将会高速发展。相对而言，传感器技术、网络技术、信息处理技术发展较为缓慢，已经达到技术成熟阶段。但网络技术与信息处理技术在教育发展、人才引进、资金投入等方面仍具有一定的发展空间。

8.5 本章小结

潮汐能电站及海洋温差能电站有较为广阔的发展前景，但中国海洋潮汐能在装备制造与技术发展方面仍有不足，潮汐能资源发展潜力方面的社会认识、战略规划和体制机制构建仍然有待完善，对于潮汐能这一新型能源的可利用水平评估和潮汐能电站这一新能源装备的效率检验也需要进一步提高。海洋温差能资源储量与全球储量相比，具备一定的开发利用潜力，但国内温差能电站装备技术仍不成熟，工作过程和工作环境对温差能电站装备技术提出了较高的要求。因此，除了潮汐能电站装备制造应关注的社会认识、战略规划和体制机制构建等方面的问题以外，为了保障中国海洋能装备的高质量发展，既要追求经济效益，也要提高各项装备技术的质量控制与生态保护性能。与此同时，依托《中国制造 2025》发展要求与规划，借鉴国外海洋能装备制造发展经验，应将工业软件、工业物联网、工业机器人等智能制造相关技术与中国海洋能装备制造有效结合，实现中国海洋能装备智造化转型。

第9章　中国海洋能装备制造技术路线图

中国正逢能源高消耗时期，开发清洁能源成为保护环境的主要手段。海洋能具有清洁、可再生等特征，发展海洋能装备制造有利于实现中国低碳发展目标，而清晰可行的技术路线图有利于指引中国海洋能装备制造的发展。通过对国内外主要海洋能装备制造技术研究进行检索与分析，分别绘制包括材料、技术、影响因素、产品、目标以及应用的六层技术路线图，实现装置运行优化设计，为海洋能装备制造技术的发展提供参考与借鉴。鉴于海洋盐差能装备制造技术的相关文献较少，所以本研究只对潮汐能装备制造、波浪能装备制造、潮流能装备制造及海洋温差能装备制造技术路线图进行研究。

9.1　中国海洋能装备制造技术路线图的愿景与制定方法

9.1.1　中国海洋能装备制造技术路线图制定动因

中国是能源消耗大国，能源供应短缺以及价格上涨制约着经济发展，过度的能源消耗对生态环境也造成了严重污染。海洋能作为一种可再生、环保的新型能源，它的开发以及应用将有助于中国改善能源结构、保障能源供给、加快海岸和海岛经济的可持续发展。身为《中国制造2025》关键领域的海洋工程装备制造业，在中国发展战略新兴工业中占有举足轻重的地位，也是装备制造业的重点发展方向，更是中国实施海洋强国战略的重要依据和支撑。发展海洋能装备制造技术，为高效、快捷地利用海洋能奠定了基础；合理的海洋能规划，有利于推进海洋产业结构调整，缓解转型升级压力，解决部分海洋产业产能过剩以及自主创新和技术成果转化能力不足等问题。

游亚戈等（2010）全面地分析与评估了各类海洋能装备制造技术、特点和现状，并对海洋能装备制造今后的发展趋势进行了科学的预测和规划，有助于促进该产业的发展与创新[156]。杨和舒等（Yang and Shu et al.，2012）则通过对海洋能装备的优化设计，指出水轮发电机组能够使装备发电更加高效[157]。张理等（2016）和王等（Wang et al.，2015）对潮汐能装备制造的发展现状、核心技术、应用前景等进行了研究，阐明了效率对于海洋能装备捕获能量的重要意义[158~159]。刘明君等（2016）和冯建军等（2019）对潮汐能发电装备的可靠性进行了研究，并提出利用数值模拟等方法对潮汐能发电装备进行技术评价和优化，既可以提高装备的发电效率，又可以确保装备的发电品质[160~161]。莫佐格希等（Mzoughi et al.，2017）和马尔科斯等（Marcos et al.，2018）则提出优化波能转换器尺寸能够有效提高装置的发电效率[162~163]。王项南等（2018）提出了合理、可行的潮汐能设备发展计划，对优化海洋能源设备生产工艺、改善设备性能、提高发电品质具有重要意义[164]。张等（Zhang et al.，2019）通过对海上温差能设备的优化选址问题的探讨，阐明了保障设备生产安全、稳定的重要意义，并提出了开展海洋温差能设备生产研究的必要性[165]。国内外学者肯定了海洋能装备制造技术在产业发展中的重要作用，同时指出提高装置发电和捕能效率、保证装置运行稳定等是海洋能装备制造技术发展的主要目标。对于海洋能的开发与应用，虽然得到了学术界的广泛关注，但鲜有关注整体规划问题，故对于海洋能装备制造的整体规划尚未形成全面系统的战略指导。针对各种各样的海洋能，装备制造在不同领域的发展情况也不尽相同，其整体规划的难度可见一斑。因此，分析国内外各类型海洋能装备制造技术的发展情况，绘制其相关技术路线图，识别海洋能装备制造发展的重要领域，指明海洋能装备制造发展的关键技术及发展路径，对中国海洋能的开发和利用具有重要意义。

9.1.2　中国海洋能装备制造技术发展的愿景

技术路线图是指通过简洁的图形、表格和文字等形式来描述技术变化的步骤或技术相关环节之间的逻辑关系。愿景是一个组织对不确定的未来所做出的合理的、有阶段性的设想，是将来努力并期望能完成的理想计划[155]。在研究中国各类型海洋能装备制造技术路线图之前，明确中国各类型海洋能装备制造技术发展的愿景尤为重要。海洋能开发利用的前景十分可观，因而，其技术发展远期愿景的重要性显而易见。在努力实现愿景的过程中，利益相关者以特定的使命为驱动，不断追寻发展目标和方向，从而有效地执行战略规划。在愿景的指导下，首先，总结中国各类型海洋能装备制造领域的发展趋势，提炼出中国各类型海洋能装备制造技术具备的基本特征，通过对特征指标化，将这些指标进行分类，便于对中国不同的海洋能装备制造核心技术进行辨别，跟踪中国不同类型海洋能装备制造技术发展脉络。其次，引入客观数据集，追踪技术的演化进程、应用情况及主要市场，并将各类型海洋能装备制造技术的国内外发展情况进行对比，通过与技术成熟度发展规律的结合，合理预测中国各类型海洋能装备制造技术的实现时间及技术发展路径。最后，将中国各类型海洋能装备制造技术以发展路线图的形式表示出来，以视图化的形式展现出核心技术的发展路径，分别展示中国各类型海洋能装备制造技术的发展趋向，科学规范中国各类型海洋能装备制造技术的发展过程。

在技术识别方面，词频分析法十分有效，它是通过对一个特定领域内可以反映其主题的关键词或主题词的频率进行统计，从而确定此领域的研究热点和发展趋势。本研究以词频分析技术呈现中国海洋能装备制造技术的发展愿景，基于 CNKI 数据库，分别以"海洋能技术""海洋能装备""装备制造业 + 海洋能"为主题词，选取 2001～2021 年为时间区间，利用高级检索，剔除与此次调查主题不相关或重复的文献，共得到 201 条结果。在此基础上，以 EndNote 格式作为文献统计数据的依据，以 SATI 软件为基础，采用词频分析技术，对样本中的关键词进行词频统计，并采用 Ucine 软件进行合适的格式变换，将其导入 NetDraw，以产生关键词矩阵，如图 9 - 1 所示。

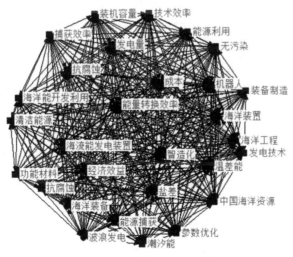

图 9 - 1　关键词矩阵图谱

根据频次统计结果及关键词矩阵图谱，结合相关文献资料以及专家经验，最终确定中国海洋能装备制造技术的发展愿景，即中国海洋能设备的生产技术发展目标应该是以高效、安全、稳定地开发海洋能资源为前提，注重提高能源的获取与使用效率，确保设备的稳定运行，并合理地控制成本。在制造业面向智能制造发展的过程中，海洋能装备制造业更应不断提高自身创新能力，实现智能化转型升级。

9.1.3 中国海洋能装备制造技术路线图制定方法

技术路线图是管理研发计划以及确定公司、各级政府机构和其他组织未来技术进步的工具之一，具有前瞻性与预见性。它可以通过时间可视化地显示产品或技术的演变与机会，为产业发展提供合理的资源分配。因此，在产业技术、资源和市场实现科学和合理的分配方面，绘制技术路线图具有积极意义。

学术界已有较多学者通过绘制技术路线图识别相关产业关键技术，探究产业技术的发展路径。王仰东等（2010）和李剑敏等（2017）指出，识别产业关键技术、绘制产业技术路线图有利于推进产业技术的创新与发展[166~167]。阿巴斯等（Abbasi et al.，2017）则以新兴产业为研究对象，指出绘制技术路线图有利于指明产业新技术及商业模式等的发展方向[168]。李和格姆（Lee and Geum，2017）指出，绘制技术路线图应该结合技术、产品等不同的定义进行分层研究[169]。可见，识别产业关键技术、绘制产业技术路线图，有利于推进产业技术创新与发展，但目前许多技术路线图的绘制方法存在过分依赖专家意见等问题。

现有研究证实 SAO 结构分析方法可以有效避免专家意见的主观性，同时实现技术路线图的分层研究。郭俊芳等（2016）证实了运用文本挖掘技术和 SAO 结构分析方法绘制技术路线图的可行性，并指出在定义技术形态时该方法可以有效减少对专家知识的依赖[170]。汪雪锋等（2015）基于 SAO 结构分析法，通过对染敏太阳能电池的技术、产品等六个层面的研究，绘制出技术路线图，在此基础上，明确了本领域技术开发的驱动力，并指出了具体的技术开发途径[171]。李乾瑞等（2018）指出，提取和分析文献标题及摘要中的 SAO 结构，绘制技术路线图，能够有效识别可行的技术方案及技术机会[172]。专家学者们已经证实将 SAO 结构分析应用于技术方案评估及技术路线图绘制的可行性，因此，本研究基于国内外不同类型海洋能装备制造技术发展情况的相关文献，在参考现有研究方法的基础上，利用 SAO 文本挖掘方法对相关文献的摘要、引言以及结论进行分析，保证了技术路线图绘制的合理准确。通过对比国内外研究的现状，识别出主要海洋能装备制造发展的重要方向，指明了海洋能装备制造的关键技术及发展路径，并为海洋能装备制造技术的发展提供了行动路线图。

9.2 中国潮汐能装备制造技术路线图

9.2.1 制定中国潮汐能装备制造技术路线图的理论及步骤

了解中国潮汐能装备制造技术的发展情况，有利于更有针对性地弥补潮汐能装备制造技术以及管理层面的不足，而国际上潮汐能装备制造技术先进国家的开发经验能够为中国潮汐能装备制造技术的发展提供战略规划借鉴。因此，基于国内外潮汐能装备制造技术的发展情况，制定潮汐能装备制造技术路线图，更为贴近产业实际发展的现实情况。通过采取数据挖掘技术与 SAO 结构分析相结合的方式，分析了国内外潮汐能装备制造技术的发展差距、关注热点以及发展不足，并构建出中国潮汐能装备制造技术路线图。具体流程如下。

9.2.1.1 下载相关数据

确定潮汐能装备制造技术检索主题词：以潮汐能、装备制造、潮汐能装备、"tidal power"、"equipment manufacturing"、"tidal power equipment"为检索主题词。选取中国目前最大的学术电子资源数据库——知网（CNKI）以及国际综合性、多学科、核心期刊引文索引数据库 Web of Science 为此次论文数据检索数据库。主题词设定：潮汐能、装备制造、潮汐能装备。筛选条件设定：CNKI 数据库，检索条件设定为文献来源类别 SCI、EI、CSSCI、CSCD；Web of Science 数据库进行主题词检索，检索后按照国家来源，将除了中国以外其他排名前四的国家作为筛选条件，时间筛选条件均设定为 2001～2021 年。检索后，由三位课题组人员进行交叉检查，剔除冗余文献以及与主题不相关文献，据此作为最终研究分析的文献数据。

9.2.1.2 SAO 结构提取与修正

基于上述检索并筛查出的文献数据，利用 eclipse 与 Stanford parser 软件，提取文献摘要、引言以及结论，实现 SAO 语义结构分析，并通过咨询专家以及查阅文献书籍等方式，实现语义结构分析的人工修正。

9.2.1.3　进行频次统计

依据 SAO 结构提取的结果，根据重要的时间节点，分析中国潮汐能装备制造技术发展的关键材料、技术、发展的主要影响因素、未来发展目标以及现有潮汐能装备制造产品及应用领域。

9.2.1.4　按照路线图制定的六个层次

从材料、技术、影响因素、产品、目标、应用六个方面，利用语义分析法对潮汐能装备制造技术相关内容进行划分。技术路线图各层含义说明如表 9 - 1 所示。

表 9 - 1　　　　　　　　　潮汐能装备制造技术路线图各层含义

层次名称	定义	来源
材料	潮汐能装备制造技术方案涉及的关键材料	SAO 结构中的 S
技术	潮汐能装备制造技术问题的解决方案	SAO 结构中的 S
影响因素	潮汐能装备制造面临的关键技术问题	SAO 结构中的 AO
产品	潮汐能装备制造的具体装置或模型等	SAO 结构中的 S
目标	潮汐能装备制造的整体目标	SAO 结构中的 AO
应用	潮汐能装备制造的具体装置或模型应用领域	SAO 结构中的 AO

9.2.1.5　绘制潮汐能装备制造技术发展图

按照上述六个内容比较分析国内外文献的频次统计与层次划分，根据对应的时间节点，绘制 2001 ~ 2021 年潮汐能装备制造技术发展图。

9.2.1.6　绘制技术路线图

依照 2001 ~ 2021 年潮汐能装备制造技术发展图所涉及内容，从关键问题、解决方案以及发展趋势三个方面进一步分析绘制中国潮汐能装备制造技术路线图。

9.2.2　潮汐能装备制造技术发展趋势分析

中国潮汐能装备制造技术研究：按照上述 CNKI 与 Web of Science 数据库检索设定的检索条件，对 2001 ~ 2021 年时间区间内相应的文献进行关键词检索后，人工剔除与主题相关度不大的冗余文献，共得到 111 篇有效文献。在此基础上，利用 eclipse 与 Stanford parser 软件相结合的方式提取 SAO 结构，经过人工修正后，共得到 70 条有效的 SAO 结构数据。经分析词频统计结果发现，"提高装置发电效率""装置优化运行"和"提高装置抗干扰能力"分别位列于中国针对潮汐能发电装置关键问题关注度的前三名,并将SAO语义结构分析所得的"AO"结构串连接的"S",分析三个关键问题所对应的其他内容,结果如表9-2所示。

表9-2 　　　　　　中国潮汐能装备制造关键问题对应解决方案表

S（技术）	AO（关键问题）
（1）实现潮汐能聚能增压;（2）提高潮汐能的能源利用效率,降低海水淡化的能耗成本;（3）降低海水淡化的能耗成本	提高装置发电效率
（1）优化装置运行参数(对比评估潮汐电站环境收益价值范围、分析潮位与运行参数的关系及其变化规律、对原始设计水轮机的灯泡比、导叶安放角、导叶及转轮叶片翼型等进行优化设计);（2）实现机器换人,减轻员工工作强度	装置优化运行
（1）发电装置关键技术安全校核;（2）完善能量管理系统的功能设计;（3）提高电力系统安全性	提高装置抗干扰能力

基于表9-2分析内容,实现中国潮汐能装备制造TRM各层划分,结果如表9-3所示。

表9-3 　　　　　　中国潮汐能装备制造TRM各层信息表

层级的名字	S（技术）
材料	阻力元件
技术	CFD技术;DSEA算法;编制可视化的计算软件;数字孪生仿真;离线仿真;网络分析模型;多维化月周期优化调度模型
影响因素	提高装置发电效率;装置优化运行;提高装置抗干扰能力
产品	孤岛模式运行下的含潮汐发电和电池储能的微电网;海水淡化装置;无限库容模型
目标	提高装置经济效益
应用	山东乳山县白沙口潮汐电站、江厦潮汐试验电站、新安江水电站等

基于9.2.1所描述国际文献检索方法,检索与潮汐能装备制造技术相关的英文文献,筛选整理后,以法国、美国、英国和日本这四个国家的文献作为国外潮汐能装备制造技术研究数据。剔除不符合要求的文献后,共得到135篇英文文献,121条SAO结构,如表9-4所示。

表 9 - 4　　　　　　　国外潮汐能装备制造关键问题对应解决方案表

S（技术）	AO（关键问题）
（1）electric current goes down and the voltage goes up with the increase of the rotational speed；（2）installing a variable speed hydropower turbine to harness energy from an existing canal lock facility by extracting power during the filling and draining operation using the proposed direct optimal power control method；（3）designed to regulate rotor rate（rpm）	Increase the power generation efficiency of the device
（1）power smoothing control of grid-connected MCT system；（2）VRB sizing and control strategy；（3）combining the maximum power point control and torque control，realized by PI controllers；（4）simple canned' rotor construction to minimise the rotor size and weight and improve reliability	Reliable operation of the device
（1）robust，long lasting，and low maintenance bearing（2）added ability to expand the device and also harvest energy at higher vibration frequencies	Increased tidal energy capture efficiency

基于表 9 - 4 分析内容，实现国外潮汐能装备制造 TRM 各层划分，结果如表 9 - 5 所示。

表 9 - 5　　　　　　　国外潮汐能装备制造 TRM 各层信息表

层级的名字	S（技术）
Material	vanadium redox flow battery（VRB）；polyethylene glycol（PEG）；polycrystalline diamond（PCD）
Technology	torque-based robust feedback demagnetizing control；the rotating shaft is effectively coupled with multiple piezoelectric cantilever beam
Influence factor	increase the power generation efficiency of the device；reliable operation of the device；increased tidal energy capture efficiency
Production	NACA 0014 wing power generator；doubly fed induction generator（DFIG）；Transverse Horizontal Axis Water Turbine（THAWT）
Goal	increase the machine performances and power generation efficiency
Application	uited to relatively small shallow rivers and channels

9.2.3　中国潮汐能装备制造技术路线图的制定

对比分析上表所包含的关键问题、解决方案、材料、技术、产品等信息及其对应的时间，在此基础上进行中国潮汐能装备制造技术发展图（2003～2021 年）的绘制，结果如图 9 - 2 所示。

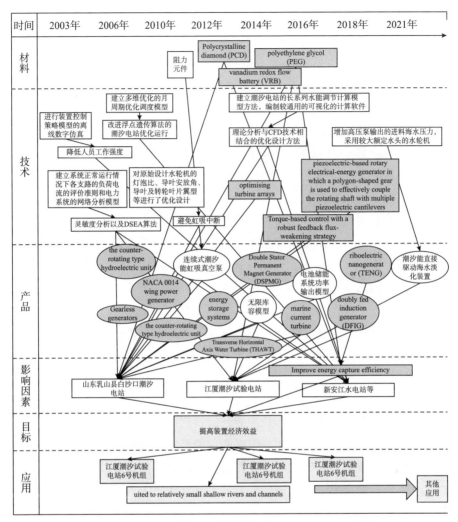

| 时间 | 2003年 | 2006年 | 2010年 | 2012年 | 2014年 | 2016年 | 2018年 | 2021年 |

图 9 - 2　潮汐能装备制造技术发展图（2003～2021 年）

9.2.3.1　关键问题

通过对图 9 - 2 中技术发展路线图的影响因素及目标层信息的分析可知，首先，国内外学者现有针对潮汐能装备制造研究主要集中于如何提高潮汐能装置发电效率。其次，学者们的关注度集中于如何优化装置运行参数，提高设备运行的可行性。最后，由于潮汐能装备多为海下作业，干扰因素较多。因此，提高装置的抗干扰能力对发展潮汐能装备制造至关重要。此外，值得注意的是，国外有较多研究关注于提高潮汐发电装置的能量捕获效率。

9.2.3.2　解决方案

实现潮汐能装备制造高发电效率运行工作主要从加强潮汐能装置收集能量能力，实现多能量转化等方面展开。首先，尽量降低库容限制的影响，利用现代信息技术建立无线库容模型，分析如何实现聚能增压及其主要影响因素，进一步提高这一过程的能量转化效率，并明晰能量转化效率随海水压力变化的规律，据此提高潮汐能装备制造发电效率。其次，通过理论构建模型与 CFD 技术综合分析，实现潮汐能装备制造模拟优化设计，提高潮汐能装置的能源利用效率。最后，降低装置海水淡化成本，也是提高其发电效率的重要途径。

优化装置运行参数，通过预见性维护、完善的警报功能以及降低水下作业人员工作强度等，提高设备运行的可行性以及安全性，保证潮汐能装备发电稳定长久。一方面，通过对比不同潮汐能发电装置环境收益范围、发电装置运行参数、海水潮位以及其他外界环境的关系，据此优化潮汐能装备运行参数。另一方面，通过采用防漏水、坚固抗腐蚀的装备制造材料，保障装置运行安全。此外，现阶段装备智能化发展趋向为潮汐能发电系统优化运行提供了有力支撑。潮汐能发电装置工作人员多为水下作业，工作强度过大，容易造成工作失误，据此抓住装备智能化发展趋势，利用工业机器人等降低员工工作强度。

潮汐能发电装置通过搜集潮汐能量，实现能量转化进而发电，这一过程中有较多的干扰因素。因此，提高潮汐能装置抗干扰能力，有利于进一步促进潮汐能装备制造的发展。主要通过离线数字仿真等技术，实现潮汐能发电装置关键技术安全校核，并完善能量管理系统的功能设计，提高电力系统安全性。

9.2.3.3　发展趋势

通过对潮汐能装备制造技术发展图研究可知，中国潮汐能发电装置出现时间较早，相较于其他海洋能发电装置技术较为成熟，在国际上处于领先地位。但是，如何进一步实现潮汐能装备运行参数优化、降低运行成本，应用更为符合装置发展需求的制造材料，仍是海洋能发电领域的国内外学术界的研究重点。

为了更直观地了解中国潮汐能装备制造技术的未来发展方向，基于上述中国潮汐能装备制造关键问题、解决方案以及技术发展趋势分析，通过系统综合考虑，从市场需求、产业目标、技术发展及物资保障四个方面绘制中国潮汐能装备制造技术的近期（2022～2025 年）、中期（2026～2030年）、长期（2031～2035 年）发展路线图，如图 9－3 所示。

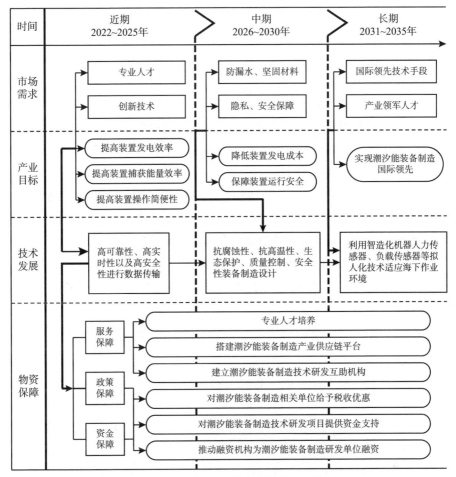

时间	近期 2022~2025年	中期 2026~2030年	长期 2031~2035年
市场 需求	专业人才 创新技术	防漏水、坚固材料 隐私、安全保障	国际领先技术手段 产业领军人才
产业 目标	提高装置发电效率 提高装置捕获能量效率 提高装置操作简便性	降低装置发电成本 保障装置运行安全	实现潮汐能装备制造 国际领先
技术 发展	高可靠性、高实时性以及高安全性进行数据传输	抗腐蚀性、抗高温性、生态保护、质量控制、安全性装备制造设计	利用智造化机器人力传感器、负载传感器等拟人化技术适应海下作业环境
物资 保障	服务 保障 政策 保障 资金 保障	专业人才培养 搭建潮汐能装备制造产业供应链平台 建立潮汐能装备制造技术研发互助机构 对潮汐能装备制造相关单位给予税收优惠 对潮汐能装备制造技术研发项目提供资金支持 推动融资机构为潮汐能装备制造研发单位融资	

图 9-3 中国潮汐能装备制造技术路线图

9.3 中国波浪能装备制造技术路线图

9.3.1 制定中国波浪能装备制造技术路线图的理论及步骤

基于前文所述,采用以数据挖掘技术与 SAO 结构分析相结合的方式,分析国内外波浪能装备制造技术的发展情况,构建中国波浪能装备制造技术路线图。具体流程如下。

9.3.1.1 下载相关数据

确定"波浪能装备制造技术"为检索主题词:以波浪能、装备制造、波浪能装备、"wave energy"、"equipment manufacturing"、"wave energy equipment"为检索主题词。按照前面章节 9.2.1 所提及的相关数据下载办法，下载 CNKI 以及 Web of Science 数据库中相关的文献数据，以此作为中国波浪能装备制造技术路线图研究数据。

9.3.1.2　SAO 结构提取与修正

延续上文所提及的方法，应用 eclipse 与 Stanford parser 软件，将波浪能装备制造相关国内外文献研究的摘要、引言以及结论进行语义分析，并通过专家访问、查阅资料等方式，实现人工修正。

9.3.1.3　进行频次统计

依据波浪能装备制造 SAO 结构提取的结果，根据重要的时间节点，分析中国波浪能装备制造技术发展的关键材料、技术、发展的主要影响因素、未来发展目标以及现有波浪能装备制造产品及应用领域。

9.3.1.4　按照路线图制定的六个层次

对语义结构进行划分，技术路线图各层含义说明如表 9 – 6 所示。

表 9 – 6　　　　　　　　波浪能装备制造技术路线图各层含义

层次名称	定义	来源
材料	波浪能装备制造技术方案涉及的关键材料	SAO 结构中的 S
技术	波浪能装备制造技术问题的解决方案	SAO 结构中的 S
影响因素	波浪能装备制造面临的关键技术问题	SAO 结构中的 AO
产品	波浪能装备制造的具体装置或模型等	SAO 结构中的 S
目标	波浪能装备制造的整体目标	SAO 结构中的 AO
应用	波浪能装备制造的具体装置或模型应用领域	SAO 结构中的 AO

9.3.1.5　绘制潮汐能装备制造技术发展图

按照上述六项内容比较分析国内外文献的频次统计与层次划分，根据对应的时间节点，绘制 2001～2021 年波浪能装备制造技术发展图。

9.3.1.6　绘制技术路线图

依照 2001～2021 年潮汐能装备制造技术发展图所涉及的内容，从关键问题、解决方案以及发展趋势三个方面，进一步分析绘制中国波浪能装备制造技术路线图。

9.3.2　波浪能装备制造技术发展趋势分析

按照上述方法，基于 CNKI 数据库检索中国波浪能装备制造技术相关文献，筛查后共得到 161 篇文献以及 191 条有效的 SAO 结构数据，频次统计分析具体结果如表 9 - 7 所示。

表 9 - 7 中国波浪能装备制造关键问题对应解决方案表

S（技术）	AO（关键问题）
（1）补油装置；（2）发电数据实时无线监控和装置内自动采集及存储；（3）优化装置参数（①对圆柱形浮体的设计及参数优化；②减小浮子阵列中各浮子间的振幅差；③合理的浮体结构和能量转换装置）	提高波能捕获效率
（1）模拟实验台进行仿真研究；（2）提高波能转换效率（①提高波浪滑翔器的续航力及载荷能力；②提高翼推进效率；③实现压力调节以及系统 PTO 阻力矩控制；④开关位置优化）；（3）提高波能吸收效率（①优化布放浮子阵列；②选择恰当的入波相位差）	提高装置发电效率
（1）实验仿真分析；（2）合理配置蓄能器设置补油；（3）密封和防腐材料的选择；（4）准确监测发电装置的发电状态（实施能量跟踪控制策略）	提高装置稳定性及安全性

基于表 9 - 7 中的分析内容，实现中国波浪能装备制造 TRM 各层划分，结果如表 9 - 8 所示。

表 9 - 8 中国波浪能装备制造 TRM 各层信息表

层级的名字	S（技术）
材料	环氧树脂
技术	蓄能器、负载控制及变量液压马达排量控制；优化算法（差分进化算法；水动力学数值计算；CFD 方法进行三维数值模拟）；模拟平台仿真分析（联合仿真模型；AMESim 液压仿真软件；3D 打印）；实施能量跟踪控制策略；双行程做功的液压传动方式
影响因素	提高波能捕获效率；提高装置发电效率；提高装置稳定性及安全性
产品	串联直线发电机；非线性能量俘获机制；补油装置；双行程浮力摆式波浪能捕获装置；张拉整体并联机构；低惯性震荡滑杆式波能装置；磁性驱动器；非坐底式浮力摆波浪能发电装置；纳电网蓄电池；浮体绳轮波浪发电系统；振荡水柱驱动压电发电装置；永磁直线波力发电机；阵列筏式波浪能发电系统
目标	高效率、稳定安全、低成本
应用	鹰式波浪能装置；中国海域常见的小波区域

基于 Web of Science 数据库检索波浪能装备制造相关文献，进行人工筛查后，共得到 125 篇国外波浪能装备制造技术相关文献，从中提取 118 条有效的 SAO 结构数据，频次分析统计如表 9 - 9 所示。

S（技术）	AO（关键问题）
(1) improve the output current density and power density; (2) flywheel inertia, shaft rotation speed, and electrical load are optimized; (3) wave tank testing; (4) eliminate losses due to electromagnetic edge effects; (5) flattening and smoothing of power generation; (6) photovoltaics and wave power generation complement each other fault	Increase output flow rate and power generation
(1) investigate the efficiency of wave energy extraction; (2) optimum design and performance of the prototype (Design adaptive controller; optimize the design of the buoy)	Increase wave energy extraction efficiency
(1) feasibility study; (2) reduce the uncertainly associated with the development of ocean energy resources; (3) condition monitoring and fault diagnosis of marine energy converters	Improve the stability of the device

基于表 9 – 9 中的分析内容，进行国外波浪能装备制造 TRM 各层划分，结果如表 9 – 10 所示。

表 9 – 10   国外波浪能装备制造 TRM 各层信息表

层级的名字	S（技术）
Material	ionic diode; crystals; Dielectric elastomers (DEs)
Technology	piezoelectric harvesting technology; the hydrogel energy harvesting device for efficient mechanical energy harvesting from many common low frequency sources; mathematical models are developed to reveal the critical hurdles that can affect the efficiency of the design a cylindrical floater; numerical simulation; (MPPT) method
Influence factor	increase output flow rate and power generation; increase wave energy extraction efficiency; improve the stability of the device
Production	transducer; a biocompatible and flexible mechanical energy harvesting device; moving linear generator; single-buoy heaving device; wells turbine; floating-buoy wave energy converter (WEC); a whipping energy converter
Goal	provide maximize electricity production
Application	multi-connected' float-counterweight device

9.3.3   中国波浪能装备制造技术路线图的制定

对比分析上表所包含的关键问题、解决方案、材料、技术、产品等信息及其对应的时间，在此基础上进行中国波浪能装备制造技术发展图（2007～2021 年）的绘制，结果如图 9 – 4 所示。

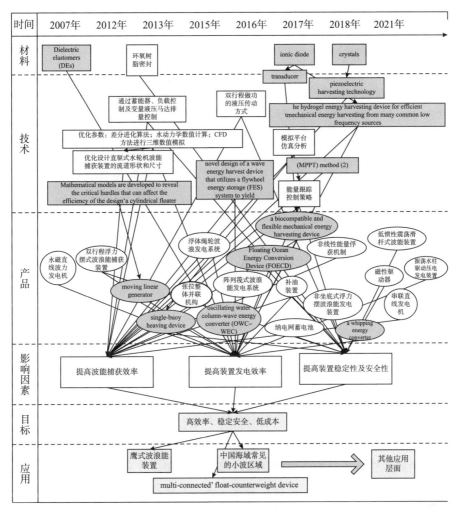

图 9 - 4　波浪能装备制造技术发展图（2007～2021 年）

由波浪能装备制造技术发展图（2007～2021 年）可知：

9.3.3.1　关键问题

由绘制的技术路线图可知，应主要从提高波能捕获效率、提高装置发电效率和提高装置稳定性及安全性三个方面发展波浪能装备制造技术。相比之下，提高波能捕获效率为驱动国内波浪能装备制造技术发展的主要因素，而国外则更多关注提高装置波浪能的吸收与转换效率。

9.3.3.2　解决方案

设置补油装置、对发电数据实时监控以及优化装置参数，可以有效提高波浪能装备的波能捕获效率。其一，利用差分进化算法、水动力学数值计算及 CFD 方法等进行三维数值模拟，对浮体、浮子间振幅差、波能捕获装置流道的形状及尺寸等进行优化，有效地运用多浮摆间的相互作用等，这些方法都能有效地提高装置采能效率。其二，串联直线发电机以提高发电系统自由度、通过非线性能量捕获机制选取稳定平衡位置，能够改善装置捕能效率。另外，设计自适应控制器并利用建模与仿真证明其可行性、把机械能转换为电能及提高装置的性能，也可以提高装置捕能效率。

针对如何提高装置发电效率的问题，应主要从提高波能转换效率与吸收效率、优化装置参数等角度进行考虑。一方面，波翼相位差、飞轮惯性、轴转速、电力负荷、浮子阵列等优化都在一定程度上有利于装置发电效率的提高；另一方面，模拟平台和仿真分析技术在提高装置发电效率的问题上已经得到应用。值得注意的是，国内也注意到装置模拟仿真对装置优化的重要性，但与国外相比，国内应用得相对较晚。另外，通过消除电磁边缘效应造成的损失、平稳装置发电量也可以提高装置发电效率。

状态监测和故障诊断能够有效地保证装置稳定运行，合理配置蓄能器、设置补油装置及改善系统运行时的压力和流量波动，有利于装置发电的平稳连续，实现功率的迅速调整，保证装置的稳定性以及安全性；另外，将定子用环氧树脂密封能够有效防止海水的腐蚀。

9.3.3.3 发展趋势

由波浪能装备制造技术发展路线图分析可知，波浪能发电装置较为成熟，但针对如何更好地优化设计装置、提高装置发电效率、装置捕能效率及保证装置稳定运行等问题仍有待进一步研究。在研究过程中，要充分认识到装置模拟仿真对装置提高发电效率的重要性。另外，密封材料的应用可以提高装置运行的稳定性和安全性。国内对装置发电机研究较多，而国外则更多关注能量转换系统的研究，其丰富经验能够为中国提高波能转换效率的研究提供借鉴。

为了更直观地了解中国波浪能装备制造技术的未来发展方向，基于上述中国波浪能装备制造关键问题、解决方案以及技术发展趋势分析，通过系统综合考虑，从市场需求、产业目标、技术发展及物资保障四个方面绘制中国波浪能装备制造技术的近期（2022～2025 年）、中期（2026～2030年）、长期（2031～2035 年）发展路线图，如图 9-5 所示。

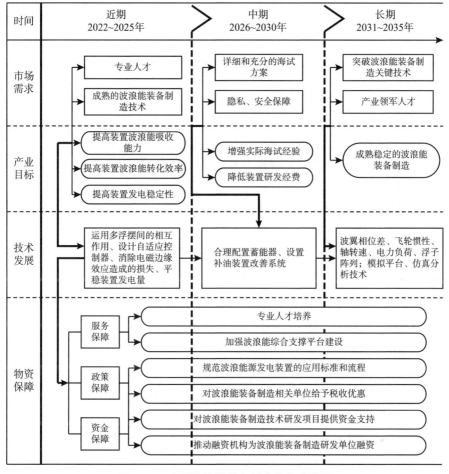

时间	近期 2022~2025年	中期 2026~2030年	长期 2031~2035年
市场 需求	专业人才 成熟的波浪能装备制造技术	详细和充分的海试方案 隐私、安全保障	突破波浪能装备制造关键技术 产业领军人才
产业 目标	提高装置波浪能吸收能力 提高装置波浪能转化效率 提高装置发电稳定性	增强实际海试经验 降低装置研发经费	成熟稳定的波浪能装备制造
技术 发展	运用多浮摆间的相互作用、设计自适应控制器、消除电磁边缘效应造成的损失、平稳装置发电量	合理配置蓄能器、设置补油装置改善系统	波翼相位差、飞轮惯性、轴转速、电力负荷、浮子阵列；模拟平台、仿真分析技术
物资 保障	服务保障 政策保障 资金保障	专业人才培养 加强波浪能综合支撑平台建设 规范波浪能源发电装置的应用标准和流程 对波浪能装备制造相关单位给予税收优惠 对波浪能装备制造技术研发项目提供资金支持 推动融资机构为波浪能装备制造研发单位融资	

图 9-5 中国波浪能装备制造技术路线图

9.4 中国潮流能装备制造技术路线图

9.4.1 制定中国潮流能装备制造技术路线图的理论及步骤

以数据挖掘技术与 SAO 结构分析相结合的分析方法，分析潮流能装备制造技术的国内外发展情况，在此基础上构建潮流能装备制造技术路线图。具体流程如下。

9.4.1.1　下载相关数据

确定潮流能装备制造技术为检索主题词：以潮流能、装备制造、潮流能装备、"tidal water energy"、"equipment manufacturing"、"tidal water energy equipment"为检索主题词。按照前面章节9.2.1所提及的文献数据下载办法，下载潮流能装备制造分析相关文献数据。

9.4.1.2　SAO结构提取与修正

延续上文SAO结构提取与修正方法，利用eclipse与Stanford parser软件对潮流能文献数据中的摘要、引言以及结论进行语义分析，并通过专家访问、查阅资料，实现结构提取以及语义分析的人工修正。

9.4.1.3　进行频次统计

依据SAO结构提取的结果，分析中国潮流能装备制造技术发展情况梳理的主要内容及对应的时间节点。

9.4.1.4　按照路线图制定的六个层次

对语义结构进行划分，技术路线图各层含义说明如表9-11所示。

表9-11　　　　　　　　　潮流能装备制造技术路线图各层含义

层次名称	定义	来源
材料	潮流能装备制造技术方案涉及的关键材料	SAO结构中的S
技术	潮流能装备制造技术问题的解决方案	SAO结构中的S
影响因素	潮流能装备制造面临的关键技术问题	SAO结构中的AO
产品	潮流能装备制造的具体装置或模型等	SAO结构中的S
目标	潮流能装备制造的整体目标	SAO结构中的AO
应用	潮流能装备制造的具体装置或模型应用领域	SAO结构中的AO

9.4.1.5　绘制潮流能装备制造技术发展图

按照潮流能装备制造技术路线图各层含义实现国内外文献各层的频次统计与划分，根据对应的时间节点，绘制2001～2021年潮流能装备制造技术发展图。

9.4.1.6　绘制技术路线图

依照2001～2021年潮流能装备制造技术发展图所涉及内容，从关键问题、解决方案以及发展趋势三个方面进一步分析绘制中国潮流能装备制造技术路线图。

9.4.2 潮流能装备制造技术发展趋势分析

中国潮流能装备制造技术相关文献筛选后共得到 151 篇文献数据，141 条 SAO 结构数据，具体如表 9 - 12 所示。

表 9 - 12 中国潮流能装备制造关键问题对应解决方案表

S（技术）	AO（关键问题）
（1）提高水轮机能源利用率（①降低水轮机的启动流速；②调节叶片数和安装摆角）；（2）装置优化（①优化潮流发电水轮机参数；②使系统的负载特性与叶轮特性达到最佳匹配状态；③优化选取限位角；④优化潮流能涡轮机布局、减少尾流效应）	提高能源利用效率
（1）捕获微弱潮流能；（2）装置参数优化（①对水轮机各项参数进行细致的优化；②优化设计能量捕获机构、机械传动机构及蓄电池储能的电气控制系统；③提升水力翼型的性能）；（3）通过电流控制提高低流速时能量捕获效率	提高能源捕获效率
（1）提高装置性能（①提高机组的疲劳强度，延长机组的寿命；②调节泵排量、负载大小及马达排量；③改善潮流能发电机组的低速启动特性、实现恒功率控制）；（2）开发具有预警功能、故障诊断以及载荷优化控制功能的智能化控制系统、监控系统；（3）为监测设备的电池提供电能补充	保证装置稳定安全

基于表 9 - 12 分析内容，实现中国潮流能装备制造 TRM 各层划分，结果如表 9 - 13 所示。

表 9 - 13 中国潮流能装备制造 TRM 各层信息表

层级的名字	S（技术）
材料	柔性材料制作叶片；非金属新材料；三相二极管；无扭角叶片
技术	流固双向耦合数值方法；系统建模及仿真研究；施加独立变桨控制；Fluent 6.3 软件结合 MRF 模型进行二维数值模拟；PID 控制算法；独立变桨距技术；基于粘性 CFD 理论的多体耦合数值模拟方法；磁力耦合技术；在液压传动系统环节施行容积调速的方法调节叶轮转速和发电机转速；贝塞尔曲线参数化技术；离散粒子群优化算法
影响因素	提高能源利用以及捕获效率；保证装置稳定安全
产品	双通道潮流能发电设备；潮流能透平装置的变桨距系统；增速导流罩；水平轴直驱式表层潮流发电装置；漂浮式潮流电站；垂直轴潮流能转换装置；双水翼耦合振荡捕获潮流能的系统；直驱液压泵控马达变桨距系统；双机组十字叉型立轴潮流能水轮机
目标	提高装置发电效率，运行稳定安全
应用	120 千瓦潮流能发电机组；近海区域往复潮流；作为独立发电装置向海岛地区用户提供电能

基于 Web of Science 数据库，检索国外潮流能装备制造技术相关文献数据，进行人工分析及筛查后，得到 99 篇英文文献以及 74 条有效的 SAO 结构数据，分析结果如表 9 - 14 所示。

表 9 - 14　　　　国外潮流能装备制造关键问题对应解决方案表

S（技术）	AO（关键问题）
（1）output power optimization and adaptive change of the pitch angle control；（2）evaluates a control system designed to regulate the generator rotor rate（rpm）；（3）estimation of the blade loads；（4）behavioral prediction of electrofluid-structural interactions and evaluation of electrical and mechanical behavior of painted FPEDs；（5）The flywheel inertia, shaft rotation speed, and electrical load are optimized	Improve energy conversion efficiency
（1）power electronics for efficient electrical energy extraction；（2）efficient mechanical energy harvesting from many common low frequency sources（①effectively scavenging energy from random and low-frequency water waves；②rotor performance considering the interaction problems needs）；（3）decrease the occurrence of numerical instabilities	Improve energy capture efficiency
（1）the stick-slip friction that lead to leakage of water was moderated；（2）withstand extreme bending and weathering caused by waves and currents；（3）decrease the occurrence of numerical instabilities	Improved device stability

基于表 9 - 14 中的内容分析，实现国外潮流能装备制造 TRM 各层划分，结果如表 9 - 15 所示。

表 9 - 15　　　　国外潮流能装备制造 TRM 各层信息表

层级的名字	S（技术）
Material	polyvinyl alcohol（PVF）；polyethylene glycol（PEG）；polyethylene terephthalate（PET）；piezo-electric polymer film（PVDF）；silicon and natural rubber；rubber, silicon and resin；polyvinyledene fluoride（PVDF）；elastic material and a piezoelectric paint；piezoelectric materials；environmentally inert materials；ionic diode
Technology	simulation and numerical method；the power converters for the control and the grid connection；employing magnetic fields for contact-less mechanical energy transmission；using Fuzzy Gain Scheduling（FGS）technology to control the pitch angle of turbine blades；hybrid storage technologies
Influence factor	improve energy conversion efficiency；improve energy capture efficiency；improved device stability

层级的名字	S（技术）
Production	horizontal axis rotor turbines（HAT – TEC）；all-new sealing system for a rotating shaft；active filter（AF）；Rotating machinery and swinging platform two stage generator；variable speed-control mechanisms；energy storage systems；sodium-sulphur battery and flow battery；highly flexible piezoelectric energy device（FPED）；a bio-compatible and flexible mechanical energy harvesting device；Piezoelectric Active Kelp（PAK）system；win type ocean current turbines
Goal	improve device performance
Application	sensor platforms

9.4.3 中国潮流能装备制造技术路线图的制定

对比分析上表所包含的关键问题、解决方案、材料、技术、产品等信息及其对应的时间，在此基础上进行中国潮流能装备制造技术发展图（2009～2021 年）的绘制，结果如图 9 - 6 所示。

由潮流能装备制造技术发展图（2009～2021 年）可知：

9.4.3.1 关键问题

通过对技术路线图的分析可知，潮流能装备制造技术发展关注的侧重点都集中于提高装置能源利用效率和能源捕获效率以及保证装置稳定安全。其中，如何提高装置能源利用效率，是潮流能装备制造技术发展的主要驱动力量。

9.4.3.2 解决方案

提高装置能源利用效率方面，降低水轮机的启动流速、调节叶片和安装摆角以及叶片负荷计算等方法，能够提高水轮机能源利用率；通过优化水轮机参数、限位角选取、涡轮机布局、发电机转子转速等，实现装置优化设计，能够提高装置能量利用效率。另外，国外学者利用卫星图像实现海浪频率的估计，并指出有效估计海浪频率对提高装置发电效率有一定的影响。

在提高能量捕获效率方面，利用柔性材料制作叶片所得到的新型海洋潮流能发电获能装置——柔性叶片水流发电装置，有利于高效捕获能量；优化设计能量捕获结构、机械传动结构及蓄电池储能的电气控制系统以及提升水力翼型的性能，都能给潮流能捕获效率带来积极影响。另外，如何捕获微弱潮流能成为未来研究侧重点。值得注意的是，合理利用电流控制，可以提高低流速时能量捕获效率。国外有研究显示，利用离子二极管作为传感器的生物相容性和柔性机械能收集装置，能够从许多常见的低频源高效地采集能量，以此为捕获微弱潮流能提供思路。

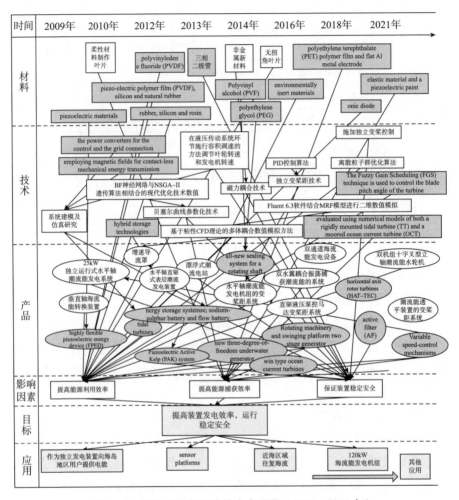

图 9 - 6　潮流能装备制造技术发展图（2009 ~ 2021 年）

保证装置运行稳定安全的研究主要以预警功能、故障诊断以及载荷优化控制等作为解决方案。关于装置材料，有相关研究指出，用非金属材料可以有效避免装置被海水腐蚀等情况，而利用聚乙烯醇、聚乙二醇等材料构建全新的旋转轴密封系统，可以防止装置漏水，进而保证装置运行的稳定。

9.4.3.3　发展趋势

从潮流能装备制造技术发展路线图可知，各界对于潮流能装备制造技术的关注程度较高。同时，在许多技术实施时，都应用到了数值仿真模拟，并提出了以 Fluent 6.3 软件结合 MRF 模型进行二维数值模拟为代表的相关方法。另外，利用离散粒子群等相关优化算法实现装置优化设计，是其达成装置发电效率提高、运行安全稳定的关键步骤，未来应着重利用仿真分析和优化算法等实现装置模拟、运行参数优化及有效捕获低频能量等目标。同时，也应关注装置材料问题，保证装置耐腐蚀、不漏水等。

为了更直观地了解中国潮流能装备制造技术的未来发展方向，基于上述中国潮流能装备制造关键问题、解决方案以及技术发展趋势分析，通过系统综合考虑，从市场需求、产业目标、技术发展及物资保障四个方面绘制中国潮流能装备制造技术的近期（2022～2025年）、中期（2026～2030年）、长期（2031～2035年）发展路线图，如图9-7所示。

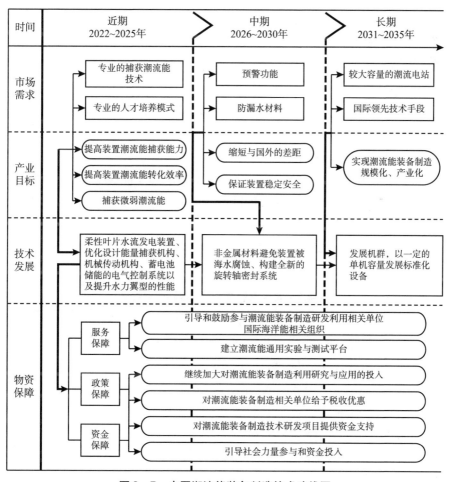

图9-7　中国潮流能装备制造技术路线图

9.5 中国海洋温差能装备制造技术路线图

9.5.1 制定中国海洋温差能装备制造技术路线图的理论及步骤

延续前文数据挖掘及语义分析法，基于国内外海洋温差能装备制造技术发展现状，分析中国海洋温差能装备制造技术着重发展领域及关键技术，并基于此绘制其技术路线图。具体流程如下。

9.5.1.1 下载相关数据

确定海洋温差能装备制造技术为检索关键词：以海洋温差能、装备制造、海洋温差能装备、"ocean thermal energy"、"equipment manufacturing"、"ocean temperature difference to equipment"为检索主题词。按照前文9.2.1所提及的文献数据下载办法，下载海洋温差能装备制造分析相关文献数据。

9.5.1.2 SAO 结构提取与修正

延续上文SAO结构提取与修正方法，实现海洋温差能装备制造技术语义结构提取与修正。

9.5.1.3 进行频次统计

依据SAO结构提取的结果，分析中国海洋温差能装备制造技术发展情况梳理的主要内容及对应的时间节点。

9.5.1.4 按照路线图制定的六个层次

对语义结构进行划分，技术路线图各层含义说明如表9-16所示。

表9-16　　　　　海洋温差能装备制造技术路线图各层含义

层次名称	定义	来源
材料	海洋温差能装备制造技术方案涉及的关键材料	SAO结构中的S
技术	海洋温差能装备制造技术问题的解决方案	SAO结构中的S
影响因素	海洋温差能装备制造面临的关键技术问题	SAO结构中的AO
产品	海洋温差能装备制造的具体装置或模型等	SAO结构中的S
目标	海洋温差能装备制造的整体目标	SAO结构中的AO
应用	海洋温差能装备制造的具体装置或模型应用领域	SAO结构中的AO

9.5.1.5 绘制海洋温差能装备制造技术发展图

按照海洋温差能装备制造技术路线图各层含义实现国内外文献各层的频次统计与划分，根据对应的时间节点，绘制海洋温差能装备制造技术发展图（2001～2021年）。

9.5.1.6 绘制技术路线图

依照海洋温差能装备制造技术发展图（2001～2021年）所涉及的内容，从关键问题、解决方案以及发展趋势三个方面进一步分析绘制中国海洋温差能装备制造技术路线图。

9.5.2 海洋温差能装备制造技术发展趋势分析

按照上述方法，基于CNKI数据库检索中国海洋温差能装备制造技术相关文献，筛查后共得到19篇文献以及24条有效的SAO结构数据，频次统计分析具体结果如表9-17所示。

表9-17　　中国海洋温差能装备制造关键问题对应解决方案表

S（技术）	AO（关键问题）
（1）有效解决检测装置的信号和电源隔离问题，并使设备余热得到利用；（2）提高热电材料的优值系数；选取适当的绝缘填充物和增加合适散热片；（3）充分发挥发电机的性能；（4）充分考虑季节变化和工作水深的影响；（5）选定合理的驱动压差；（6）增加电解槽小室数量，并按照功率匹配条件并联数组温差发电器件	提高装置发电效率
开发以海洋能为基础的多种新能源综合发电系统	降低装置成本

基于表9-17中的分析内容，实现中国海洋温差能装备制造TRM各层划分，结果如表9-18所示。

表9-18　　中国海洋温差能装备制造TRM各层信息表

层级的名字	S（技术）
材料	Bi2 Te3 基热电材料；半导体热电片；秘啼锑半导体温差发电材料和器件
技术	热电耦合仿真分析；ANSYS软件应用；热能转换和蓄能发电仿真模型
影响因素	提高装置发电效率；降低装置成本
产品	TEC1 - FD241 的温差发电器；海洋能综合发电系统
目标	提高温差能装置发电效率，减少成本
应用	海洋温差卡林纳 - 11 循环（简称 KSC - 11）系统

基于 Web of Science 数据库检索波浪能装备制造相关文献，进行人工筛查后，共得到 51 篇国外海洋温差能装备制造技术相关文献，提取 44 条有效的 SAO 结构数据，频次分析统计如表 9 - 19 所示。

表 9 - 19　　　　　国外海洋温差能装备制造关键问题对应解决方案表

S（技术）	AO（关键问题）
（1）predict the potential power production；（2）reducing the irreversible losses in the cycle；（3）optimizing the fabrication of the main components	Increase the power cycle of energy conversion
（1）economic assessment；（2）minimizing pressure losses，corrosion and cost	Cost reduction

基于表 9 - 19 的分析内容，实现国外海洋温差能装备制造 TRM 各层划分，结果如表 9 - 20 所示。

表 9 - 20　　　　　国外海洋温差能装备制造 TRM 各层信息表

层级的名字	S（技术）
Material	Ammonia（NH_3），liquid hydrogen and methanol，etc
Technology	Analog simulation；different design parameters and operating conditions on the influence of the energy of the system；direct superheating of the working fluid before it enters a turbine
Influence factor	Improve energy conversion power cycle；cost reduction
Production	TEG（thermoelectric generator）；apor-vapor ejector；a solar collector and a PEM electrolyzer；flat plate and PV/T solar collectors；Heat exchangers comprise；New types of floating vessels
Goal	Reductions in fabrication costs and improvements in performance
Application	The open cycle（OC - OTEC）schemes；closed-cycle type of OTEC

9.5.3　中国海洋温差能装备制造技术路线图的制定

对比分析上表所包含的关键问题、解决方案、材料、技术、产品等信息及其对应的时间，在此基础上进行中国海洋温差能装备制造技术发展图（2004 ~ 2021 年）的绘制，结果如图 9 - 8 所示。

由图 9 - 8 可知：

9.5.3.1　关键问题

从海洋温差能装备制造国内外技术研究现状可以发现，海洋温差能装备制造技术尚处于不成熟阶段，如何加快实现海洋温差能装备实际应用，是海洋温差能装备制造领域发展的主要目标。为实现这一目标，应对尚处于实验阶段的海洋温差能装备模型，从提高装置发电效率以及成本控制两个角度着手优化。

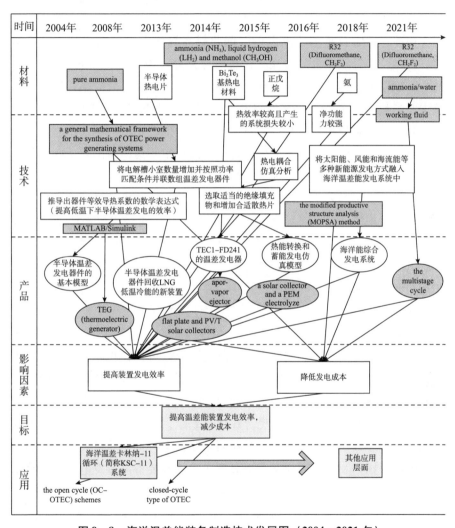

图9-8 海洋温差能装备制造技术发展图（2004~2021年）

9.5.3.2 解决方案

为进一步提高海洋温差能装备发电效率，应从装置余热利用、装置材料选择、增强装置外在环境适应度、提高发电机性能、寻找装置运行最佳状态等方面探索研究。第一，通过解决装置的信号和电源隔离问题，充分利用设备余热。第二，装置材料选择上注重增加热材料的优值系数，寻找包括 Bi_2Te_3 基热电材料等在内的合适热点材料，并利用 ANSYS 软件对海洋温差能发电装置热点耦合仿真模拟分析，以此实现海洋温差能发电装置温差输出稳定，并能承受较高的输出电压。第三，海洋温差能装备运行应考虑季节变化和海水深度等外在环境对装置运行的影响，通过模拟不同季节以及海水深度环境变化，分析海洋温差能发电与季节、海水深度变化的相应规律，选定合理的驱动压差，据此提高海洋温差能装备环境适应能力。第四，提升发电机的性能，注重海洋温差能发电装置日常维护工作，减少摩擦损失，提高发动机内部润滑性能。第五，研究海洋温差能发电系统主要参数之间关系，寻找使得热回收量大、当量热阻小的最佳运行条件，并通过仿真模拟探究装置运行最佳状态。

对于海洋温差能装备发电成本控制的研究主要集中在国外，国内相关领域的研究较少，原因在于国外海洋温差能装备制造研究较国内先进，国内相关领域大多尚处于关注如何实现海洋温差能装备稳定高效率发电等问题，对成本控制考虑较少。现有研究指出，为实现海洋温差能低成本发电，需要考虑建立海洋能发电综合系统，以海洋能为基础，联合包括太阳能、风能等其他种类新能源融入系统。早在几年前，国外学者就针对将太阳能与海洋温差能结合问题有所关注，并在太阳能集热器性能及应用等方面有所研究。

9.5.3.3 发展趋势

由海洋温差能装备制造技术发展路线图分析可知，相较于其他海洋能源，海洋温差能源开发利用虽然已经得到重视，但整体相关技术尚不成熟，也未有成熟的装置运行，目前尚处于技术研发阶段或者实验阶段。在此阶段，国内研究现状较国外已存在明显差距，国外海洋温差能装备制造技术研究起步较早，并关注到了海洋温差能发电有机工质以及装置材料的选择问题。国内相关领域应基于提高海洋温差能装备制造发电效率、降低发电成本等目标，加速海洋温差能装备制造的研究进程。

为了更直观地了解中国海洋温差能装备制造技术的未来发展方向，基于上述中国海洋温差能装备制造关键问题、解决方案以及技术发展趋势分析，通过系统综合考虑，从市场需求、产业目标、技术发展及物资保障四个方面绘制中国海洋温差能装备制造技术的近期（2022~2025年）、中期（2026~2030年）、长期（2031~2035年）发展路线图，如图 9-9 所示。

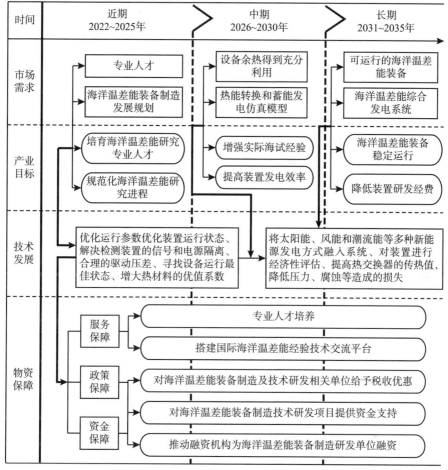

时间	近期 2022~2025年	中期 2026~2030年	长期 2031~2035年
市场 需求	专业人才 海洋温差能装备制造 发展规划	设备余热得到充分 利用 热能转换和蓄能发 电仿真模型	可运行的海洋温差 能装备 海洋温差能综合 发电系统
产业 目标	培育海洋温差能研究 专业人才 规范化海洋温差能研 究进程	增强实际海试经验 提高装置发电效率	海洋温差能装备 稳定运行 降低装置研发经费
技术 发展	优化运行参数优化装置运行状态、 解决检测装置的信号和电源隔离、 合理的驱动压差、寻找设备运行最 佳状态、增大热材料的优值系数		将太阳能、风能和潮流能等多种新能 源发电方式融入系统、对装置进行 经济性评估、提高热交换器的传热值、 降低压力、腐蚀等造成的损失
物资 保障	服务 保障	专业人才培养 搭建国际海洋温差能经验技术交流平台	
	政策 保障	对海洋温差能装备制造及技术研发相关单位给予税收优惠	
	资金 保障	对海洋温差能装备制造技术研发项目提供资金支持 推动融资机构为海洋温差能装备制造研发单位融资	

图 9 – 9　中国海洋温差能装备制造技术线图

9.6　本 章 小 结

　　与美国、英国等一些发达国家相比，中国在海洋能装备制造技术的发展水平上仍存在不小的差距。现有 SAO 结构提取方法主要针对文献或专利摘要进行分析并绘制技术路线图。本研究参考现有研究方法，在对相关文献摘要分析的基础上，进一步对文章引言以及结论进行分析，对国内外研究现状进行对比，以保证技术路线图绘制时所涉及的内容广泛、准确，为海洋能装备制造技术发展提供行动路线图。另外，由技术路线图绘制结果可知，仿真模拟技术在海洋能装备参数优化上发挥着不可或缺的作用。相关研究表明，应用 3D 打印技术能更好地实现装置模拟。由此可见，智能制造技术对海洋能装备制造发展具有一定的积极作用，在今后的研究中，应重点研究海洋能装备智造化的实现路径，促进海洋能装备制造智能制造发展。

第 10 章　中国海洋能装备参与国际经济合作与竞争分析 *

中国海洋能装备制造进一步发展，必须利用技术优势参与国际经济合作。这是一场基于装备技术、股权投资、能源安全和工程项目的跨国博弈，而"一带一路"倡议的深入开展，为海洋能装备的经济合作博弈提供了共赢、多赢的政策基础。本章在"一带一路"倡议下，分析中国海洋能准备参与国际经济合作的主要机制，分别讨论同技术梯度高位国家开展技术引进，以及同技术梯度低位国家开展装备输出合作机制，以期促进中国海洋能装备制造的国际化发展。

10.1　世界主要国家和地区的海洋能发展市场现状

10.1.1　美国海洋能行业发展与市场现状

美国能源信息署提出，到 2030 年，美国可再生能源发电量将发展至可提供整个国家用电量的 20%。预计波浪能发电、海上风能发电、潮汐能转换等形式的海洋能开发项目能够为美国供应一成左右的电力产能，在商业化发电领域拥有较大的发展潜力。美国能源部可再生能源实验室发布的关于美国海洋能资源开发利用潜力的报告，该报告指出，美国全国的海洋能技术可开发量相当于 2019 年全国发电量的 57%，足以满足 2.2 亿户美国家庭的用电需求。美国重视中长期发展规划，绘制《海洋及水动力可再生能源路线图》，计划于 2030 年海洋能装机容量达 15 000 兆瓦。2020 年 4月，美国国家水电协会（NHA）发布了《海洋能产业化战略报告》，公布

---

　　* 本章资料除特殊说明外，其余全部来源于自然资源部海洋战略规划与经济司主管，国家海洋技术中心主办的《海洋可再生能源开发利用国内外动态》简报，作者根据其自行整理。

了新的海洋能装机发展目标，即到 2025 年达到 50 兆瓦，到 2030 年达到 500 兆瓦，到 2035 年达到 1 000 兆瓦。为实现这一目标，该报告呼吁美联邦政府增加研发及测试的资金投入，制定创新激励政策，加速技术开发及装置布放，减少市场壁垒，并为测试及示范项目建立清晰、可预测的监管框架。可见，美国海洋能资源丰富，资金较为充足，且市场发展前景较好。

10.1.2 亚洲主要海洋能行业发展与市场现状

以日本、中国、韩国、新加坡等为代表的亚洲国家，积极开发海洋能资源，以缓解环境污染、资源短缺问题。日本面积不大，自然资源贫乏，这一现状致使国民对现有的可用资源异常重视，海洋能和新能源的应用研究得到了充分的重视。日本在海洋能装备装置设计到实际功能方面有较为突出的成就，尤其是波浪能装备，目前十余家研发机构形成了协同合作关系，致力于本国海洋能源开发与利用技术的发展。20 世纪 80 年代以来，日本有四所波浪能发电站已经投入使用；2010 年至 2019 年，中国在海洋可再生能源专项资金支持下，累计投入资金约 13 亿元，包括试验研究、示范工程、装备产品化、支撑服务等方面，114 个项目获得资助。① 据统计，韩国在 2019 年，用于海洋能源研发及示范的国家资金达到 1 620 万美元，2017 年的海洋科学技术院启动的韩国潮流能源中心项目，也预计在 2022 年 12 月完成。② 截至目前，新加坡政府已经拨款超过 1.4 亿新元用于清洁能源技术研究，海洋能被确定为偏远沿海地区和岛屿的主要替代能源之一。③ 可见，亚洲国家虽没有欧洲以及美国等西方发达国家海洋能产业开发利用成熟化，但也在逐步提高海洋能资源开发利用的重视程度。

10.1.3 欧洲主要海洋能行业发展与市场现状

欧洲海洋能资源丰富，欧洲海洋能论坛（OEF）发布的海洋能战略路线图显示，到 2050 年，欧洲海洋能发电有望满足全欧洲 10% 的电力需求。目前，欧洲已成为国际海洋能开发利用的重点领域。《2019 年海洋能主要发展趋势和统计》中显示，2010 ~ 2019 年，欧洲潮流能累计总装机容量达到 27.7 兆瓦，波浪能累计总装机容量达到 11.8 兆瓦，目前仍在海上运

---

① http：//www. gov. cn/xinwen/2019 - 10/31/content. 5447018. htm，自然资源部网站，《中国海洋能 2019 年度进展报告》，2019 年 10 月 31 日。

② http：//www. notcsoa. org. cn/cn/index/show/2519，国家海洋技术中心，2019 年 6 月 19 日。

③ https：//www. ocean-energy-systems. org/ocean-energy-in-the-world/singapore/，专题网站，作者根据资料整理。

行的波浪能和潮流能装置的总装机容量分别为 10.4 兆瓦和 1.5 兆瓦。2019 年，欧洲潮流能新增装机容量达 1.52 兆瓦，主要分布在英国和法国海域。欧洲波浪能新增装机容量达 0.6 兆瓦，分布在葡萄牙、法国、比利时、意大利和英国等国海域。根据 2019 年 5 月，欧盟海洋与渔业总司和联合研究中心发布的《欧盟蓝色经济年度报告 2019》，欧洲近海海域的总装机容量占全球总量的 70% 以上。目前，欧洲海洋能产业已经从培育期向规模化发展，根据《欧盟蓝色经济年度报告 2019》的统计，全欧洲海洋能领域全产业链共计 400 多家企业或机构，提供技术和开发项目的同时还提供了 2 000 多个就业岗位。其中，英国海洋能产业链创造的就业岗位最多，接近 700 个，爱尔兰、荷兰、意大利等国的海洋能产业链创造的就业岗位也均超过了 200 个。欧洲海洋能开发利用在国际上处于领先地位，且有较为完善的人力资源供应及产业链服务。

10.1.4 其他国家和地区海洋能行业与市场现状

除美国、欧洲及亚洲主要国家外，澳大利亚、加拿大等国家海洋能产业开发利用也得到了重视。2019 年 4 月，澳大利亚政府投入 3.3 亿澳元建立"蓝色经济合作研究中心"（ORC），支持澳大利亚蓝色经济的可持续增长，"海上可再生能源系统"是其主要研究方向之一。澳大利亚海洋能源行业组织（AOEG）于 2019 年正式成立，主办了海洋能源市场发展峰会，讨论了拉动客户和行业的推动机制，以增加整个澳大利亚海洋能源开发项目数量。加拿大海洋能源技术领域在全球范围内拥有一定的地位和竞争力，加拿大芬迪湾的世界级潮流能资源引起了世界各地开发商的关注，政府根据新兴可再生能源计划（ERPP），向 DP Energy 公司拨款 2 970 万美元，用于 FORCE 开发项目，为加拿大发展海洋能产业提供了资金及技术支持。

10.2 世界主要海洋能装备制造国的制造能力与水平

10.2.1 美国的海洋能装备制造能力与水平

以美国为首的西方国家掌握着部分高精尖核心海洋能装备技术，在装备研发设计、辅助配套设施或装备组件的技术成果等方面始终处于产业龙头地位。美国众多大学、私营公司、非营利组织和国家实验室都积极参与海洋能可再生能源研究，这些机构共有约 40 个海洋能特色基础设施。为了促进海洋可再生能源技术的研究和推广，美国能源部水能技术办公室

（WPTO）与 5 所大学合作，共同运营 3 个国家海洋可再生能源中心，包括太平洋海洋能中心（PMEC）、夏威夷国家海洋可再生能源中心（HIN-MREC），东南国家海洋可再生能源中心（SNMREC），为海洋能装备制造技术发展提供研究资源和研究平台。

10.2.2 亚洲主要国家的海洋能装备制造能力与水平

日本、中国、新加坡以及韩国等亚洲国家，在装备制造领域已经具备一定的技术和产业基础。其中，日本在制造业领域处于世界领先地位，二战之后，日本较为成功地运用法律、政策等手段实现了装备制造业振兴，实现了现代化转型。此外，在智能制造装备领域，日本的精密数控机床、工业机器人、智能仪表等技术在国际上享有盛誉。韩国、新加坡等亚洲发达国家在海洋工程产业链国家化扩散的过程中保留了海洋工程装备的制造。因其海洋工程项目的技术实力和管理经验，在市场竞争中的优势地位十分明显，代表性企业如韩国三星、现代、STX 以及新加坡胜科工业集团。从 2018 年开始，我国重点研发计划，设置专项支持海洋能技术研发和国际合作，并相继出台了 13 项海洋能利用国家标准，促进海洋能产业规范化发展。2011 年以来，我国年专利申请量高居世界首位，2017 年专利年申请量达 800 余件，新技术和新方法不断涌现。可见，亚洲主要国家针对海洋能装备制造发展有较好的技术基础，资金以及政策方面也为海洋能装备制造技术发展提供了较为有力的支持。

10.2.3 欧洲主要国家的海洋能装备制造能力与水平

在国际海洋能专利方面，欧洲申请的专利数量处于领先地位。欧洲是海洋能技术创新的主要出口地区，在全球海洋能市场占据了有利位置。欧洲国家重视海洋能战略布局、鼓励政策支持和财政投入，以促进技术和产业发展。2003～2019 年，资金投入累计达 38.4 亿欧元，私企占 28 亿欧元，其潮流能和波浪能技术企业分别占全球的 58% 和 61%，并且不断鼓励社会资本发挥领先作用。欧洲加快部署和建造海洋能测试场，全球 51 个海洋能测试场中，50% 以上位于欧洲，有力地促进了海洋能技术的发展和壮大。近 10 年来，欧洲潮流能电场和示范项目发电量大幅提升，累计发电量达 60 000 兆瓦/小时。① 欧盟《海上可再生能源战略》预测 2050 年

---

① https：//idea. cas. cn/viewpoint. action?docid＝79274/，《海洋能发电与综合利用前景与展望》科学智慧火花。

欧盟海洋能装机容量将达到40 000兆瓦。① 2018年7月，英国工程与自然科学研究理事会出资500万英镑建立了Supergen海上可再生能源中心，由普利茅斯大学负责协调，汇集了英国多家研究机构。另外，西班牙波浪能最具大规模开发潜质，其中加利西亚地区波浪能资源平均功率可达40~45千瓦/米，坎塔布里亚海波浪能资源平均功率为30千瓦/米，加那利群岛北部波浪能资源平均功率为20千瓦/米。可见，欧洲国家在海洋能装备制造技术研发方面具有较大的优势，不仅有充足的资金支持，还有较为完备的海洋能装备制造技术基础。②

10.2.4　其他国家的海洋能装备制造能力与水平

澳大利亚新的蓝色经济合作研究中心（CRC）于2019年4月宣布成立，确立了产业界、政府和研究部门的合作伙伴关系，承诺投入资金3.3亿美元。由波浪能和潮汐能技术开发人员组成的澳大利亚海洋能源工作组（AMET）为澳大利亚海洋能产业开发利用提供技术支持，努力加速该行业的商业化，调动工作组的力量及其创新和协作的基础，以产生国家对海洋能源的市场需求。加拿大政府目前专注于海洋能领域技术积累，加快海洋能商业化供应链的发展，2012年5月，加拿大新斯科舍政府发布《新斯科舍省海洋可再生能源战略》，确立了新能源项目以及海洋科技与服务的政策、经济、法律地位，这一举措将直接推动海洋能装备制造产业的诞生，实现海洋能利用商业化。澳大利亚和加拿大政府对海洋能装备制造技术研发提供的资金、政策支持，为提高海洋能装备制造技术创新、促进海洋能发电商业化提供了有效保障。

10.3　中国海洋能装备参与国际经济合作的主要机制

10.3.1　以技术换股权的海洋能开发利用合作机制

10.3.1.1　技术换股权海洋能开发利用合作机制的可行性分析

国际贸易活动中，以技术产品为基础的经济合作常与对外投资相关。

---

① https：//www. ocean-energy-systems. org/ocean-energy/ocean-energy-in-the-world/s/，作者根据资料整理。

② http：//www. notcsoa. org. cn/cn/index/show/2519，专题网站，国家海洋技术中心，2019年6月19日。

其中，利用外资引进技术是国际上常用的做法，也是发展中国家建立工业基础的有效途径。利用外资引进技术是将引进外资和引进技术相结合，利用外资的同时，引进国外先进的技术或装备。

总体上看，中国海洋能装备制造技术相对于欧美发达国家而言优势并不明显，但部分海洋能领域的装备技术位居世界前列，如潮汐能装备技术。而波浪能、潮流能装备仍处于实验阶段，温差和盐差能处于研发起步阶段。相比之下，"一带一路"倡议下的国际经济合作政策利好以及为实现"碳达峰""碳中和"而必须优化能源结构的政策倾向，则处于优势地位。

2021 年，国务院政府工作报告指出，扎实做好"碳达峰""碳中和"工作。同年，国务院印发《2030 年前碳达峰行动方案》，用以促进产业结构和能源结构的转型升级。本方案认为，"节流"不如"开源"，尽管加快工业绿色技术创新以控制温室气体排放应坚决执行，但更重要的是，必须从根本上改变能源结构，降低碳基化石能源在能源供给结构中的比重。在众多替代能源中，海洋能的产业化应用具备从能源供给源头实现零碳排放量的潜力。因此，从中国能源政策上看，未来海洋能技术的开发将成为能源转型的重点方向。

一个国家或地区的技术进步主要源于自主技术创新、外商投资的技术外溢效应以及对外直接投资的逆向技术溢出等三种[173]。其中，自主创新始终是中国政府在各产业坚持实施的技术进步战略方向，而另外两种则是以股权投资为手段实现技术溢出，进而促进相应领域的技术进步。前者通过吸引外资入股消化吸收国外先进技术，后者通过对外股权投资有针对性地引进先进技术。以汽车制造业为例，20 世纪 80 年代前后，国内成立了大量合资汽车制造企业，中国汽车工业通过合资方式引进了许多先进技术，实现了汽车制造技术的快速发展。进入 21 世纪，国内车企开始尝试通过海外并购的方式引进国外先进汽车制造技术，不乏吉利并购沃尔沃获得数千项专利及先进管理经验的较为成功的案例。早期国际投资理论认为，企业只有具备足够强的竞争优势用以克服海外生产面临的天然劣势才适宜进行。该理论主要针对产品生产而言，但从技术创新的角度看，由于创新活动在较发达经济体中高度密集，技术和知识的转移或扩散往往表现出地理上的局限特征。因此，技术后发方希望以海外投资方式实现逆向技术溢出，进而提高自身技术水平，学术上将这种以获取技术和知识为目标的海外投资称为技术获取型（technology aquisition type，TAT）投资。

本研究主要探讨吸引外资入股的技术换股权模式，原因有二：一是考虑到本国海外股权投资属于外资引进的逆过程，海外并购时本国所处立场与引进外资时的外方立场相同，即双方在两种模式下互换了角色；二是考虑到目前海洋能装备制造技术的整体状况仍无法达到大规模产业化要求，一般企业的海外并购在短中期内无法收回成本，作出该决策的可能性较小。

中国海洋能装备制造技术的发展，在自主创新的基础上也可采用吸引外资入股或对外股权投资以引进技术这种"股权换技术"的发展方式。但与成熟的汽车制造行业不同，海洋能装备制造的产业化程度较低，国有企业、高校或研究所是海洋能装备研发的主力军，受政策影响较大，且作为技术水平较低的一方，开展"股权换技术"合作的主要目标在于引进消化先进海洋能装备制造技术为我所用。而国外相关领域的研发则以民营资本和高校为主，研究成果的经济转化潜力是主要目标，基于各自不同的合作目标，双方的合作行为将受到不同因素的影响，进而形成特定的"股权换技术"海洋能开发利用合作机制。

10.3.1.2 技术换股权海洋能开发利用合作机制的演化"博弈"分析

吸引外资的目的之一在于引进对方的先进技术。因此，在进行"博弈"分析前，应假设引进外资目标方拥有较为先进的技术水平，且对方有意愿进入中国市场发展。

从中方角度看，吸引外资入股的基本思想是利用本国市场份额吸引外资，外方投入先进技术生产产品，其收益按照入股协议分享。与此同时，引进并利用国外先进技术，达到我方技术进步的目标。中方在博弈中的可选策略包括引进外资进行合作研发（x）与自主研发（$1-x$）。首先，提出如下假设：

在合作过程中，中方能够引进先进技术的前提是外方在海洋能装备方面的技术水平高于中方，因此，假设演化博弈对方与我方存在技术势差 ΔT，则：

$$\Delta T = T_F - T_D$$

其中，T_F 为对方技术水平，T_D 为东道国技术水平，二者均为随时间变化的函数。

$$T_F = \psi_f(t) \ ; \ T_D = \psi_d(t)$$

若选择引进外资策略，关于吸收领先技术的效率，由我方先进技术吸收能力（β）决定，技术吸收能力在外部先进技术的内化过程中发挥重要的调节作用。而技术吸收能力（β）受研发投入（rd）、科技人力资本投入（hum）等因素的影响，这些因素也是技术吸收的必要投入。此外，技术差距也是影响技术吸收能力的重要因素，技术差距过大，低位一方难以消化，因而技术吸收能力较低[174]。因此，β为关于研发投入和技术势差的函数：

$$\beta = k_1(RD_{Y1}) - k_2\Delta T$$
$$RD_{Y1} = rd + hum$$

预期收益E_Y为T_F，T_D的函数：

$$E_Y = r(T_F, T_D)$$

引进合作状态下相关收益以一定比例进a行分享。研究表明，外商独资不利于东道国技术吸收，甚至可能产生逆向技术溢出，博弈模型中假定$a > 0$。

若选择自主研发，则技术水平提升的路线较为简单，包括研发投入RD_{N1}（包括rd和hum）、获得的利得包括技术水平的提升T_{N1}以及独立状态下的预期装备销售收益。此时预期收益E_{N1}和E_{N2}分别为独立研发情况下，中外两方的预期收益，且与各自技术水平T_D和T_F呈正相关。

中国海洋能装备制造技术距离商业转化仍然存在一定差距。因此，在海洋能装备技术具备基本的商业化条件之前，仍需要一定时间进行研究开发，因而有必要对吸引外资入股的技术吸收过程划分为两个阶段，分别讨论"技术换股权"的海洋能装备开发利用的博弈过程及其演化。此处，将具备基本商业化条件之前的研究开发工作称为"开发阶段"，在具备基本商业化条件之后的研究与开发工作称为"商业化阶段"。

在开发阶段，海洋能装备技术水平不具备商业化条件，市场需求不成熟，必须依靠政府推动技术创新。由于中国海洋能装备主要研发主体为高校、校外研究院所和国有企业，而国外多是以盈利为目标的民营资本进行研发投资。此时不存在产品收益，理论上，政府要促成中国海洋能装备主要研发机构与外资企业的合作，应给予外商一定的政策性补贴（P），并且政策性补贴应该是一个随着技术进步逐渐降低的变量，即随着博弈双方技术势差的缩减P也减小，$k_3 < 0$。

$$P = k_3\Delta T$$

技术存量达到一定水平并形成商业化条件则进入商业化阶段。值得注意的是，假设中吸引外资入股的目标企业技术水平T_F高于国内T_D，在各自独立研发的进程中拥有较高技术水平的一方率先进入商业化阶段，此时对方因缺乏竞争对手而极易占领市场。考虑到国内外海洋能装备技术水平差异，当外方率先进入商业化阶段且中方仍在开发阶段时，称为"过渡阶段"。

该阶段中，若采取引进外资合作研发策略，则双方共同进入商业化阶段，此时除常规的技术存量增长外，还包括海洋能装备市场化的销售收益 R_Y 和生产成本 C_Y。此时，市场收益和生产与开发阶段的预期收益类似，与双方技术水平相关：

$$R_Y = \gamma(T_F, T_D)$$
$$C_Y = \mu(T_F, T_D)$$

如果选择独立研发，那么未进入产业化阶段的一方，其预期收益就与自身技术水平正相关，且与对方技术水平负相关：

$$E'_Y = \gamma(-T_F, T_D)$$

过渡阶段中，合作开发能够以较低成本获得中国海洋能装备市场，但若独立进行商业化，率先进入者将在一定的贸易保护下与中国企业竞争本土市场，存在市场开发成本 M。

当技术弱势一方也达到产业化所需的技术水平时，则由过渡阶段进入完全产业化阶段。此时的主要变化在于市场竞争引起的市场开拓成本。市场开拓成本与对方技术水平、对方进入产业化时长成正比，与自身技术水平成反比。

基于以上对技术换股权海洋能国际合作的三阶段演化博弈分析，模型参数的设定汇总见表 10-1。可变参数对演化博弈结果的影响主要表现在均衡解的稳定性上。因此，为简化分析过程，暂不考虑可变参数。

表 10-1   模型参数设定汇总

变量	简介
T_{Y1}	中方合作研发技术存量增加值
$T2$	外方独立研发技术存量增加值
RD_{Y1}	中方合作研发投入
a	合作研发的收益分配率
$Risk_Y$	双方合作研发失败风险
T_{N1}	中方独立研发技术存量增加值
RD_{N1}	中方独立研发投入
Q_1	中方寻求引资失败沉没成本
E_Y	双方合作研发的市场预期收益
P	外方合作研发获得的政策性资助
$Risk_{N1}$	中方独立研发风险

变量	简介
$Risk_{N2}$	外方独立研发风险
E_{N2}	外方独立研发市场预期收益
E_{N1}	中方独立研发市场预期收益
Q_2	外方寻求合作研发未成功的沉没成本
RD_2	外方研发投入
R_Y	双方合作研发的海洋能装备销售总收益
C_Y	双方合作研发的海洋能装备生产成本
$Risk'_{N1}$	外方进入商业化阶段情况下中方风险因素
E'_Y	中方寻求合作未成功且外方进入商业化阶段的预期收益
R_{N2}	外方独立研发成功并开始商业化生产的海洋能装备销售收益
M_2	中方寻求合作情况下外方市场开拓成本
C_{N2}	外方独立研发成功并开始商业化生产的海洋能装备生产成本
E'_{N1}	中方选择独立研发且外方进入商业化阶段的预期收益
M'_2	中方选择独立研发情况下外方商业化生产的市场开拓成本
C_{N1}	中方选择独立研发成功并开始商业化生产的海洋能装备生产成本
R_{N1}	中方选择独立研发成功并开始商业化生产的海洋能装备销售收益
M_1	中方选择合作且外方选择独立时中方海洋能装备市场开拓成本
M'_1	中方选择独立且外方选择合作时中方海洋能装备市场开拓成本
M'_2	中方选择独立且外方选择合作时外方海洋能装备市场开拓成本

第一阶段：开发阶段

基于对双方策略选择的分析，开发阶段的收益矩阵见表 10-2。

表 10-2　　　　　　　　开发阶段收益矩阵

		外方	
		合作 y	独立 $1-y$
中方	合作 x	$T_{Y1} - RD_{Y1} - aRisk_Y + E_Y$ $P + T_2 - RD_2 - (1-a)Risk_Y + E_Y$	$T_{N1} - RD_{N1} - Risk_{N1} - Q_1 + E_Y$ $T_2 - RD_2 - Risk_{N2} + E_{N2}$
	独立 $1-x$	$T_{N1} - RD_{N1} - Risk_{N1} + E_{N1}$ $T_2 - RD_2 - Risk_{N2} + E_Y - Q_2$	$T_{N1} - RD_{N1} - Risk_{N1} + E_{N1}$ $T_2 - RD_2 - Risk_{N2} + E_{N2}$

复制动态方程：

双方混合策略的选择受到可选策略的期望收益影响，联立期望收益可获得复制动态方程，用以反映博弈方策略的演化过程。

根据收益矩阵，中方引资策略下的合作研发收益 A_Y：

$$A_Y = y(T_{Y1} - RD_{Y1} - aRisk_Y + E_Y) + (1-y)(T_{N1} - RD_{N1} - Risk_{N1} - Q_1 + E_Y)$$

中方不引资策略下的自主研发收益 A_N：

$$A_N = y(T_{N1} - RD_{N1} - Risk_{N1} + E_{N1}) + (1-y)(T_{N1} - RD_{N1} - Risk_{N1} + E_{N1})$$

平均期望收益：

$$\overline{A} = xA_Y - (1-x)A_N$$

外方可选策略的期望收益，接受引资下的合作研发收益 B_Y：

$$B_Y = x[P + T_2 - RD_2 - (1-a)Risk_Y + E_Y] + (1-x)(T_2 - RD_2 - Risk_{N2} + E_{N2})$$

不接受引资下的独立研发收益 B_N：

$$B_N = x(T_2 - RD_2 - Risk_{N2} + E_{N2}) + (1-x)(T_2 - RD_2 - Risk_{N2} + E_{N2})$$

平均期望收益：

$$\overline{B} = xB_Y - (1-x)B_N$$

联立期望收益，计算得双方复制动态方程，反映中方策略变化的复制动态方程：

$$F(x) = \frac{dx}{dt} = x(A_Y - \overline{A}) = x(1-x)[y(T_{Y1} - RD_{Y1} - aRisk_Y$$
$$- T_{N1} - RD_{N1} + Risk_{N1} + Q_1) - Q_1 + E_Y - E_{N1}]$$

$$F(y) = \frac{dy}{dt} = y(B_Y - \overline{B}) = y(1-y)[x(P - (1-a)Risk_Y$$
$$+ Risk_{N2} + Q_2) - Q_2 + E_Y - E_{N2}]$$

令 $\frac{dx}{dt} = 0$，$\frac{dy}{dt} = 0$，得到演化博弈模型的五个均衡点：

$$O_1 = (0, 0); \quad O_2 = (1, 0); \quad O_3 = (0, 1); \quad O_4 = (1, 1); \quad O_5 =$$
$$\left(\frac{Q_2 - E_Y + E_{N2}}{P - (1-a)Risk_Y + Risk_{N2} + Q_2}, \frac{Q_1 - E_Y + E_{N1}}{T_{Y1} - RD_{Y1} - aRisk_Y - T_{N1} - RD_{N1} + Risk_{N1} + Q_1} \right)$$

均衡点稳定性分析：

结合弗里德曼（Friedman，1998）的研究方法，利用雅可比矩阵，判定均衡点的稳定性[175]：

$$J = \begin{bmatrix} \dfrac{\partial F(x)}{\partial x} & \dfrac{\partial F(x)}{\partial y} \\ \dfrac{\partial F(y)}{\partial x} & \dfrac{\partial F(y)}{\partial y} \end{bmatrix}$$

其中，

$$\frac{\partial F(x)}{\partial x} = (1-2x)\left[(T_{Y1} - RD_{Y1} - aRisk_Y - T_{N1} - RD_{N1} + Risk_{N1} + Q_1) - Q_1 + E_Y - E_{N1} \right]$$

$$\frac{\partial F(x)}{\partial y} = x(1-x)\left[T_{Y1} - RD_{Y1} - aRisk_Y - T_{N1} - RD_{N1} + Risk_{N1} + Q_1 \right]$$

$$\frac{\partial F(y)}{\partial x} = y(1-y)\left[P - (1-a)Risk_Y + Risk_{N2} + Q_2 \right]$$

$$\frac{\partial F(y)}{\partial y} = (1-2y)\left\{ x\left[P - (1-a)Risk_Y + Risk_{N2} + Q_2 \right] - Q_2 + E_Y - E_{N2} \right\}$$

式中 $E_{N1} < E_Y < E_{N2}$ 且 $Q_1 > Q_2$，经证明，雅可比矩阵的行列式 $detJ$ 和迹 trJ 取决于 $Q_1 - E_Y + E_{N1}$ 和 $\left[P - (1-a)Risk_Y + E \right] - \left[-Risk_{N2} + E_{N2} \right]$（即外方合作研发收益是否大于独立收益）。因此，研发阶段四种均衡点如表 10-3 所示，均衡点的稳定性见表 10-4，四种情况演化相位图如图 10-1 所示。

表 10-3　　　　　　　　　　研发阶段四种均衡点

		$Q_1 - E_Y + E_{N1}$	
		>0	<0
$\left[P - (1-a)Risk_Y + E_Y \right]$	>0	①	③
$- \left[-Risk_{N2} + E_{N2} \right]$	<0	②	④

表 10-4　　　　　　　　　　均衡点的稳定性

点	判定	$O_1 = (0, 0)$	$O_2 = (1, 0)$	$O_3 = (0, 1)$	$O_4 = (1, 1)$	O_5
①	$det J$	>0	>0	>0	>0	<0
	$tr J$	<0	>0	>0	<0	不确定
	稳定性	稳定	不稳定	不稳定	稳定	鞍点
②	$det J$	>0	<0	>0	<0	<0
	$tr J$	<0	不确定	>0	不确定	不确定
	稳定性	稳定	鞍点	不稳定	鞍点	鞍点
③	$det J$	<0	<0	>0	>0	—
	$tr J$	<0	>0	>0	>0	—
	稳定性	鞍点	鞍点	不稳定	稳定	—
④	$det J$	<0	>0	>0	<0	—
	$tr J$	<0	<0	>0	不确定	—
	稳定性	鞍点	稳定	不稳定	鞍点	—

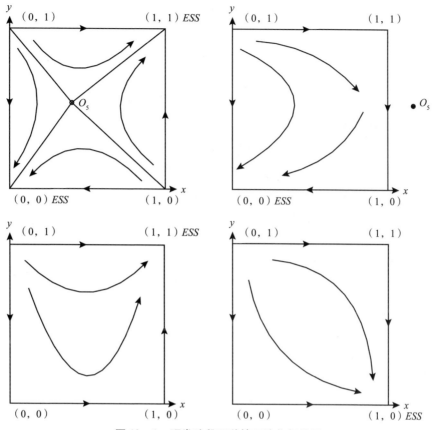

图 10 - 1 研发阶段四种情况演化相位图

第二阶段：过渡阶段

经过研发阶段，海洋能装备制造技术水平较高一方率先进入商业化阶段，而另一方仍处于研发阶段，该阶段收益矩阵见表 10 - 5。

表 10 - 5 过渡阶段收益矩阵

		外方	
		合作 y	独立 $1 - y$
中方	合作 x	$T_{Y1} - RD_{Y1} + aR_Y - aC_Y$ $T_2 - RD_2 + (1 - a)R_Y - (1 - a)C_Y$	$T_{N1} - RD_{N1} - Risk'_{N1} - Q_1 + E'_Y$ $T_2 - RD_2 - R_{N2} - C_{N2} - M_2$
	独立 $1 - x$	$T_{N1} - RD_{N1} - Risk'_{N1} + E'_{N1}$ $T_2 - RD_2 + R_{N2} - C_{N2} - M'_2 - Q_2$	$T_{N1} - RD_{N1} - Risk'_{N1} + E'_{N1}$ $T_2 - RD_2 + R_{N2} - C_{N2} - M_2$

根据表 10 - 5 计算复制动态方程。

其中，中方可选策略的期望收益如下，

引资策略下的合作研发收益 A_Y：

$$A_Y = y(T_{Y1} - RD_{Y1} + aR_Y - aC_Y) + (1-y)(T_{N1} - RD_{N1} - Risk'_{N1} - Q_1 + E'_Y)$$

不引资策略下的自主研发收益 A_N：

$$A_N = y(T_{N1} - RD_{N1} - Risk'_{N1} + E'_{N1}) + (1-y)(T_{N1} - RD_{N1} - Risk'_{N1} + E'_{N1})$$

平均期望收益：

$$\overline{A} = xA_Y - (1-x)A_N$$

其中，外方可选策略的期望收益如下，

接受引资下的合作研发收益 B_Y：

$$B_Y = x[T_2 - RD_2 + (1-a)R_Y - (1-a)C_Y] + (1-x)(T_2 - RD_2 + R_{N2} - C_{N2} - M'_2 - Q_2)$$

不接受引资下的独立研发收益 B_N：

$$B_N = x(T_2 - RD_2 - R_{N2} - C_{N2} - M_2) + (1-x)(T_2 - RD_2 + R_{N2} - C_{N2} - M_2)$$

平均期望收益：

$$\overline{B} = xB_Y - (1-x)B_N$$

联立期望收益，计算得双方复制动态方程如下，

反映中方策略变化的复制动态方程：

$$F(x) = \frac{dx}{dt} = x(A_Y - \overline{A}) = x(1-x)[y(T_{Y1} - RD_{Y1} + aR_Y - aC_Y) -$$
$$(T_{N1} - RD_{N1} - Risk'_{N1} - Q_1 + E'_Y) - Q_1 + E'_Y - E'_{N1}]$$

$$F(y) = \frac{dy}{dt} = y(B_Y - \overline{B}) = y(1-y)\{x[(1-\alpha)R_Y - (1-\alpha)C_Y] -$$
$$(R_{N2} - C_{N2} - M'_2 - Q_2) - Q_2 + M_2 - M'_2\}$$

令 $\frac{dx}{dt} = 0$，$\frac{dy}{dt} = 0$，得到演化博弈模型的五个均衡点：

$O_1 = (0, 0)$；$O_2 = (1, 0)$；$O_3 = (0, 1)$；$O_4 = (1, 1)$；$O_5 =$

$$\left(\frac{Q_2 - M_2 + M'_2}{[(1-\alpha)R_Y - (1-\alpha)C_Y] - (R_{N2} - C_{N2} - M'_2 - Q_2)}, \frac{Q_1 - E'_Y + E'_{N1}}{(T_{Y1} - RD_{Y1} + \alpha R_Y - \alpha C_Y) - (T_{N1} - RD_{N1} - Risk'_{N1} - Q_1 + E'_Y)} \right)$$

利用雅可比矩阵判定均衡点稳定性：

$$J = \begin{bmatrix} \dfrac{\partial F(x)}{\partial x} & \dfrac{\partial F(x)}{\partial y} \\ \dfrac{\partial F(y)}{\partial x} & \dfrac{\partial F(y)}{\partial y} \end{bmatrix}$$

其中，

$$\frac{\partial F(x)}{\partial x} = (1-2x)\left[\, y\left(T_{Y1} - RD_{Y1} + \alpha R_Y - \alpha C_Y\right) - \left(T_{N1} - \right.\right.$$
$$\left.\left. RD_{N1} - Risk'_{N1} - Q_1 + E'_Y\right) - Q_1 + E'_Y - E'_{N1}\right]$$

$$\frac{\partial F(x)}{\partial y} = x(1-x)\left[\left(T_{Y1} - RD_{Y1} + \alpha R_Y - \alpha C_Y\right) - \left(T_{N1} - RD_{N1} - Risk'_{N1} - Q_1 + E'_Y\right)\right]$$

$$\frac{\partial F(y)}{\partial x} = y(1-y)\left\{\left[(1-\alpha)R_Y - (1-\alpha)C_Y\right] - \left(R_{N2} - C_{N2} - M'_2 - Q_2\right)\right\}$$

$$\frac{\partial F(y)}{\partial y} = (1-2y)\left\{x\left[(1-\alpha)R_Y - (1-\alpha)C_Y\right] - \left(R_{N2} - C_{N2} - M'_2 - Q_2\right) - Q_2 + M_2 - M'_2\right\}$$

式中 $M_2 < M'_2$，因此，$Q_2 - M_2 + M'_2 > 0$。经证明，雅可比矩阵的行列式 $detJ$ 和迹 trJ 取决于 $Q_1 - E'_Y + E'_{N1}$ 和 $\left[(1-\alpha)R_Y - (1-\alpha)C_Y\right] - (R_{N2} - C_{N2} - M'_2)$（即外方合作研发收益是否大于独立收益）。因此，过渡阶段有四种情况如表 10 - 6 所示，均衡点的稳定性见表 10 - 7，对应的演化相位图见图 10 - 2。

表 10 - 6   过渡阶段四种情况

	$Q_1 - E'_Y + E'_{N1}$	
	>0	<0
$\left[(1-\alpha)R_Y - (1-\alpha)C_Y\right]$ >0	⑤	⑦
$-(R_{N2} - C_{N2} - M'_2)$ <0	⑥	⑧

表 10 - 7   均衡点稳定性

		$O_1 = (0, 0)$	$O_2 = (1, 0)$	$O_3 = (0, 1)$	$O_4 = (1, 1)$	O_5
⑤	$detJ$	>0	>0	>0	>0	<0
	trJ	<0	>0	>0	<0	=0
	稳定性	稳定	不稳定	不稳定	稳定	鞍点
⑥	$detJ$	>0	<0	>0	<0	<0
	trJ	<0	不确定	>0	不确定	=0
	稳定性	稳定	鞍点	不稳定	鞍点	鞍点
⑦	$detJ$	<0	<0	>0	>0	—
	trJ	<0	不确定	>0	<0	—
	稳定性	鞍点	鞍点	不稳定	稳定	—
⑧	$detJ$	<0	>0	>0	<0	—
	trJ	<0	<0	>0	不确定	—
	稳定性	鞍点	稳定	不稳定	鞍点	—

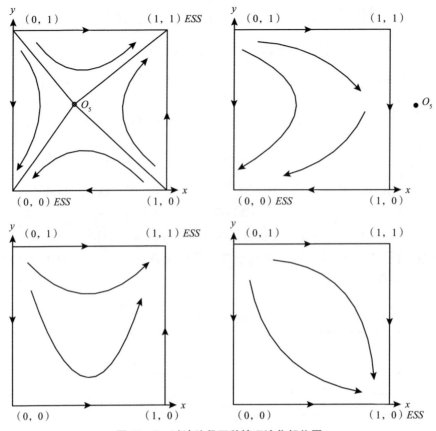

图 10 – 2　过渡阶段四种情况演化相位图

第三阶段：商业化阶段

经过过渡阶段，海洋能装备制造合作双方技术水平达到阈值，均具备商业化条件，相应的支付矩阵见表 10 – 8。

表 10 – 8　　　　　　　　　　　商业化阶段支付矩阵

		外方	
		合作 y	独立 $1-y$
中方	合作 x	$T_{Y1} - RD_{Y1} + aR_Y - aC_Y$ $T_2 - RD_2 + (1-a)R_Y - (1-a)C_Y$	$T_{N1} - RD_{N1} - R_{N1} - C_{N1} - Q_1 - M_1$ $T_2 - RD_2 - R_{N2} - C_{N2} - M_2$
	独立 $1-x$	$T_{N1} - RD_{N1} + R_{N1} - C_{N1} - M_1'$ $T_2 - RD_2 + R_{N2} - C_{N2} - M_2' - Q_2$	$T_{N1} - RD_{N1} + R_{N1} - C_{N1} - M_1'$ $T_2 - RD_2 + R_{N2} - C_{N2} - M_2$

根据表 10 – 8 计算复制动态方程。

其中，中方可选策略的期望收益如下：

引资策略下的合作研发收益 A_Y :

$$A_Y = y(T_{Y1} - RD_{Y1} + aR_Y - aC_Y) + (1-y)(T_{N1} - RD_{N1} + R_{N1} - C_{N1} - Q_1 - M_1)$$

不引资策略下的自主研发收益 A_N :

$$A_N = y(T_{N1} - RD_{N1} + R_{N1} - C_{N1} - M_1') + (1-y)(T_{N1} - RD_{N1} + R_{N1} - C_{N1} - M_1')$$

平均期望收益：

$$\overline{A} = xA_Y - (1-x)A_N$$

其中，外方可选策略的期望收益如下，

接受引资下的合作研发收益 B_Y :

$$B_Y = x(T_2 - RD_2 + (1-a)R_Y - (1-a)C_Y) + (1-x)(T_2 - RD_2 + R_{N2} - C_{N2} - M_2' - Q_2)$$

不接受引资下的独立研发收益 B_N :

$$B_Y = x(T_2 - RD_2 + R_{N2} - C_{N2} - M_2) + (1-x)(T_2 - RD_2 + R_{N2} - C_{N2} - M_2)$$

平均期望收益：

$$\overline{B} = xB_Y - (1-x)B_N$$

联立期望收益，计算得双方复制动态方程如下，

反映中方策略变化的复制动态方程：

$$F(x) = \frac{dx}{dt} = x(A_Y - \overline{A}) = x(1-x)\big[y(T_{Y1} - RD_{Y1} + aR_Y - aC_Y) -$$
$$(T_{N1} - RD_{N1} + R_{N1} - C_{N1} - Q_1 - M_1) - Q_1 - M_1 + M_1'\big]$$

$$F(y) = \frac{dy}{dt} = y(B_Y - \overline{B}) = y(1-y)\big[x((1-a)R_Y - (1-a)C_Y) -$$
$$(R_{N2} - C_{N2} - M_2' - Q_2) - Q_2 + M_2 - M_2'\big]$$

令 $\frac{dx}{dt} = 0$, $\frac{dy}{dt} = 0$, 得到演化博弈模型的五个均衡点：

$$O_1 = (0,0); \quad O_2 = (1,0); \quad O_3 = (0,1); \quad O_4 = (1,1); \quad O_5 =$$

$$\left(\frac{Q_2 - M_2 + M_2'}{[(1-a)R_Y - (1-a)C_Y] - (R_{N2} - C_{N2} - M_2' - Q_2)}, \frac{Q_1 - M_2 + M_2'}{(T_{Y1} - RD_{Y1} + aR_Y - aC_Y) - (T_{N1} - RD_{N1} + R_{N1} - C_{N1} - Q_1 - M_1)} \right)$$

利用雅可比矩阵判定均衡点稳定性：

$$J = \begin{bmatrix} \dfrac{\partial F(x)}{\partial x} & \dfrac{\partial F(x)}{\partial y} \\ \dfrac{\partial F(y)}{\partial x} & \dfrac{\partial F(y)}{\partial y} \end{bmatrix}$$

其中，

$$\frac{\partial F(x)}{\partial x} = (1-2x)\big[y(T_{Y1} - RD_{Y1} + aR_Y - aC_Y) - (T_{N1} - RD_{N1} +$$
$$R_{N1} - C_{N1} - Q_1 - M_1) - Q_1 - M_1 + M_1'\big]$$

$$\frac{\partial F(x)}{\partial y}=x(1-x)\big[\,(T_{Y1}-RD_{Y1}+aR_Y-aC_Y)-(T_{N1}-RD_{N1}+R_{N1}-C_{N1}-Q_1-M_1)\,\big]$$

$$\frac{\partial F(y)}{\partial x}=y(1-y)\big\{\,[\,(1-a)R_Y-(1-a)C_Y\,]-(R_{N2}-C_{N2}-M_2'-Q_2)\,\big\}$$

$$\frac{\partial F(y)}{\partial y}=(1-2y)\big[\,x((1-a)R_Y-(1-a)C_Y)-(R_{N2}-C_{N2}-M_2'-Q_2)-Q_2+M_2-M_2'\,\big]$$

式中 $M_2<M_2'$，且 $M_1>M_1'$，经证明，雅可比矩阵的行列式 $detJ$ 和迹 trJ 取决于 $[\,(1-a)R_Y-(1-a)C_Y\,]-(R_{N2}-C_{N2}-M_2')$（即外方合作研发收益是否大于独立收益）。因此，商业化阶段的两种情况如表 10-9 所示，均衡点的稳定性见表 10-10，演化相位图见图 10-3。

表 10-9　　　　　商业化阶段的两种情况

$[\,(1-a)R_Y-(1-a)C_Y\,]-(R_{N2}-C_{N2}-M_2')$	>0	⑨
	<0	⑩

表 10-10　　　　　商业化阶段均衡点稳定性

		$O_1=(0,0)$	$O_2=(1,0)$	$O_3=(0,1)$	$O_4=(1,1)$	O_5
	$detJ$	>0	>0	>0	>0	<0
⑨	trJ	<0	>0	>0	<0	$=0$
	稳定性	稳定	不稳定	不稳定	稳定	鞍点
	$detJ$	>0	<0	>0	<0	<0
⑩	trJ	<0	不确定	>0	不确定	$=0$
	稳定性	稳定	鞍点	不稳定	鞍点	鞍点

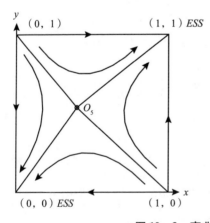 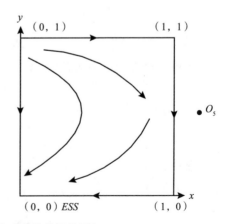

图 10-3　商业化阶段演化相位图

10.3.1.3 算例演示

经课题组成员讨论，技术换股权海洋能开发利用合作机制演化博弈各阶段算例参数见表 10 – 11。运用 MATLAB 执行算例，得到演化相位图见图 10 – 4 至 10 – 13。

表 10 – 11　　　　　　　　　　技术换股权各阶段算例参数

变量	开发阶段			过渡阶段					产业阶段	
	①	②	③	④	⑤	⑥	⑦	⑧	⑨	⑩
T_{Y1}	100	100	100	100	100	100	100	100	100	100
T_2	150	150	150	150	150	150	150	150	150	150
RD_{Y1}	60	60	60	60	60	60	60	60	60	60
a	0.5	0.5	0.5	0.5	0.5	0.5	0.5	0.5	0.5	0.5
$Risk_Y$	30	30	30	30	—	—	—	—	—	—
T_{N1}	70	70	70	70	80	80	80	80	80	80
RD_{N1}	60	60	60	60	60	60	60	60	60	60
$Risk_{N1}$	40	40	40	40	—	—	—	—	—	—
Q_1	30	30	30	30	30	30	20	20	30	30
E_Y	40	40	60	60	—	—	—	—	—	—
P	50	50	50	50	—	—	—	—	—	—
$Risk_{N2}$	30	30	30	30	—	—	—	—	—	—
E_{N2}	60	120	60	130	—	—	—	—	—	—
E_{N1}	20	20	20	20	—	—	—	—	—	—
Q_2	10	10	10	10	10	10	10	10	10	10
RD_2	100	100	100	100	100	100	100	100	100	100
R_Y	—	—	—	—	170	170	170	170	170	170
C_Y	—	—	—	—	90	90	90	90	90	80
$Risk'_{N1}$	—	—	—	—	10	10	10	10	—	—
E'_Y	—	—	—	—	35	35	38	38	—	—
R_{N2}	—	—	—	—	100	140	100	140	100	140
M_2	—	—	—	—	20	25	20	20	20	20
C_{N2}	—	—	—	—	50	70	50	70	50	70
E'_{N1}	—	—	—	—	40	40	15	15	40	40
M'_2	—	—	—	—	35	35	35	35	—	—
C_{N1}	—	—	—	—	—	—	—	—	40	40

变量	开发阶段			过渡阶段					产业阶段	
	①	②	③	④	⑤	⑥	⑦	⑧	⑨	⑩
R_{N1}	—	—	—	—	—	—	—	—	70	70
M_1	—	—	—	—	—	—	—	—	8	8
M_1'	—	—	—	—	—	—	—	—	4	4
M_2'	—	—	—	—	—	—	—	—	25	25

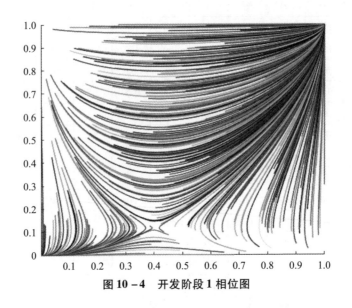

图 10 - 4　开发阶段 1 相位图

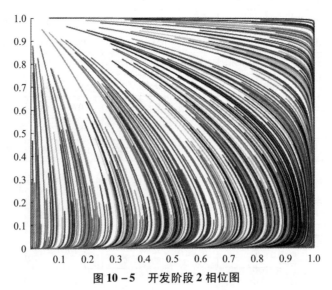

图 10 - 5　开发阶段 2 相位图

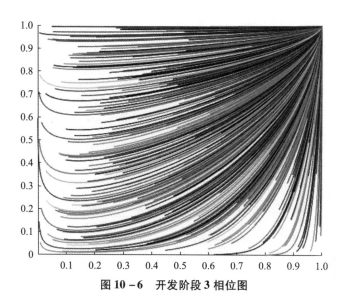

图 10 - 6　开发阶段 3 相位图

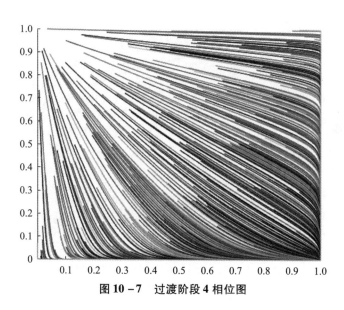

图 10 - 7　过渡阶段 4 相位图

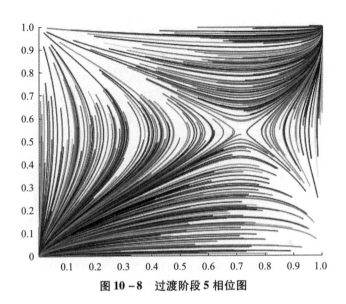

图 10 - 8 过渡阶段 5 相位图

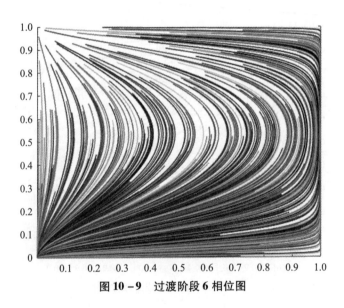

图 10 - 9 过渡阶段 6 相位图

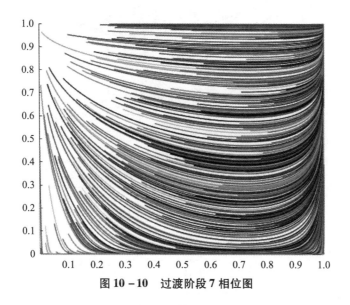

图 10 – 10　过渡阶段 7 相位图

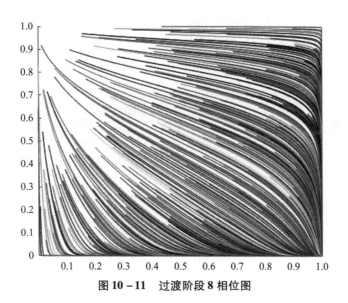

图 10 – 11　过渡阶段 8 相位图

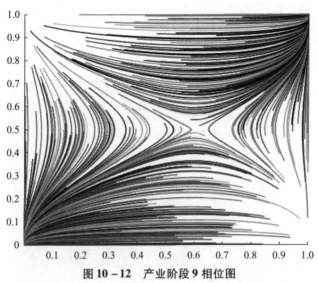

图 10 – 12　产业阶段 9 相位图

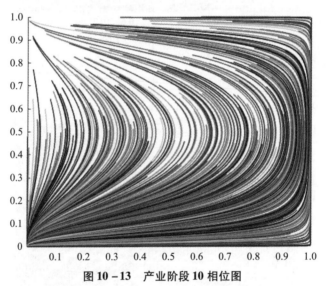

图 10 –13　产业阶段 10 相位图

10.3.2　以工程换能源的海洋能开发利用合作机制

10.3.2.1　工程换能源海洋能开发利用合作机制的可行性分析

"一带一路"合作倡议的提出为沿线国家提供了互利互惠、共同繁荣的经济合作平台。在众多合作项目中，能源领域的经济与技术合作是"一带一路"建设的重头戏，沿线国家在能源贸易、投资和科学研究等领域开展了多层次、多领域的交流合作，基于中国与沿线国家各自的资源优势相互补充是实现互利互惠的基本思路。

海洋能开发项目多为大型综合项目，技术上的核心为相关装备。但要使海洋能装备顺利实现能源输出目标，相关的基础设施建设必须配合装备运行要求。而同"一带一路"沿线上部分油气资源丰富的国家相比，一方面，中国在海洋能装备技术领域处于高技术梯度位置，在产业化较为成熟后有能力向技术梯度低位国家输出海洋能装备。另一方面，基础设施建设能力是中国参与国际经济合作的重要优势之一。因此，在海洋能开发利用的国际合作项目中，同等装备技术水平的条件下，基础设施工程的建设能力将为海洋能装备对外输出提供强力的加成作用。在能源与基础设施工程建设合作上，早在 2004 年，中国与巴西敲定价值 10 亿美元的"工程换能源"协议。① 中方负责巴西一处港口的基础设施建设，巴西则向中方提供石油及其他矿产资源作为回报。这种"工程换能源"的合作机制充分发挥了中国基础设施建设的优势，相应地也满足了国内石油需求。

在海洋能开发利用方面，也可参考"工程换能源"的国际合作机制，基于中国潮汐能装备技术与基础设施工程的优势，形成以工程换能源的海洋能开发利用合作机制。关于"工程换能源"② 的合作对象，西亚和北非可谓全球油气储量最集中的地区。中国同西亚北非国家的能源合作由来已久，长期通过油气贸易和能源投资等方式开展国际合作，在一定程度上具备合作基础和经验。客观上，美国对中东油气资源的依赖程度下降，国际政治与安全影响油气资源输出，全球气候变暖趋势下，各国积极探索可替代能源控制碳排放，种种因素促使西亚和北非等地的油气输出大国意识到海洋能开发与利用的重要性，并且出现加强海洋能装备领域国际合作的迫切愿望。此外，近年来西亚及北非地区多个国家出现不同程度的电力紧张问题：2021 年，伊朗十多个省市均出现了电力不足、拉闸限电的状况③；2020 年 7 月，几名示威者在巴士拉街头挥舞伊拉克国旗，抗议电力不足④；截至 2020 年利比亚内战，电力基础设施遭破坏，电力供不应求。⑤为实现电力供应稳定和可持续，伊朗、沙特、埃及等油气生产大国也都在积极推进可再生能源的开发与利用。

---

① 中国新闻网，2004 年 7 月 22 日。
② "一带一路"能源合作网，2022 年 8 月 15 日，参考：http://obor. neagov. cn/detail/17957. html。
③ 《德黑兰时报》，2021 年 5 月 10 日。
④ 《中东观察报》，2020 年 8 月 7 日。
⑤ 腾讯网，2020 年 11 月 3 日。

归纳起来主要有以下六大方面：一是油气对外依存度不断上升；二是长期以来在油气贸易方面缺乏定价话语权；三是频受西方发达国家排斥与遏制；四是海湾地区的油气运输通道存在安全隐患；五是能源生产和消费对环境污染仍较为严重；六是世界能源市场存在复杂变数。可以肯定，随着海洋能装备制造技术的逐渐成熟，中国与"一带一路"沿线国家开展基于"工程换能源"的海洋能开发利用国际合作存在巨大潜力。老牌欧美公司与西亚北非一些国家的"工程换能源"合作一直处于领先地位，中方企业难以后来居上，但对于一些成熟的海洋能开发技术，中国的优势在于基础设施建设能力。因此，海洋能开发项目工程换取能源的合作思路，对于中国同西亚北非在其他领域能源合作提供了弯道超车的机会。

10.3.2.2 工程换能源海洋能开发利用合作机制的演化博弈分析

当某项海洋能技术达到商业应用条件的情况下，工程换能源的海洋能开发合作利用机制开始生效。根据前文分析，工程换能源合作对象为油气资源储量丰富、亟待能源转型的国家。合作双方为演化博弈参与者，但需求取向和资源禀赋不同。以石油交易为例进行分析，合作对方的石油资源成本低但能源转型能力弱，急需海洋能开发的工程项目支援。因此，在公平交易下等价（设为 U）的石油资源和海洋能工程对于合作对方而言，效用分别为 $U - \delta_O$ 和 $U + \delta_E$，其中 δ 是一个不为零的正值。同理，假设中方需要石油供应，而海洋能装备技术成熟且对应的基础设施建设成本低廉，获取石油效用为 $U + \varepsilon_O$，支付海洋能装备及工程项目的成本为 $U - \varepsilon_E$。其中，δ_O 和 ε_O 受国际原油价格影响 P_O、突发事件严重性 $Emer$ 等因素的影响。δ_E 和 ε_E 受原油储量 R_{O1}（中）和 R_{O2}（外）、海洋能技术成熟度 TM 等因素的影响。此外，当外方寻求合作未成功时，存在沉没成本 Q_2，且假设其持有的等价能源效用存在。中方寻求合作未成功时，存在沉没成本 Q_1，而由于海洋能项目未实施，持有等价商品效用不存在。影响因素对总效用的影响及简析见表 10 - 12。

表 10 - 12　　　　　　　　　影响因素对总效用的影响及简析

影响因素	对 δ 或 ε 影响	影响方向	总效用	简析
P_O	δ_O	−	正向影响 $U - \delta_O$	能源价格上涨正向影响等价原油对双方持有原油的效用
P_O	ε_O	+	正向影响 $U + \varepsilon_O$	
$Emer$	δ_O	−	正向影响 $U - \delta_O$	突发事件严重性越高，原油作为战略储备的需求越大，从而正向影响双方效用
$Emer$	ε_O	+	正向影响 $U + \varepsilon_O$	

影响因素	对 δ 或 ε 影响	影响方向	总效用	简析
R_{O1}	ε_O	−	负向影响 $U + \varepsilon_O$	中方原油储量越低，获得原油效用越高
R_{O2}	δ_E	−	负向影响 $U + \varepsilon_E$	外方原油储量越低，获得海洋能源的效用越高
TM	δ_E	−	负向影响 $U + \varepsilon_E$	技术成熟度越高，海洋能装备市场越活跃，外方获得中方提供的海洋能源效用越低
TM	δ_O	+	负向影响 $U - \delta_O$	技术成熟度越高，海洋能对石油资源存在的替代性越，外方持有石油效用越低
TM	ε_O	+	负向影响 $U + \varepsilon_O$	技术成熟度越高，中方持有石油效用越低
TM	ε_E	+	负向影响 $U - \varepsilon_E$	技术成熟度越高，中方提供海洋能工程的成本越低

基于上述分析，构建演化博弈模型双方支付矩阵，见表 10 – 13。

表 10 – 13 　　　　　　演化博弈模型双方支付矩阵

		外方	
		合作 y	独立 $1 - y$
中方	合作 x	$TM - R_{O1} + Emer + P_O - (-TM)$ $-TM - R_{O2} - P_O - Emer + TM$	$-Q_1$ $P_O + Emer - TM$
	独立 $1 - x$	0 $-Q_2 + P_O + Emer - TM$	0 $P_O + Emer - TM$

根据表 10 – 13 计算复制动态方程。

其中，中方可选策略的期望收益如下，

工程换能源合作策略的期望收益 A_Y：

$$A_Y = y(2TM - R_{O1} + Emer + P_O) + (1 - y)(-Q_1)$$

不合作策略期望收益 A_N：

$$A_N = 0$$

平均期望收益：

$$\overline{A} = xA_Y - (1 - x)A_N$$

其中，外方可选策略的期望收益如下，

工程换能源合作策略期望收益 B_Y：

$$B_Y = x(-R_{O2} - P_O - Emer) + (1 - x)(-Q_2 + P_O + Emer - TM)$$

不接受引资下的独立研发收益 B_N：

$$B_N = P_O + Emer - TM$$

平均期望收益：

$$\overline{B} = xB_Y - (1 - x)B_N$$

联立期望收益，计算得双方复制动态方程如下，

反映中方策略变化的复制动态方程：

$$F(x) = \frac{\mathrm{d}x}{\mathrm{d}t} = x(A_Y - \overline{A}) = x(1 - x)[y(2TM - R_{O1} + Emer + P_O + Q_1) - Q_1]$$

$$F(y) = \frac{\mathrm{d}y}{\mathrm{d}t} = y(B_Y - \overline{B}) = y(1 - y)[x(-R_{O2} - 2P_O - 2Emer + TM + Q_2) - Q_2]$$

令 $\frac{\mathrm{d}x}{\mathrm{d}t} = 0$，$\frac{\mathrm{d}y}{\mathrm{d}t} = 0$，得到演化博弈模型的五个均衡点：

$O_1 = (0, 0)$；$O_2 = (1, 0)$；$O_3 = (0, 1)$；$O_4 = (1, 1)$，$O_5 =$

$$\left(\frac{Q_2}{-R_{O2} - 2P_O - 2Emer + TM + Q_2}, \frac{Q_1}{2TM - R_{O1} + Emer + P_O + Q_1} \right)$$

利用雅可比矩阵判定均衡点稳定性：

$$J = \begin{bmatrix} \dfrac{\partial F(x)}{\partial x} & \dfrac{\partial F(x)}{\partial y} \\ \dfrac{\partial F(y)}{\partial x} & \dfrac{\partial F(y)}{\partial y} \end{bmatrix}$$

其中：

$$\frac{\partial F(x)}{\partial x} = (1 - 2x)[y(2TM - R_{O1} + Emer + P_O + Q_1) - Q_1]$$

$$\frac{\partial F(x)}{\partial y} = x(1 - x)(2TM - R_{O1} + Emer + P_O + Q_1)$$

$$\frac{\partial F(y)}{\partial x} = y(1 - y)(-R_{O2} - 2P_O - 2Emer + TM + Q_2)$$

$$\frac{\partial F(y)}{\partial y} = (1 - 2y)[x(-R_{O2} - 2P_O - 2Emer + TM + Q_2) - Q_2]$$

式中，双方合作收益为正，经证明雅可比矩阵的行列式 $detJ$ 和迹 trJ 取决于 $-R_{O2} - 2P_O - 2Emer + TM + Q_2$（外方合作收益是否大于不合作收益）。因此，工程换能源的演化博弈均衡点有两种情况，如表 10 - 14 所示。均衡点的稳定性见表 10 - 15，演化相位图如图 10 - 14 所示。

表 10 − 14		博弈均衡点有两种情况	
$-TM - R_{O2} - P_O - Emer + TM - (P_O + Emer - TM)$		> 0	①
		< 0	②

表 10 − 15　　　　　　　　　　　　**均衡点的稳定性**

		$O_1 = (0, 0)$	$O_2 = (1, 0)$	$O_3 = (0, 1)$	$O_4 = (1, 1)$	O_5
①	$detJ$	> 0	> 0	> 0	> 0	< 0
	trJ	< 0	> 0	> 0	< 0	= 0
	稳定性	稳定	不稳定	不稳定	稳定	鞍点
②	$detJ$	> 0	< 0	> 0	< 0	< 0
	trJ	< 0	不确定	> 0	不确定	= 0
	稳定性	稳定	鞍点	不稳定	鞍点	鞍点

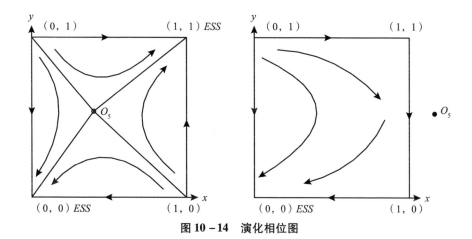

图 10 − 14　演化相位图

10.3.2.3　算例演示

经课题组讨论，工程换能源的海洋能开发合作演化博弈模型参数见表 10 − 16，基于算例的演化博弈相位图如图 10 − 15、图 10 − 16 所示。

表 10 − 16　　　　**工程换能源的海洋能开发合作演化博弈模型参数**

变量	①	②
TM	50	30
P_O	10	10
$Emer$	10	10

变量	①	②
R_{O1}	10	10
R_{O2}	2	2
Q_1	13	13
Q_2	10	10

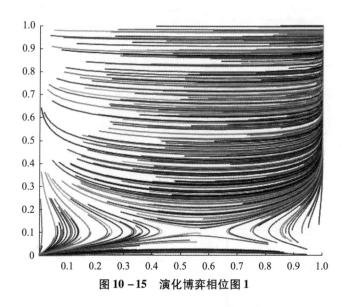

图 10 – 15　演化博弈相位图 1

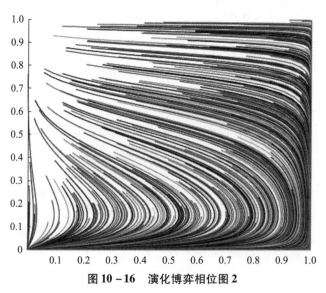

图 10 – 16　演化博弈相位图 2

10.3.3 国际经济合作风险管控机制

任何形式的国际经济合作都面临着许多不确定性，尤其是能源领域，深受地缘政治、能源需求变化的影响。中国海洋能装备制造参与国际经济合作的风险管控对于产业长期发展、对外稳定输出产能至关重要。前文分析了中国海洋能装备制造参与国际经济合作的两种机制，包括技术换股权和工程换能源。演化博弈模型中的风险因素有所差异，相关的风险管控机制理应针对两种机制分别进行研究。但事实上，股权换技术的合作机制下，风险因素主要包括研发失败风险，市场预期变化等，这些因素在一定程度上能够通过主观努力进行控制。而在工程换能源的合作机制下，风险因素主要来自能源价格、突发事件、资源禀赋等不可控原因。因此，海洋能国际经济合作风险管控机制以技术换股权海洋能开发利用合作展开分析。

技术换股权的合作机制下，风险主要发生在开发阶段和过渡阶段。在开发阶段，根据模型主要变量看，风险主要存在于研发失败风险 $Risk_Y$、$Risk_{N1}$、$Risk_{N2}$ 和市场预期 E_Y、E_{N2}、E_{N1} 等变量中。一方面，任何研发都存在一定的失败风险；另一方面，海洋能装备投入市场后的预期收益也难以预测。因此，这些风险因素可能对当前决策产生一定影响。但从中方角度看，引入技术实力较强的外资开展合作研发，并基于收益贡献、风险分担的合作机制进行风险管控，不仅能够有效降低研发失败风险，而且也能对预期收益提供有效保障，通过加强技术吸收，快速使海洋能装备产业化，降低预期市场收益的不确定性。

本研究以数值分析方法对风险管控进行分析。经课题组讨论，在静态数值设定的基础上，通过设置相关参数将部分变量改变为动态变量。设定海洋能装备产业化的技术水平阈值为 14 000，初始 $T_D = 6\,000$。

开发阶段：

$$T_F = 10\,000 + 2\,000 \times (arctan(t - 50) + 1.58)$$

$$T_{Y1} = \left(\frac{16\,000 - T_D}{10\,000}\right)RD_{Y1} + [0.002RD_{Y1} - 0.0004(T_F - T_D)]$$

$$P = 20 + 0.01(T_F - T_D)$$

$$T_{N1} = \left(\frac{16\,000 - T_D}{10\,000}\right)RD_{Y1}$$

$$E_Y = 0.003(T_D + T_F) - 18$$

$$E_{N1} = 56 \times 0.0004T_D - 33.6$$

$$E_{N2} = 0.00667 T_F - 26.6$$

过渡阶段:

$$T_F = 10\,000 + 2\,000 \times (arctan(t-50) + 1.58)$$

$$T_{Y1} = \left(\frac{16\,000 - T_D}{10\,000}\right) RD_{Y1} + [0.002 RD_{Y1} - 0.0004(T_F - T_D)]$$

$$T_{N1} = \left(\frac{16\,000 - T_D}{10\,000}\right) RD_{Y1}$$

$$E_Y' = 0.003(T_D + T_F) - 18$$

$$E_{N1}' = 56 \times [10^{(-4)}] \times T_D - 13.6 - 0.001 \times (T_F - T_D) - 0.1 \times \{t - [tan(0.42) + 50]\}$$

$$E_{N2} = 0.00667 T_F - 20$$

$$R_Y' = \frac{E'(T_D + T_F)}{10\,000}$$

$$R_{N2} = \frac{E_{N2} T_F}{10\,000}$$

$$C_{N2} = 0.5 R_{N2}$$

$$C_Y = \frac{8}{17} R_Y$$

$$Risk_{N1}' = 10 + 0.0005(T_F - T_D) + 0.05 \times \{t - [tan(0.42) + 50]\}$$

产业化阶段:

$$T_F = 10\,000 + 2\,000 \times (arctan(t-50) + 1.58)$$

$$T_{Y1} = \left(\frac{16\,000 - T_D}{10\,000}\right) RD_{Y1} + [0.002 RD_{Y1} - 0.0004(T_F - T_D)]$$

$$T_{N1} = \left(\frac{16\,000 - T_D}{10\,000}\right) RD_{Y1}$$

$$E_Y' = 0.003(T_D + T_F) - 18$$

$$E_{N1}' = 0.0056 T_D - 13.6 - 0.001(T_F - T_D) - 0.001(t2 + t3)$$

$$E_{N2} = 0.00667 T_F - 20$$

$$R_Y' = \frac{E'(T_D + T_F)}{10\,000}$$

$$C_Y = \frac{8}{17} R_Y$$

$$R_{N1} = \frac{E_{N1}' T_D}{10\,000}$$

$$C_{N1} = 0.5 R_{N1}$$

$$R_{N2} = \frac{E_{N2} T_F}{10\,000}$$

$$C_{N1} = 0.5R_{N2}$$

$$M_1 = 1.1 \times 10^{-4}T_F - 10^{-8} \times T_D^2 + 10^{-6} \times (t2 + t3)^2 + 14$$

$$M_1' = 1.1 \times 10^{-4}T_F - 10^{-8} \times T_D^2 + 10^{-6} \times (t2 + t3)^2 + 10$$

$$M_2 = 1.1 \times 10^{-4}T_F - 10^{-8} \times T_F^2 + 10^{-6} \times (t3)^2 + 5$$

$$M_2' = 1.1 \times 10^{-4}T_F - 10^{-8} \times T_F^2 + 10^{-6} \times (t_3)^2 + 10$$

中国寻求以技术换股权的目标在于利用外资积累技术存量，快速实现海洋能装备制造的产业化。从技术周期理论看，随着时间的延长，海洋能装备制造技术趋于成熟，此时双方技术水平相当，合作不再有利于技术的引进。在合作开发时期，相关的风险变量主要存在于开发阶段和过渡阶段，因此，快速达到产业化阶段，意味着风险的降低。综合三个阶段，研发阶段的主要目标应是通过增强合作来引进技术，规避研发失败风险。过渡阶段，对方海洋能装备开始产业化，此时仍应以合作为主要目标，作为后进者尽快达到产业化技术水平，追逐市场热点。最后，产业化发展随着技术成熟而完全成型，走向自由竞争的市场。因此，从总体上看，规避风险最有效的方式不是一味地寻求合作，而是利用前期的技术合作使中国海洋能装备尽快进入产业化阶段，形成自由竞争的市场。基于以上模型设计，选取研发投入、成本控制等要素，仿真分析以何种机制推动海洋能装备的产业化演进。

图 10 - 17 为改变合作研发投入对中方策略演进的影响，图 10 - 18 为改变非合作研发投入对中方策略演进的影响。可以发现，无论是引进外资进行合作开发，还是独立研发，增加研发投入都能使中国海洋能装备制造更快地进入自由竞争市场。值得注意的是，图 10 - 17 中，当合作研发投入较低时，中方的策略演化表明技术对外依赖程度很高，策略远离竞争市场，在技术上受到牵制。此时容易出现国际政治或外资垄断产生的风险，如技术封锁或市场垄断。另外，当独立研发与合作研发的投入相等时，$RD_{Y1} = RD_{N1} = 100$，对比图 10 - 17 和图 10 - 18，引进外资进行海洋能装备的合作开发以更快的速度进入自由市场。

基于独立策略，成本控制对中方引资策略的影响的仿真结果如图 10 - 19 所示，独立生产成本的降低能够有效地促进自由市场的形成。因此，在成本控制方面，应重点考虑产业化阶段非合作成本的控制，通过增强独立生产倾向，寻求对合作依赖的摆脱，进而在低成本、技术成熟的条件下尽可能降低风险。

综合以上研究结果，通过增强技术创新，能够推进海洋能装备快速进入产业化阶段，形成自由竞争市场，该过程压缩了开发阶段和过渡阶段的周期，从而规避了研发失败带来的风险。因此，在以技术换股权的海洋能开发合作下，通过技术创新快速推进产业化发展，是中国海洋能装备制造企业有效的风险规避机制。

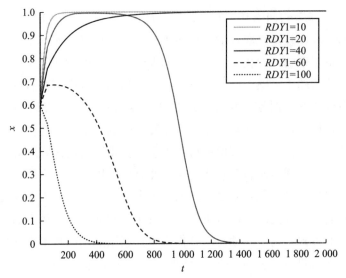

图 10 - 17　改变合作研发投入，对中方策略演进的影响

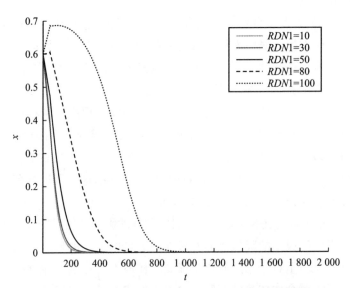

图 10 - 18　改变非合作研发投入，对中方策略演进的影响

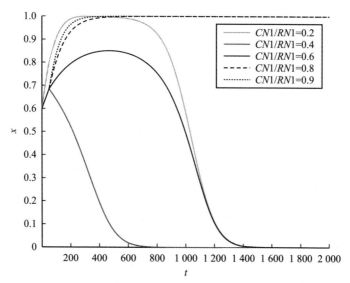

图 10 – 19　独立策略下成本控制，对中方引资策略的影响

10.3.4　海洋能装备输出贸易争端保护机制

基于工程换能源的海洋能开发合作机制，易受国际贸易争端的影响。贸易争端主要源自国际政治问题，在自由市场中，企业的合理经营一般不会引发政治干预，但对本国产业的保护措施是各国普遍执行的做法，如提升关税壁垒。当贸易争端出现时，一些因素发生变化。

工程换能源的演化博弈模型中，贸易争端出现时，能源价格 P_o 首先受到影响。同时，贸易争端作为一种突发事件，$Emer$ 对双方效用的影响显现。但在模型中，$Emer$ 在正常情况下为零，当突发事件出现时才对双方策略的选择产生影响。本研究通过改变模型变量，利用数值变化模拟贸易争端的出现，进而分析贸易争端对双方策略的影响，探索贸易争端出现的保护机制。

模型中当贸易争端出现时，能源价格 P_o 上涨，且贸易争端对价格的影响力持续减弱，最终回到正常水平。$Emer$ 在贸易争端时从 0 突变为正值，并且随贸易争端的消除逐渐减弱。为此，定义贸易争端函数作为演化过程中的状态函数：

$$dis = \begin{cases} \dfrac{\pi}{2} - \arctan(t - 60)，贸易争端期 \\ 0，非争端期 \end{cases}$$

当贸易争端出现时，该函数单调递减，模拟争端逐渐淡化。当 $t = 60$ 时，dis 斜率为负且绝对值最大，模拟贸易争端被博弈双方主动调解。贸易争端存在期间，P_O 和 $Emer$ 为关于 dis 的正相关函数。此外，在博弈模型中增加关税壁垒变量 tax，反映贸易争端中东道国的限制措施。

基于工程换能源的演化博弈模型分析中发现，外方合作策略与非合作策略期望收益之差 $-R_{O2} - 2P_O - 2Emer + TM + Q_2$ 决定了双方策略选择的演化趋势。考虑到中国一贯坚持开放、互惠、共享的国际贸易理念，寻求和平发展合作共赢，是中方的首选策略。因此，重点研究当前对方贸易的策略走向。

当 $-R_{O2} - 2P_O - 2Emer + TM + Q_2 > 0$，图 10 - 20 为外方合作收益较大时正常贸易和贸易争端的对比。贸易争端的出现改变了外方策略走势，贸易争端越大，外方合作策略越弱，当贸易争端达到无法解决的程度时，将使合作破裂且不可逆转。而在严重贸易争端和轻微贸易争端情况下，随着贸易争端的逐渐消除和完全解决，$t > 60$ 附近外方合作策略开始回转。当 $-R_{O2} - 2P_O - 2Emer + TM + Q_2 < 0$，外方独立收益较大时，政策贸易和贸易争端的对比如图 10 - 21 所示。该结果表明，贸易争端会加速外方策略向不合作演化。

当贸易争端可逆时，海洋能装备市场化受限，此时必须压缩成本，施行有效的成本控制。为此，在演化博弈模型中增加表现成本控制的节约量 θ，将模型收益矩阵改变，该节约量作为利益让步以一定比例 μ 与对方共享。此时动态复制方程为：

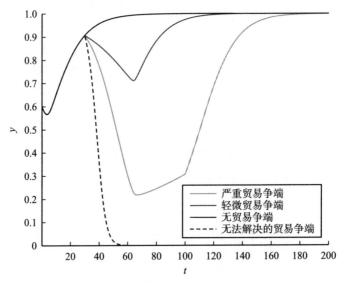

图 10 - 20　外方合作收益较大时，正常贸易和贸易争端的对比

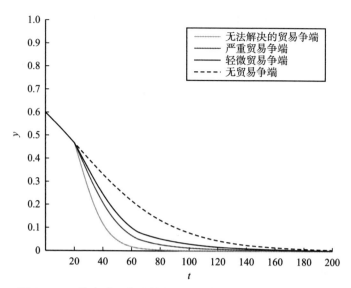

图 10 - 21　外方独立收益较大时，政策贸易和贸易争端的对比

$$F(x) = \frac{\mathrm{d}x}{\mathrm{d}t} = x(A_Y - \overline{A}) = x(1-x)\left[y(2TM + (1-\mu)\theta - R_{O1} + Emer + P_O + Q_1) - Q_1\right]$$

$$F(y) = \frac{\mathrm{d}y}{\mathrm{d}t} = y(B_Y - \overline{B}) = = y(1-y)\left[x(-R_{O2} + \mu\theta - 2P_O - 2Emer + TM + Q_2) - Q_2\right]$$

在 $-R_{O2} - 2P_O - 2Emer + TM + Q_2 > 0$ 的情况下，图 10 - 22 为增加成本控制的贸易争端保护机制。分析结果表明，成本控制在各种程度贸易争端中对工程换能源的跨国合作关系起到了明显的保护作用。当贸易争端严重到无法解决时，通过有效的成本控制，能够将破裂的能源合作关系重新建立。严重贸易争端发生时，利用成本控制能够快速逆转合作意愿的下降趋势。当贸易争端轻微时，利用成本控制的贸易争端保护机制，不会降低外方开展工程换能源的合作意愿。

在 $-R_{O2} - 2P_O - 2Emer + TM + Q_2 < 0$ 的情况下，图 10 - 23 为基于成本控制的贸易争端保护机制的作用效果，与图 10 - 21 进行对比，数值分析结果表明，基于成本控制的贸易争端保护机制能够有效改变外方开展海洋能工程换能源的合作意愿。通过一定程度的成本节约，施行成本控制能够逆转严重贸易争端和轻微贸易争端下对方策略向不合作演化的趋势。

综上所述，当"以工程换能源"的海洋能开发国际合作出现贸易争端时，有效的成本控制是维持合作关系的有效保护机制。具体而言，当外方合作策略的期望收益高于不合作策略的期望收益时，施行成本控制并分享收益，能够逆转贸易争端对合作关系的不利影响，且强度足够的成本控制能够在贸易争端无法解决的情况下对破裂的合作关系进行修复。当外方合作策略期望收益较小时，施行成本控制并分享相关收益，能够在贸易争端存在的情况下将合作关系修复。

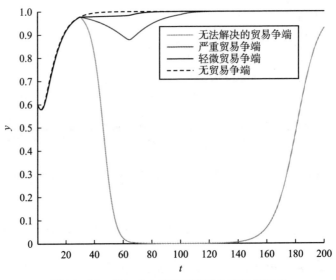

图 10 – 22　增加成本控制的贸易争端保护机制

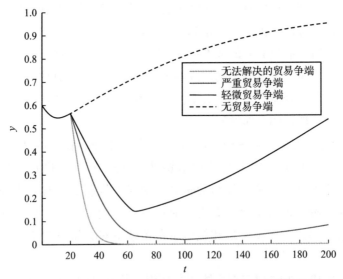

图 10 – 23　基于成本控制的贸易争端保护机制的作用效果

10.4　中国海洋能装备参与国际经济竞争的主要机制

10.4.1　海洋能装备制造企业技术机制

以技术换股权的海洋能开发利用合作机制研究表明，通过技术创新快速推进产业化发展，是中国海洋能装备制造企业有效的风险规避机制。因此，必须建立海洋能装备制造企业技术创新机制。海洋能装备制造企业提升技术创新水平可以选择两种机制：一是自主研发，突破国外技术封锁；二是引进外资，通过技术吸收实现技术溢出。海洋能装备制造企业技术创新机制如图 10 – 24 所示。

图 10 – 24　海洋能装备制造企业技术创新机制

在自主研发方面，首先，中国海洋能装备制造企业应紧扣需求导向，将地质勘探与装备研发相结合，使技术创新与服务创新相耦合，确保海洋能装备产品在特殊地理环境下的适应性，实行因地制宜的定制创新。其次，聚焦核心技术攻关，重点突破装备技术和装备制造技术，早日实现海洋能装备制造的产业化目标。最后，深入开展政产学研用的合作技术创新机制，有效利用政府指导工作和政策优势的同时，产学研结合进行技术攻关，同时将海洋能装备用户引入技术创新过程。不仅在研发阶段尽量满足用户需求，实现技术创新与用户需求的最佳匹配以创造附加价值，而且应与用户建立持续联系，获得反馈，以完成技术创新的迭代优化，完善海洋能装备产品。

在引进外资方面，中国海洋能装备制造企业应持有适当比例的股权，避免外商独资造成的逆向技术溢出。同时，增加技术创新资本投入和人力资本投入，以期提升技术吸收能力，促进本国技术进步。

10.4.2 海洋能装备制造企业成本控制机制

以技术换股权的海洋能开发利用合作机制是海洋能参与国际能源合作的有效途径，而对海洋能装备制造成本进行有效的控制，是在国际贸易争端中保护合作关系稳固的有效机制。

海洋能装备属于大型复杂产品系统，具有一定的模块化特征。在海洋能装备产品全生命周期中，成本主要发生在研发、制造、安装工程和后期服务等四个主要模块。因此，海洋能装备制造企业的成本控制机制设计也应从以上四个方面展开。海洋能装备制造企业成本控制机制如图 10 - 25 所示。

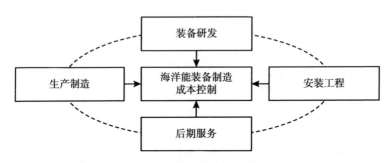

图 10 - 25 海洋能装备制造企业成本控制机制

首先，在研发过程中，评估自主研发与外资引进等两种技术创新机制的成本效益，选择低成本且能够实现技术创新目标的路径或路径组合。其次，在制造过程中，不断完善生产过程的智能化水平，实现离散制造、协同控制，基于订单与生产活动的智能规划，达到合理配置资源、节约生产成本的目标。同时，海洋能装备制造企业应坚持核心技术产品的自主生产，利用海洋能装备的模块化特征，采用组件外包制度，降低海洋能装备市场需求不确定性引发的非核心组件产能冗余及其引发的固定生产成本溢出。为此，使用人工智能技术的智能供应链是整合外部制造资源的有效技术手段。再次，安装工程可在国际合作中作为甲方向国外团队招标，合作方的工程团队对本地的自然地质状况更加了解。但在项目进行过程中，要派遣技术人员跟进项目，在监督质量的同时，增强海洋能开发项目相关技术设施与海洋能装备本身的适配性。最后，在后期服务方面，需利用数字技术持续关注装备运行状况，在合理范围内收集装备运行数据，以改进产品，反馈研发过程，通过降低研发盲目性而节约总体成本。

10.4.3 海洋能装备输出信息交流机制

随着数字经济的快速发展，中国已建成70多个具有跨行业和区域影响力的工业互联网平台，连接工业设备达到4 000万台（套），行业赋能效果明显。在数字经济背景下，海洋能装备的信息交流机制必须建立在数字互联的基础之上。为此，海洋能装备输出的信息交流机制需要海洋能装备与工业互联网的互联互通。信息的交流渠道也将得到广泛的拓展，除了商业信息在企业间的分享以外，装备运行数据也将通过工业互联网进行交流。此外，在国际合作中，实现数字互联必须与外网对接。因此，政府层面需要提供网络安全技术支持，网络安全是保证信息交流机制顺利运行，保护用户、企业和产业安全的重要前提。海洋能装备输出信息交流机制如图 10 - 26 所示。

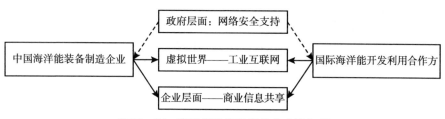

图 10 - 26 海洋能装备输出信息交流机制

10.5 本 章 小 结

本章在简要分析美国、亚洲主要国家、欧洲主要国家海洋能行业发展与市场现状、海洋能装备制造能力与水平的基础上，基于演化博弈方法，分析中国海洋能装备参与国际经济合作的主要机制。研究发现，技术创新是实现海洋能装备制造产业化应用的关键，提高技术创新水平，有利于缩短海洋能装备制造开发和过渡阶段周期，降低研发风险。另外，有效的成本控制，是中国海洋能装备制造与国际维持合作关系的有效保护机制，不仅有利于降低贸易竞争对合作关系的消极影响，还可以对中国与其他国家破裂的贸易合作关系进行修复。在此基础上，本研究构建了中国海洋能装备参与国际经济竞争的企业技术机制、成本控制机制以及信息交流机制，为中国海洋能装备参与国际经济合作与竞争提供理论借鉴。

第11章 中国海洋能装备制造发展的机制与政策建议

当前，中国海洋能装备制造发展主要存在关键技术制约、企业内部创新动力不足、人才匮乏、资金短缺等问题。本章从资金支持、人才培养、政策完善三个方面提出中国海洋能装备制造发展的相关建议，以期解决海洋能装备制造资金来源结构单一、关键技术受制于人、缺乏专业技术人才等问题，提高中国海洋能装备制造的能源捕获效率及能源利用效率，保障装置运行稳定，降低发电成本，实现海洋能装备制造抗腐蚀性、抗高温性、生态保护、质量控制、安全性等功效。

11.1 构建海洋能装备制造发展的财政支持机制

11.1.1 建立国家对海洋能装备制造发展的财政投入保障机制

财政投入是科技创新发展的重要保障，只有切实增加财政科技投入，完善财政科技投入的相关机制，才能充分发挥财政投入和财税政策的引导作用，促进相关单位加大技术创新投入。中国海洋能装备制造仍然处于技术研发初期阶段，为避免海洋能装备制造技术出现受制于人的情况，必须实现自主创新，瞄准海洋能装备制造领域卡脖子难题，加快攻关海洋能装备制造关键技术。为加快海洋能装备制造技术发展速度，科技研发投入是必要前提，但海洋能装备制造短期内无法形成可观的收益，致使中国海洋能装备制造技术发展大部分资金来自国家财政，社会民营资本进入海洋能的渠道和条件有限，而对海外资本、国际金融机构资金的申请利用极少甚至没有。

为解决中国海洋能装备制造资金问题，保障海洋能顺利开发，政府部门应加大政府财政扶持力度，开辟多元化的社会资本参与渠道，建立多元化投入机制，联合多方资本共同支持国家海洋能装备的发展，逐步实施由电力收购向专项基金补贴等多种方式的转变，以分担海洋能装备较高的制造成本。还可出台具体政策法规鼓励社会民营资本的参与，共同推进海洋能源建设。除政策引导外，国家还需采取适当的经济激励和制度支持，鼓励民营企业和民间资本注入海洋能等初期发展的可再生能源。

另外，为了使海洋能专项资金以及国家科技计划等国家财政资金能切实发挥作用，在技术创新、公共服务、示范应用等方面起到支撑引领作用，应根据各级地方海洋行政主管部门的实际情况，为其提供不同程度的财政预算支持，加大地方资金投入，发挥地方对海洋能装备制造技术创新发展的促进作用。既要拓宽融资渠道，充分利用资金补助、贷款贴息等多种手段，也要鼓励金融支持方式创新，让财政资金起到杠杆作用，鼓励金融资金和民间资本投入海洋能领域，构建起多元化、多渠道、多层次的海洋能资金投入机制。

11.1.2 建立财政投入资金使用管理机制

充足的资金投入是促进中国海洋能装备制造技术创新发展的前提，而合理的资金使用管理机制则更有利于降低海洋能装备制造技术发展相关财务风险，实现资源的合理配置，提高资金使用效率，加快海洋能装备制造技术发展步伐。进一步强化海洋能装备制造技术攻关、成果研发等使用资金的预算执行，加强项目库建设，细化相关预算编制，所分配的资金要落实到具体项目，尽量避免出现代编预算情况。进一步强化海洋能装备制造资金使用的绩效管理，对所拨付的相关资金实施全过程绩效管理，并不断依托资金投入、使用的绩效评价结果，完善相关财政分配方案、预算安排等。

第一，制定海洋能装备制造资金分配标准。以海洋能装备制造规模、海洋能装备制造技术智能化程度、海洋能装备制造能源捕获效率以及资源利用效率等作为资金分配指标，明晰各个海洋能装备制造部门规模、技术发展情况等，科学合理地测算海洋能装备制造各个部门资金需求，实现资金按需分配、精准分配、合理分配。第二，实现资金的规范使用。建立财政资金管理问责机制，充分落实资金管理经济责任制，牢固树立责任意识、风险意识、效益意识，对海洋能装备制造技术资金使用范围、资金拨付时限、财务管理等作出明确规定；建立协作资金从分配、使用、支付到成果评价、资金审计等链条式管理体制，加强海洋能装备制造资金使用过程中的监管力度，规范资金使用范围，动态掌握海洋能装备制造技术研发及后续投入资金使用进度，保障海洋能装备制造拨付的资金使用高效、规范，切实发挥研发资金对海洋能装备制造创新发展的作用，防止出现资金使用不规范以及用于其他方面的违规情况，提高资金使用效率。第三，构建资金审计机制。资金使用过程需要严格申报，规范保存一系列可追溯文件，在资金使用后，指派专人审查资金使用对象、使用流程以及使用效率，监督海洋能装备制造相关资金投入的合理性，保障海洋能装备制造资金审计的可持续性、可操作性。第四，进一步落实海洋能装备制造资金使用公示制度，充分利用信息化手段和新媒体平台，在保障信息安全性的前提下，将海洋能装备制造相关资金政策、资金分配标准等其他非保密信息及时向社会公众公开，保障资金分配透明度，主动接受社会监督。

11.1.3 建立海洋能装备制造财政重点支持项目的评估机制

为保证海洋能装备制造专项资金的落实，还需建立海洋能装备制造财政重点支持项目的评估机制，包括海洋能装备制造重点项目申报、立项筛选、结题资料审核等在内的一系列评估过程，以此保证海洋能装备制造重点项目的研发成果，提高海洋能装备制造专项资金使用效率。针对正在开展的海洋能装备制造重点项目，鼓励企业、地方财政与中央财政一起出资，探索各出资方联合管理、协同进步的组织模式，支持重大成果落地推广。建立项目负责单位的信用管理制度，根据海洋能装备制造重点项目和负责单位项目执行情况以及资金使用情况，准确规范地记录项目管理过程中的相关信息，包括申请者在申报过程中的信用状况，承担单位以及项目负责人在项目正式实施中的信用状况，专家参与项目评审评估、检查和验收过程中的信用状况，并按信用评级实行分类管理，以此督促海洋能装备制造项目资金规范使用。

对于海洋能装备制造重点项目申报，要落实好各个地方单位海洋能装备制造重点项目立项通知，鼓励符合要求的单位积极参加立项申报，并做好项目申报条件、要求、待遇等相关政策的宣讲工作。完善海洋能装备制造重点项目的立项筛选制度，依托国家重点研发计划清单、国民经济和社会发展重大需求以及科技发展优先领域，形成目标明确、边界清晰的海洋能装备制造重点项目立项筛选评估标准。根据海洋能装备制造立项申请中所涉及的基础研发前沿、重大共性关键技术到应用示范的全链条创新设计，实施综合评估，筛选优质项目，进行立项。科技部联合其他相关部门单位，依托国家科技计划（专项、基金等）相关制度，评估筛选出来的海洋能装备制造优质项目所需资金，按照流程拨付专项资金，并对优质项目提出改进意见，以帮助项目后续顺利开展。强化海洋能装备制造重点项目结题资料的审核工作，对海洋能装备制造筛选出来的优质项目建立年度报告制度，项目承担单位每年 11 月底，需要向专业机构报送项目年度执行情况及资金耗费情况，由专业机构评估海洋能装备制造项目资金使用效率。对于进展较好的项目，可根据实际情况追加资金，以鼓励海洋能装备制造项目承办单位完成任务的积极性。

11.2　建立海洋能装备制造人才培养机制

11.2.1　建立海洋能装备制造领军人才筛选机制

创新是引领海洋能装备制造发展的第一动力，而人才是保证海洋能装备制造创新发展的第一资源。为推进海洋能装备制造实现从"能发电"向"稳定发电"转变，形成高效、稳定、可靠的技术装备产品，必须严格把握人才质量。因此，建立海洋能装备制造领军人才筛选机制，发展一批综合素质优秀、业务能力卓越、引领作用突出、团队效应显著的海洋能装备制造领军人才，是实现海洋能装备制造创新发展的必要前提。

为有效筛选海洋能装备制造领军人才，提高海洋能装备制造一线管理队伍的素质和水平，防止优秀的海洋能装备制造领军人才流失，首先必须明晰海洋能装备制造领军人才筛选标准。海洋能装备制造领军人才必须具备政治坚定、德才兼备、善于管理、精通业务、勇于担当、乐于奉献、廉洁自律等基本素质，除此之外还要拥有开阔的国际视野、前沿的现代理念、驾驭全局的战略思维。只有以综合素质作为人才筛选标准，才能选拔出优质的海洋能装备制造领军人才，加快海洋能装备制造发展步伐。其次，建立海洋能装备制造领军人才筛选机制，除明确的海洋能装备制造领军人才筛选标准之外，还需要完善的海洋能装备制造领军人才筛选流程，相关单位应出台明确的海洋能装备制造领军人才选拔制度，公开海洋能装备制造领军人才基本要求、选拔标准以及福利待遇等相关信息，鼓励符合要求的相关人员参与选拔，然后展开具体的人员选拔工作，专业人员依托海洋能装备制造专业人才的综合素质打分，择优筛选出该领域的领军人才，同时保证所有选拔流程公正公开、透明，除保密信息外，主动接受社会各界监督。最后，在领军人才筛选完成后，构建动态的海洋能装备制造领军人才动态评价机制，每隔一年考察选拔出来的领军人才综合素质情况，动态更新海洋能装备制造领军人才名单。

11.2.2 建立海洋能装备制造技术骨干培育机制

中国海洋能装备制造的发展，不但取决于所拥有的专业技术人才的质量和数量，而且取决于人才的使用效率。要统筹推进海洋能装备制造技术骨干人才队伍建设，积极推进人才工作体制创新，必须做好人才培养工作，用好现有人才，造就高层次人才，稳定关键人才，培养未来人才。科技部、各高校以及相关研究所应根据国家需要不断培育海洋能装备制造领域所需人才，为中国海洋能装备制造建设及发展贡献力量。

为抓好海洋能装备制造技术骨干培养工作，首先，必须凝聚海洋能装备制造人才思想共识。相关单位应定期开展海洋能装备制造技术骨干思想教育培训工作，大力弘扬爱国奋斗精神，切实增强海洋能装备制造领域人才对新时代爱国奋斗精神的思想认同、情感认同和价值认同。其次，通过搭建海洋能装备制造技术创新发展交流平台，抓好海洋能装备制造技术骨干人才培育引进工作，提升海洋能装备制造技术骨干人才创新能力，依托"海洋能装备制造技术骨干+海洋能装备制造重点项目"的模式，对发展有潜质的学术技术团队以及具有较强的科研创新能力的科研技术骨干和产业能手进行扶持。再次，做好海洋能装备制造技术骨干人才激励工作及保障工作，以技术改造能力、科研团队素质以及联合创新能力三个主要维度作为海洋能装备制造技术骨干绩效的综合评价指标，衡量海洋能装备制造技术骨干绩效，从物质以及精神等方面给予相应奖励，并切实考虑人才的实际情况，通过政策支持、经济上保障的方式综合施策，解决海洋能装备制造技术骨干人才的后顾之忧。另外，在信息技术高速发展的时代，对人才的要求也不断提高，海洋能装备制造相关单位要为海洋能装备制造技术骨干人才提供发展通道，区别于传统阶梯式向上的发展。现阶段应提供多渠道的交流平台以及前沿知识获得渠道，让海洋能装备制造技术骨干人才熟悉国际海洋能装备制造技术前沿信息，并为海洋能装备制造技术骨干人才提供良好的职业发展前景以及更大的发展空间，进而促使海洋能装备制造技术骨干人才工作环境持续具有挑战性，加大人才技术创新动力。

11.2.3 建立海洋能装备发展智库建设机制

为培育海洋能装备制造领域人才，在筛选海洋能装备制造优质人才并对海洋能装备制造技术骨干进行专业培训的基础上，还需利用互联网等网络媒介及技术，建立一批治理完善、信息准确、监管有力的，包含海洋能装备制造研发重点、技术发展前沿情况等信息的海洋能装备发展智库。

首先，要实现海洋能装备智库信息公开，完善海洋能装备资源共享机制。海洋能装备发展智库建设需要畅通的信息渠道，只有在信息渠道畅通、信息完整的基础上，海洋能装备发展智库才能有针对性地进行研究，为海洋能装备制造发展提供前沿信息。由政府等相关单位互相督促，将信息公开落到实处，完善政务信息公开的方式和程序，健全信息公开处理机制。具体而言，政府及其相关单位还可以利用相应的门户网站、微博官方账号、微信公众号等平台实时更新相关信息，促使海洋能装备相关信息公开，完善资源共享机制。

其次，要加强各个海洋能装备发展智库之间合作，实现智库之间的交流协同机制。联合不同类型、不同资源结构的海洋能装备发展智库，加强这些智库之间的交流合作，促进海洋能装备制造智库体系的发展，提升智库内部资源信息的质量，并解决海洋能装备发展智库内部的研究资源不足、技术人员能力不足、机构合力不足、研究工作不连续等问题。同时注重国内外相关的重要政策，构建多类型的海洋能装备制造发展智库平台，如"一带一路"海洋能装备发展智库建设，"中国沿海地区海洋能装备发展智库战略联盟"的智库建设，积极思考海洋能装备发展智库建设的重点问题、重点研究方向等问题，加强智库之间的交流，构建智库之间交流合作的长效机制。

再次，加强对海洋能装备发展智库的管理力度，尤其要完善智库成果的审议评价制度，建立健全成果激励机制。国家应出台相关文件设定海洋能装备发展智库的评价体系，并进行相关的资格认证，对各类海洋能装备发展智库进行公开公正的评价和评级。同时，加大对有突出共享的智库单位及人员的奖励力度，促使海洋能装备发展智库健康有序运行。

最后，加大对海洋能装备发展智库的资金投入。为保障海洋能装备发展智库运行有充足而稳定的资金支持，应由政府牵头，设立专项资金，采取竞争性的办法引导相关智库进行海洋能装备制造研究，促使中国海洋能装备制造创新发展。

11.3 建立完备的海洋能装备制造发展政策体系

11.3.1 海外人才引进政策

随着经济全球化的发展，人才国际化已经成为普遍现象，为推进海洋能装备制造发展，海洋能装备制造人才应实现全球培养、全球配置。因此，制定海洋能装备制造海外人才引进政策有利于更好地培养、吸引、留住、使用人才，增强中国海洋能装备制造人才队伍专业能力，提高中国海洋能装备制造的国际竞争力。

首先，要完善海洋能装备海外人才引进国籍及户籍处理制度。在保证项目、信息保密安全的情况下，促进海外华人或国外科技人才自由跨国流动，对愿意以各种方式促进中国海洋能装备制造发展的尖子人才、特殊人才、优秀人才，发放相应证件，方便其进行国内外学术交流。对于已经回归中国国籍的科技人才，按照其自身实际情况，对其在国内跨区域、跨部门调动给予法律或者制度上的保障，并利用市场等手段干预，实现人尽其用，减少人才自由流动阻碍。

其次，要为愿意对中国海洋能装备制造贡献力量的海外人才提供广阔的发展空间。拓宽和丰富海洋能装备海外人才发展平台，政府牵头大力支持发展和建设海洋能装备制造技术产业的人才发展平台，充分利用留学人员创业园等科研优势，大力推动相关单位、高校以及校外研究所等机构的发展，加强海洋能装备海外人才交流沟通，提高海洋能装备海外人才自身创新能力。

再次，给予海洋能装备海外人才优厚待遇和相应的政策优惠。从税收优惠、就业指导、个人待遇、子女教育、风险投资扶持等方面制定相应的政策，同时鼓励中国企业、科研院所与国外科研机构和企业共办科研中心，进一步推动中国海洋能装备制造的发展，为海洋能装备海外人才在中国境内发展提供便利。

最后，在价值观导向正确的前提下，国内应建立更加民主、自由、宽松的海洋能装备制造技术科研环境，为海洋能装备海外人才提供相应的人才服务机构，构建市场化的海洋能装备海外人才信息沟通渠道、择业渠道、服务渠道，并开展相关的中介服务。加大对海洋能装备海外人才科研活动的资助力度，减轻科研人员压力，创造一个容许冒险和失败的海洋能装备制造技术研发环境。充分发挥侨社、侨团在团结海外科技人才方面的独特作用，以其为中介，促进海洋能装备国内外科技界的科研合作。

11.3.2　技术创新成果转化奖励政策

科技创新成果归根结底要服务社会经济发展，加大对海洋能装备制造相关科技成果应用转化的政策激励，有利于激发海洋能装备制造人才创新活力，提升中国海洋能装备制造的经济竞争力。通过制定和完善中国海洋能装备制造技术创新成果转化奖励相关政策法规，可以有力地推进中国海洋能装备设备及相关技术发展进程，提高中国海洋能装备制造能源转化效率，促进中国海洋能装备制造技术的进步，改善中国能源结构，实现环境保护和社会经济的可持续发展。因此，为了促进中国海洋能装备制造迅速发展，国家有必要出台包括奖励对象、奖励标准、奖励条件、科技成果产权制度等在内的明确的海洋能装备制造技术创新成果转化奖励政策，从政策导向与经济激励两个方面引导和带动中国海洋能装备制造快速高质量发展。

奖励对象，明确符合奖励基本条件的海洋能装备制造发展相关单位、科研机构及相应海洋能装备制造项目；奖励标准，明确海洋能装备制造技术创新成果转化标准，达到要求后才可得到政策奖励；奖励条件，申请奖励单位必须在相关中介服务机构进行知识产权备案，并通过中介服务机构实现后续试验、开发、应用、推广，形成新技术、新工艺、新材料以及新产品等，产生一定的经济社会效益；科技成果产权制度，明确的海洋能装备制造相关科技成果产权制度，划分好科技成果归属问题，为相关单位申请海洋能装备制造科技成果转化提供基础，以产权促进中国海洋能装备制造创新发展，赋予高校院所及相关科研机构等科研人员更多自主权，对于落地的科技成果，地方政府应给予进一步激励政策。同时，在健全海洋能装备制造相关单位知识导向分配制度、成果转化载体发展模式和资金投入管理方式等方面改革创新。

另外，除落实国家地方相关海洋能装备制造技术创新成果奖励政策外，在做好保密措施的前提下，允许相关科研人员按规定兼职创新，取得合法额外报酬，让科研人员合法提高经济收入。对于有突出贡献的科研人员，实行年薪制、协议工资制以及项目工资等灵活薪酬政策，将科研人员收入与创造的科学价值、经济价值以及社会价值紧密联系。

11.3.3 海洋能装备制造国际合作政策

为推进海洋能装备制造国际合作，需要有完善的政策保障，包括建设完善的国际海洋能创新体系、海洋能装备制造领域国际前沿问题探讨、提高中国海洋能装备制造国际竞争力、海洋能装备配套产品国际合作研发等在内的一系列海洋能装备制造国际合作政策。

通过国际合作，建设完善的国际海洋能创新体系相关政策，提升中国海洋能装备质量，提高海洋能创新能力。建议搭建产学研公共服务平台，以加快技术创新成果的转化过程。具体政策可根据中国海洋能战略规划和战略目标，定点联合国际海洋能装备制造领域专业高等院校、社会民营海洋能开发企业等各方平台，共同搭建信息互通的研发服务体系，促进中国海洋能领域创新能力的发展。通过政策辅助，提供适宜的创新环境，以国际高等院校科研技术的发展，为企业提供创新原动力，通过企业内部实践，不断优化技术理论，共同助力中国海洋能核心技术的研发，促进国内逐步成熟的海洋能装备进入规模化生产，推动中国海洋能产业化进程。

通过国际合作，实现海洋能装备制造领域国际前沿问题探讨，通过组织或参与国际范围内的博览交流活动，及时吸取国外先进理念，明确自身发展进程在国际海洋能领域中所处地位，找出薄弱环节进行重点突破。另外，还可通过建立数据库及时更新和追踪国际技术发展趋势，以此总结经验，为中国政府部门制定战略规划提供参考。与此同时，借助中国"一带一路"倡议的实施，将海洋能领域的合作交流纳入实施过程中，拓宽海洋能合作领域，推动与"一带一路"沿线国家的海洋能务实合作，借助周边国家海洋能合作平台，对中国专业人才进行培训，助力海洋能发展。

通过国际合作提高中国海洋能装备制造国际竞争力，利用政策引导加强海洋能装备制造业国际上产业链的合作，加强国内外供应商、承包商关键环节的承接和配合。从设计到制造，再到生产、安装、调试、投产，加强产业链上下游企业的合作，共同开发新产品、新技术、新工艺，参与产品生产的全过程可以提高整个链条的竞争力。

海洋能装备配套产品国际合作研发，政府部门应通过加强国际合作，促进海洋能配套装备研发制造统筹规划，给予配套装备同样程度的重视，加强相关人才的培养，适当提供政策支持，引导产业之间形成协作机制，通过上下游企业融合意见，共同推动海洋能配套装备的发展，提升中国海洋能的装配能力。

11.4　本 章 小 结

为推进中国海洋能装备制造发展，首先要对海洋能装备制造重大专项提供及时、充足的财力支持，建立合理规范的预算管理机制，及时拨付和下达专项资金。与此同时，重视人才、资本和技术等资源，将以上资源向海洋工程装备基地集聚，发挥地方优势、凸显地方特色，明确产业发展模式和方向，进一步提升中国海洋工程装备制造业的国际竞争力。并制定完备的海洋能装备制造发展政策体系，为中国海洋能装备制造发展提供政策保障，促进中国海洋能装备制造不断进步，抢先占领国际战略制高点。

参考文献

［1］白俊红，李婧. 政府 R&D 资助与企业技术创新——基于效率视角的实证分析［J］. 金融研究，2011（6）：181－193.

［2］曹建春，滕道祥，李凯，等. 风能、太阳能、（噪）声能综合利用装备的研究［J］. 徐州教育学院学报，2008，23（3）：104－105.

［3］陈峰. 产业竞争情报视角的国外风电装备制造标杆企业"走出去"的方法及启示［J］. 情报杂志，2016，35（1）：27－31.

［4］陈劲，阳银娟. 协同创新的驱动机理［J］. 技术经济，2012，31（8）：6－11；25.

［5］陈秋玲，于丽丽. 我国海洋产业空间布局问题研究［J］. 经济纵横，2014（12）：41－44.

［6］陈实，孙晓芹. 我国政府 R&D 经费投入的分析与判定——基于国家科技计划以财政科技拨款为研究视角［J］. 科学学研究，2013，31（11）：1630－1641.

［7］陈伟，周文，郎益夫，等. 产学研合作创新网络结构和风险研究——以海洋能产业为例［J］. 科学学与科学技术管理，2014，35（9）：59－66.

［8］陈晓东. 中国社会科学院与国家开发银行联合课题组，促进我国企业参与互联互通建设的研究［J］. 经济纵横，2017（7）：54－59.

［9］程立茹. 互联网经济下企业价值网络创新研究［J］. 中国工业经济，2013（9）：82－94.

［10］崔琳，李蒙，白旭. 海洋可再生能源技术现状与发展趋势［J］. 船舶工程，2021，43（10）：22－33.

［11］邓俊英，邓浩，邓悦. 国外海洋公共政策之比较［J］. 海洋开发与管理，2013，30（12）：1－6.

［12］丁莹莹，宣琳琳. 我国海洋能产业产学研合作创新网络的实证研究——基于网络结构的视角［J］. 工业技术经济，2015，34（5）：29－40.

［13］杜军，寇佳丽，鄢波，等．基于 CiteSpace 的国内外海洋科技研究现状及热点分析［J］．科技管理研究，2020，40（10）：48－55.

［14］冯建军，朱国俊，王准，等．二阶斯托克斯非线性潮波对潮汐贯流式水轮机性能的影响［J］．农业工程学报，2019，35（2）：48－54.

［15］冯伟，李颖洁．基于产业链的中国风电装备制造业发展策略研究［J］．中国科技论坛，2010（2）：61－66.

［16］付强，王国荣，周守为，等．温差能与低温海水资源综合利用研究［J］．中国工程科学，2021，23（6）：52－60.

［17］贡泰也．比利时的海洋研究与开发［J］．全球科技经济瞭望，1994（11）：38－41.

［18］顾婧，任珮嘉，徐泽水．基于直觉模糊层次分析的创业投资引导基金绩效评价方法研究［J］．中国管理科学，2015，23（9）：124－131.

［19］郭俊芳，汪雪锋，李乾瑞，等．一种新型的技术形态识别方法——基于 SAO 语义挖掘方法［J］．科学学研究，2016，34（1）：13－21.

［20］郭亮，于渤．动态视角下企业技术集成能力评价研究——基于 AHP－模糊 TOPSIS 法［J］．科研管理，2013，34（12）：75－84.

［21］郭雨晨．英国海洋空间规划关键问题研究及对我国的启示［J］．行政管理改革，2020（4）：74－81.

［22］国务院关于印发《中国制造 2025》的通知［EB/OL］．［2015－05－19］．http：//www. miit. gov. cn/n11293472/n11293877/n16553775/n16553792/16594486. html.

［23］韩晶．中国高技术产业创新效率研究——基于 SFA 方法的实证分析［J］．科学学研究，2010，28（3）：467－472.

［24］何郁冰．产学研协同创新的理论模式［J］．科学学研究，2012，30（2）：165－174.

［25］黄群慧，贺俊．中国制造业的核心能力、功能定位与发展战略——兼评《中国制造 2025》［J］．中国工业经济，2015（6）：5－17.

［26］纪建悦，郭慧文，林姿辰．海洋科教、风险投资与海洋产业结构升级［J］．科研管理，2020，41（3）：23－30.

［27］姜海通．促进海洋能开发经济激励法律制度研究［J］．经济与法，2015（8）：92－93.

［28］蒋秋飚，鲍献文，韩雪霜．我国海洋能研究与开发述评［J］．海洋开发与管理，2008（12）：22－29.

［29］乐勇，马丹阳．太阳能装备用光伏电池封装材料的市场供需情况［J］．建材世界，2020，41（4）：59 – 62.

［30］李剑敏，余婉涵．动态环境下的产业关键技术识别——基于情境分析的产业技术路线图方法［J］．科学学与科学技术管理，2017，38（4）：35 – 44.

［31］李乾瑞，郭俊芳，朱东华．新兴技术创新机会识别方法研究［J］．中国软科学，2018（11）：138 – 147.

［32］李星，贾晓霞．企业吸收能力、隐性知识转移与创新绩效的关系——基于对海洋装备制造企业的考察［J］．经营与管理，2016（3）：113 – 117.

［33］李永周，贺海涛，刘旸．基于知识势差与耦合的产学研协同创新模型构建研究［J］．工业技术经济，2014，33（1）：88 – 94.

［34］刘春元，洪立玮，黄磊，等．外次级永磁直线电机在波浪发电系统中的应用［J］．太阳能学报，2019，40（11）：3017 – 3024.

［35］刘和东，耿修林，梁东黎．技术创新的激励因子及其效应比较——以中国大中型工业企业为对象的实证分析［J］．科学学研究，2005，（2）：277 – 282.

［36］刘婧，姜娟．烟台市海洋装备制造业发展的 SWOT 分析［J］．环渤海经济瞭望，2019（1）：82 – 84.

［37］刘明君，李文沅，王财胜．孤岛模式运行下含潮汐发电和电池储能的微电网可靠性评估［J］．电力自动化设备，2016，36（11）：33 – 39.

［38］刘全，黄炳星，王红湘．海洋工程装备产业现状发展分析［J］．中国水运（下半月刊），2011，11（3）：37 – 39.

［39］刘伟民，麻常雷，陈凤云，等．海洋可再生能源开发利用与技术进展［J］．海洋科学进展，2018，36（1）：1 – 18.

［40］刘玉新，麻常雷．英国海洋能开发利用分析［J］．海洋开发与管理，2018，35（3）：3 – 7.

［41］娄成武，吴宾，杨一民．我国海洋工程装备制造业面临的困境及其对策［J］．中国海洋大学学报（社会科学版），2016（3）：26 – 31.

［42］吕建华，罗颖．我国海洋环境管理体制创新研究［J］．环境保护，2017，45（21）：32 – 37.

［43］罗国亮，职菲．中国海洋可再生能源资源开发利用的现状与瓶颈［J］．经济研究参考，2012（51）：66 – 71.

［44］罗伟林，程心太．福建省海洋工程装备制造产业发展 SWOT 分

析 ［J］. 海峡科学，2021（7）：92 - 97.

［45］麻常雷，夏登文，王萌，等. 国际海洋能技术进展综述 ［J］. 海洋技术学报，2017，36（4）：70 - 75.

［46］麻常雷，夏登文. 海洋能开发利用发展对策研究 ［J］. 海洋开发与管理，2016，33（3）：51 - 56.

［47］马冬娜. 海洋能发电综述 ［J］. 科技资讯，2015，13（21）：246 - 247.

［48］马龙，陈刚，兰丽茜. 浅析我国海洋能合理化开发利用的若干关键问题及发展策略 ［J］. 海洋开发与管理，2013，30（2）：46 - 50.

［49］孟凡生，李晓涵. 中国新能源装备智造化发展技术路线图研究 ［J］. 中国软科学，2017（9）：30 - 37.

［50］牟健. 我国海洋调查装备技术的发展 ［J］. 海洋开发与管理，2016，33（10）：78 - 82.

［51］庞磊. OFDI 逆向技术溢出门槛与母国技术进步——基于绿地投资与企业海外并购的比较 ［J］. 首都经济贸易大学学报，2018，20（4）：49 - 57.

［52］彭洪兵，吴姗姗，麻常雷，等. 我国海洋能产业空间布局研究 ［J］. 海洋技术学报，2017，36（4）：88 - 94.

［53］彭景平，葛云征，陈凤云，等. 一种新型高效海洋温差能热力循环性能研究 ［J］. 太阳能学报，2021，42（5）：60 - 66.

［54］秦琳贵，沈体雁. 科技创新促进中国海洋经济高质量发展了吗——基于科技创新对海洋经济绿色全要素生产率影响的实证检验 ［J］. 科技进步与对策，2020，37（9）：105 - 112.

［55］任年鑫，朱莹，马哲，等. 新型浮式风能—波浪能集成结构系统耦合动力分析 ［J］. 太阳能学报，2020，41（5）：159 - 165.

［56］盛亚，王松，裘克寒. 制造业技术转型模式的实证研究：以浙江为例 ［J］. 科学学研究，2011，（5）：692 - 697，706.

［57］石莉萍，戴翔，孙大伟. 全球价值链演进新趋势下我国产业发展机遇及对策 ［J］. 经济纵横，2016（3）：36 - 40.

［58］帅竞，成金华，冷志惠，等. "一带一路"背景下中国可再生能源产品国际竞争力研究 ［J］. 中国软科学，2018（7）：21 - 38.

［59］孙林杰，孙万君，高紫琪. 我国海洋科技人才集聚度测算及影响因素研究 ［J］. 科研管理，2022，43（10）：192 - 199.

［60］孙松，孙晓霞. 全面提升海洋综合探测与研究能力——中国科

学院海洋先导专项进展［J］. 海洋与湖沼, 2017, 48 (6): 1132 - 1144.

[61] 孙晓华, 郭旭. "装备制造业振兴规划"的政策效果评价——基于差分内差分方法的实证检验［J］. 管理评论, 2015, 27 (6): 78 - 88; 159.

[62] 唐书林, 肖振红, 苑婧婷. 网络模仿、集群结构和产学研区域协同创新研究: 来自中国三大海洋装备制造业集群的经验证据［J］. 管理工程学报, 2016, 30 (4): 34 - 44.

[63] 唐未兵, 傅元海, 王展祥. 技术创新、技术引进与经济增长方式转变［J］. 经济研究, 2014 (7): 31 - 43.

[64] 汪雪锋, 邱鹏君, 付芸. 一种新型技术路线图构建研究——基于 SAO 结构信息［J］. 科学学研究, 2015, 33 (8): 1134 - 1140.

[65] 王宝森, 徐春红, 陈华. 世界海洋可再生能源的开发利用对我国的启示［J］. 海洋开发与管理, 2014, 31 (6): 60 - 63.

[66] 王碧珺, 李冉, 张明. 成本压力、吸收能力与技术获取型 OFDI［J］. 世界经济, 2018, 41 (4): 99 - 123.

[67] 王江涛. 我国海洋产业供给侧结构性改革对策建议［J］. 经济纵横, 2017 (3): 41 - 45.

[68] 王项南, 张原飞, 夏海南, 等. 我国自主研发潮流能发电装置的现场测试与评价分析［J］. 仪器仪表学报, 2018, 39 (7): 226 - 234.

[69] 王欣, 唐其, 谢文超, 等. 促进我国海洋可再生能源发展的政策路线研究［J］. 海洋开发与管理, 2016, 33 (6): 79 - 83.

[70] 王燕, 农云霞, 刘邦凡. 发达国家海洋波浪能发展政策及其对我国的启示［J］. 科技管理研究, 2017, 37 (10): 48 - 53.

[71] 王仰东, 邵一兵, 许栋明, 等. 产业技术路线图与太阳能光伏产业发展研究——以保定为例［J］. 科学学与科学技术管理, 2010, 31 (1): 17 - 22.

[72] 吴宾, 杨一民, 娄成武. 中国海洋工程装备制造业政策文献综合量化研究［J］. 科技管理研究, 2017, 37 (12): 103 - 110.

[73] 吴磊, 詹红兵. 全球海洋治理视阈下的中国海洋能源国际合作探析［J］. 太平洋学报, 2018, 26 (11): 56 - 69.

[74] 吴巧生, 王华, 成金华. 中国能源战略评价［J］. 中国工业经济, 2002 (6): 13 - 21.

[75] 吴亚楠, 吴国伟, 武贺, 等. 海岛海洋能应用需求和发展建议探讨［J］. 海洋开发与管理, 2017, 34 (9): 39 - 44.

［76］武晓岚．海洋工程装备产业竞争力要素实证分析［J］．中国国情国力，2021（6）：41 – 45.

［77］向刚，汪应洛．企业持续创新能力：要素构成与评价模型［J］．中国管理科学，2004，12（6）：137 – 142.

［78］肖文，林高榜．政府支持、研发管理与技术创新效率——基于中国工业行业的实证分析［J］．管理世界，2014（4）：71 – 80.

［79］徐红瑞，王连玉．海洋能产业项目技术经济可行性评价研究［J］．海洋开发与管理，2016，33（2）：11 – 13.

［80］徐胜，杨学龙．创新驱动与海洋产业集聚的协同发展研究——基于中国沿海省市的灰色关联分析［J］．华东经济管理，2018，32（2）：109 – 116.

［81］徐胜．海洋强国建设的科技创新驱动效应研究［J］．社会科学辑刊，2020（2）：125 – 134.

［82］徐银雪．促进海洋能开发的配额式投融资制度研究［D］．青岛：中国海洋大学，2014.

［83］杨薇，栾维新．政策工具—产业链视角的中国海洋可再生能源产业政策研究［J］．科技管理研究，2018（10）：36 – 43.

［84］易先忠．技术差距双面效应与主导技术进步模式转换［J］．财经研究，2010，36（7）：39 – 48.

［85］游亚戈，李伟，刘伟民，等．海洋能发电技术的发展现状与前景［J］．电力系统自动化，2010，34（14）：1 – 12.

［86］于丽敏，王国顺，刘继云．政府扶持战略性新兴产业发展的案例分析——以东莞薄膜太阳能产业为例［J］．社会科学战线，2011（12）：82 – 85.

［87］余杨，李焱，段庆昊．工程科技领军人才情商培养的探索——以天津大学海洋与船舶工程专业教学改革为例［J］．高等工程教育研究，2020（2）：93 – 98.

［88］郁志荣．日本《海洋基本计划》特点分析及其启示［J］．亚太安全与海洋研究，2018（4）：19 – 31；122.

［89］曾晓光．未来技术将如何影响海洋装备产业［J］．中国船检，2018（3）：44 – 46.

［90］张美晨，卜伟．我国海洋产业发展的问题与治理思路［J］．北京交通大学学报（社会科学版），2016，15（4）：10 – 17.

［91］张多．比利时的海洋能政策与开发．中国海洋信息网，https：//

www. nmdis. org. cn/c/2018 – 07 – 17/60432. shtml.

[92] 张多. 德国海洋能：鼓励企业研发创新　实现技术输出 [N]. 中国海洋报, 2018 – 05 – 16.

[93] 张继生, 汪国辉, 林祥峰. 潮流能开发利用现状与关键科技问题研究综述 [J]. 河海大学学报（自然科学版）, 2021, 49（3）: 220 – 232.

[94] 张剑, 隋艳晖, 于海, 刘福江. 我国海洋高新技术产业示范区规划探究——基于供给侧结构性改革视角 [J]. 经济问题, 2018（6）: 59 – 63.

[95] 张军扩, 余斌, 吴振宇. 增长阶段转换的成因、挑战和对策 [J]. 管理世界, 2014（12）: 12 – 20; 37.

[96] 张理, 李志川. 潮流能开发现状、发展趋势及面临的力学问题 [J]. 力学学报, 2016, 48（5）: 1019 – 1032.

[97] 张炫钊, 张培栋. 国内外现行海洋能政策比较分析 [J]. 海洋经济, 2018, 8（1）: 48 – 56.

[98] 赵健宇, 王铁男. 战略联盟协同演化机理与效应——基于生物进化隐喻的多理论诠释 [J]. 管理评论, 2018（8）: 194 – 208.

[99] 赵江滨, 范梦雨, 金勇, 等. 跷跷板式波浪能装置阵列发电性能分析 [J]. 科技导报, 2021, 39（6）: 35 – 41.

[100] 赵羿羽. 创新环境下的海洋装备发展前景 [J]. 船舶物资与市场, 2017（2）: 38 – 40.

[101] 郑崇伟, 李崇银. 海洋强国视野下的"海上丝绸之路"海洋新能源评估 [J]. 哈尔滨工程大学学报, 2020, 41（2）: 175 – 183.

[102] 郑金海, 张继生. 海洋能利用工程的研究进展与关键科技问题 [J]. 河海大学学报（自然科学版）, 2015, 43（5）: 450 – 455.

[103] 中国造船工程学会. 我国海洋工程装备产业发展形势与对策 [J]. 船海工程, 2014（1）: 1 – 9.

[104] 仲雯雯, 郭佩芳, 于宜法. 中国战略性海洋新兴产业的发展对策探讨 [J]. 中国人口・资源与环境, 2011, 21（9）: 163 – 167.

[105] 仲雯雯. 国内外战略性海洋新兴产业发展的比较与借鉴 [J]. 中国海洋大学学报（社会科学版）, 2013（3）: 12 – 16

[106] 朱永强, 王欣, 贾利虎, 等. 政府在我国海洋能产业发展中的角色定位 [J]. 海洋开发与管理, 2016, 33（2）: 14 – 17.

[107] 邹俊. "中国制造2025" 战略下推进国有企业转型升级的难点

及对策 [J]. 经济纵横, 2015 (11): 78 – 82.

[108] 左志平, 康贤刚. 产业集群供应链生态合作影响因素实证分析 [J]. 科技管理研究, 2014, 34 (22): 151 – 155.

[109] 左志平, 刘春玲, 黎继子. 产业集群供应链生态合作绩效影响因素实证研究 [J]. 科学学与科学技术管理, 2015, 36 (5): 32 – 41.

[110] Abbasi M, Vassilopoulou P, Stergioulas L. Technology roadmap for the Creative Industries [J]. Creative Industries Journal, 2017, 10 (1): 1 – 19.

[111] Andersson U, Forsgren M, Holm U. The strategic impact of external networks: Subsidiary performance and competence development in the multinational corporation [M]. Knowledge, Networks and Power, Palgrave Macmillan UK, 2015: 979 – 996.

[112] Atanassov K T. Intuitionistic fuzzy sets [J]. Fuzzy Sets & Systems, 1986, 20 (1): 87 – 96.

[113] Ben M F Z, Rasovska I, Dubois S et al. Reviewing the use of the theory of inventive problem solving (TRIZ) in green supply chain problems [J]. Journal of Cleaner Production, 2017, 142: 2677 – 2692.

[114] Bernhard L, Jørgen H. Evaluation of the wind-resource estimation program WAsP for offshore applications [J]. Journal of Wind Engineering and Industrial Aerodynamics, 2001, 89 (3 – 4): 271 – 291.

[115] Boran F E, GençS, Kurt M et al. A multi-criteria intuitionistic fuzzy group decision making for supplier selection with TOPSIS method [J]. Expert Systems with Applications, 2009, 36 (8): 11363 – 11368.

[116] Buckley J J. Fuzzy hierarchical analysis [J]. Fuzzy Sets & Systems, 1985, 17 (3): 233 – 247.

[117] Cascajo R, García E, Quiles E et al. Integration of marine wave energy converters into seaports: A case study in the Port of Valencia [J]. Energies, 2019, 12 (5): 787.

[118] Castro – Santos L, Prado Garcia G, Simoes T et al. Planning of the installation of offshore renewable energies: A GIS approach of the Portuguese roadmap [J]. Renewable Energy, 2019, 132: 1251 – 1262.

[119] Chao L, Shuang L, Wang S et al. Discussion on advances in power generation equipment and technology for marine renewable energy and its issues [J]. Journal of Hydroelectric Engineering, 2015, 34 (2): 195 – 198.

[120] Charles S C. Measurement of the ocean and coastal economy: Theo-

ry and methods [J]. National Ocean Economics Project of the USA, 2011, 3 (11): 104 – 114.

[121] Chen L, Xu Z. A new fuzzy programming method to derive the priority vector from an interval reciprocal comparison matrix [J]. Information Sciences, 2015, 316: 148 – 162.

[122] Damacharla P, Fard A J. A rolling electrical generator design and model for ocean wave energy conversion [J]. Inventions, 2020, 5 (1): 1 – 15.

[123] Daniel F. On economic applications of evolutionary game theory [J]. Journal of Evolutionary Economics, 1998, 8 (1): 15 – 43.

[124] Dong S, Sun Y. Upgrading path and value Chain upgrading strategy of China's marine equipment manufacturing industry [J]. Journal of Coastal Research, 2020, 107 (spl): 157 – 160.

[125] Elkan V R. Catching up and slowing down: Learning and growth patterns in an open economy [J]. Journal of International Economics, 1996, 41 (1 – 2): 95 – 111.

[126] Galloway G S, Catterson V M, Love C et al. Modeling and interpretation of tidal turbine vibration through weighted least squares regression [J]. IEEE Transactions on Systems, Man, and Cybernetics: Systems, 2020, 50 (4): 1252 – 1259.

[127] Gerard N. An estimate of Atlantic Ocean Thermal Energy Conversion (OTEC) resources [J]. Ocean Engineering, 2007, 6 (4): 3 – 4.

[128] Grossman G M, Helpman E. Comparative advantage and long-run growth [J]. American Economic Review, 1990, 80 (4): 796 – 815.

[129] Henry J, Jonathan S, Gavin G. Public funding for ocean energy: A comparison of the UK and U. S. [J]. Technological Forecasting & Social Change, 2014 (84): 155 – 170.

[130] He X H, Ping Q Y, Hu W F. Does digital technology promote the sustainable development of the marine equipment manufacturing industry in China? [J]. Marine Policy, 2022, 136: 104868.

[131] Inger R, Attrill M J, Bearhop S et al. Marine renewable energy: Potential benefits to biodiversity? An urgent call for research [J]. Journal of Applied Ecology, 2009, 46 (6): 1145 – 1153.

[132] Jo C H, Lee K H, Ho Y. Recent TCP projects in Korea [J]. Technological Sciences, 2010, 53 (1): 57 – 61.

[133] Jude S. Establishing a legal research agenda for ocean energy [J]. Marine Policy, 2017, 63: 126 – 134.

[134] Kerr S, Johnson K, Wright G. Rights and ownership in sea country: Implications of marine renewable energy for indigenous and local communities [J]. Marine Policy, 2015, 52: 108 – 115.

[135] Khan N, Kalair A, Abas N et al. Review of ocean tidal, wave and thermal energy technologies [J]. Renewable & Sustainable Energy Reviews, 2017, 72: 590 – 604.

[136] Kim H J, Lee K C. Design of seawater rechargeable battery package and BMS module for marine equipment [J]. Journal of the Korean Society of Manufacturing Process Engineers, 2022, 21 (3): 49 – 55.

[137] Kim T, Setoguchi T, Kinoue Y et al. Effects of blade geometry on performance of wells turbine for wave power conversion [J]. Journal of Thermal Science, 2001, 10 (4): 293 – 300.

[138] Lai M, Wang H, Zhu S. Double-edged effects of the technology gap and technology spillovers: Evidence from the Chinese industrial sector [J]. China Economic Review. 2009, 20, (3): 414 – 424.

[139] Lee H, Geum Y. Development of the scenario-based technology roadmap considering layer heterogeneity: An approach using CIA and AHP [J]. Technological Forecasting and Social Change, 2017, 117: 12 – 24.

[140] Lehmann M, Karimpour F, Goudey C A et al. Ocean wave energy in the United States: Current status and future perspectives [J]. Renewable & Sustainable Energy Reviews, 2017, 74: 1300 – 1313.

[141] Li T C, Qiao L, Ding Y Y. Factors influencing the cooperative relationship between enterprises in the supply chain of China's marine engineering equipment manufacturing industry – An study based on GRNN – DEMATEL method [J]. Applied Mathematics and Nonlinear Sciences, 2021, 5 (1): 121 – 138.

[142] Liu L, Song H Y, Xing J R. Benchmarking of marine equipment manufacturing industry in Liaoning province [J]. Journal of Coastal Research, 2019, 94: 838 – 841.

[143] Magagna D, Uihlein A. Ocean energy development in Europe: Current status and future perspectives [J]. International Journal of Marine Energy, 2015, 11: 84 – 104.

[144] Ma K, Lee S W. Research on Man – Machine optimization design method of Marine Manufacturing Equipment based on visual communication elements [J]. Journal of Coastal Research, 2020, 108, 294 – 297.

[145] Manabu T K, Akiyasu T, Shinya O et al. A twin unidirectional impulse turbine for wave energy conversion [J]. Journal of Thermal Science, 2011, 20 (5): 394 – 397.

[146] Marcos B, Marcos L, Dionisio R et al. Dimensioning of point absorbers for wave energy conversion by means of differential evolutionary algorithms [J]. IEEE Transactions on Sustainable Energy, 2018: 1 – 1.

[147] Mark A S, David K W, Eric P M G et al. Marine renewable energy: The ecological implications of altering the hydrodynamics of the marine environment [J]. Ocean & Coastal Management, 2011, 54 (1): 2 – 9.

[148] Maser M. Tidal Energy-a primer [J]. Blue Energy, 2004, 8 (2): 18 – 20.

[149] Mateos L, Hartnett M. Tidal-stream power assessment—A novel modelling approach [J]. Energy Reports, 2020, 6: 108 – 113.

[150] Mok K Y, Shen Q P, Yang R J, et al. Investigating key challenges in major public engineering projects by a network-theory based analysis of stakeholder concerns: A case study [J]. International Journal of Project Management, 2017, 35 (1): 78 – 94.

[151] Mzoughi F, Bouallegue S, Garrido A J et al. Stalling-free control strategies for Oscillating – Water – Column-based wave power generation plants [J]. IEEE Transactions on Energy Conversion, 2017, 33 (1): 209 – 222.

[152] Qiu D H. Erect of end plates on the performance of a wells turbine for wave energy conversion [J]. Journal of Thermal Science, 2006, 15 (4): 319 – 323.

[153] Ramos V, Giannini G, Calheiros – Cabral T et al. Assessing the effectiveness of a novel WEC concept as a Co – Located solution for offshore wind farms [J]. Journal of Marine Science and Engineering, 2022, 10 (2), 267.

[154] Robin P, Rod M F. Renewable Energy from the Ocean [J]. Marine Policy, 2002, 26 (6): 471 – 479.

[155] Salvador S, Gimeno L, Sanz Larruga F J. The influence of maritime spatial planning on the development of Marine renewable energies in Portugal and Spain: Legal challenges and opportunities [J]. Energy Policy, 2019,

128: 316 – 328.

[156] Soares C G, Bhattacharjee J, Karmakar D. Overview and prospects for development of wave and offshore wind energy [J]. Brodogradnja, 2014, 65 (2): 87 – 109.

[157] Soma K, Tatenhove J V, Leeuwen J V. Marine governance in a European context: Regionalization, integration and cooperation for ecosystem-based management [J]. Ocean & Coastal Management, 2015, 117: 4 – 13.

[158] Stratigaki V. WECANet: the first open Pan – European network for marine renewable energy with a focus on wave energy – COST Action CA17105 [J]. Water, 2019, 11 (6): 1249.

[159] Sun F M, Zhou W S, Nakagami K et al. Energy-economic analysis and configuration design of the Kalina solar – OTEC system [J]. International Journal of Computer and Electrical Engineering, 2013, 5 (2): 187 – 191.

[160] Sun S. Financial risk assessment of listed enterprises in marine engineering equipment manufacturing industry [J]. Journal of Coastal Research, 2019, 94 (sp1): 788 – 792.

[161] Szmidt E, Kacprzyk J. Amount of information and its reliability in the ranking of Atanassov's intuitionistic fuzzy alternatives [J]. Recent Advances in De cision Making, 2009, 222: 7 – 19.

[162] Van Laarhoven P J M, Pedrycz W. A fuzzy extension of Saaty's priority theory [J]. Fuzzy Sets & Systems, 1983, 11 (3): 199 – 227.

[163] Vlachos I K, Sergiadis G D. Intuitionistic fuzzy information—Applications to pattern recognition [M]. Elsevier Science Inc, 2007.

[164] Wang L, Lin Y F, Lo T M. Implementation and measurements of a prototype Marine – Current power generation system on Peng – Hu island [J]. IEEE Transactions on Industry Applications, 2015, 51 (1): 651 – 657.

[165] Wright G. Marine governance in an industrialised ocean: A case study of the emerging marine renewable energy industry [J]. Marine Policy, 2015, 52 (3): 77 – 84.

[166] Xu Z, Yager R R. Dynamic intuitionistic fuzzy multi-attribute decision making [J]. International Journal of Approximate Reasoning, 2008, 48 (1): 246 – 262.

[167] Xu Z S, Liao H. Intuitionistic fuzzy analytic hierarchy process [J]. IEEE Transactions on Fuzzy Systems, 2014, 22 (4): 749 – 761.

[168] Yang B, Shu X W. Hydrofoil optimization and experimental validation in helical vertical axis turbine for power generation from marine current [J]. Ocean Engineering, 2012, 42: 35 – 46.

[169] Yoon J I, Son C H, Baek S M et al. Efficiency comparison of subcritical OTEC power cycle using various working fluids [J]. Heat Mass Transfer, 2014, 50: 985 – 996.

[170] Zadeh L A. Fuzzy sets [J]. Information & Control, 1965, 8 (3): 338 – 353.

[171] Zhang J, Xu C, Song Z et al. Decision framework for ocean thermal energy plant site selection from a sustainability perspective: The case of China [J]. Journal of Cleaner Production, 2019, 225: 771 – 784.

[172] Zhang S F, Liu S Y. A GRA – based intuitionistic fuzzy multi-criteria group decision making method for personnel selection [J]. Expert Systems with Applications, 2011, 38 (9): 11401 – 11405.

[173] Zhang X L. Financial risk assessment of listed enterprises in marine engineering equipment manufacturing industry [J]. Journal of Coastal Research, 2020, 98: 155 – 158.

[174] Zhilenkov A, Chernyi S. Investigation performance of marine equipment with specialized information technology [J]. Procedia Engineering, 2015, 100: 1247 – 1252.

[175] Zhu L. Study of the modeling technology of the impact resistance computational analysis finite element model of marine equipment [A]. Advanced Science and Industry Research Center. Proceedings of 2014 International Conference on Computer Science and Systems Engineering (CSSE2014) [C]. Advanced Science and Industry Research Center, 2014: 8.

后　　记

　　2020 年，由我主持申请的国家社会科学基金后期资助项目"中国海洋能装备制造发展研究"（20FJYB022）获准立项。之后，我和哈尔滨工程大学李婉红教授、吴雷副研究员、宋鹏博士（现江苏大学教师）、张万玉博士等项目组成员很快投入了研究。

　　项目立项至结题的研究过程几乎是与新冠疫情相伴。疫情虽然给项目组的调研工作带来了巨大困难，但是项目组成员没有因疫情而退却，除通过邮件、电话、微信等形式收集相关数据外，为保证项目质量，仍利用一切可以利用的机会深入现场开展调研工作。因此，在即将结题之际，我要感谢全国哲学社会科学工作办公室给了我承担国家社会科学基金后期资助项目的机会；我还要感谢项目组全体成员在完成项目过程中的积极付出。此外，对项目组成员所在的哈尔滨工程大学经济管理学院和学校科研部门的相关负责人、为本项目研究提供数据的被调研单位，以及那些不计个人名利帮助我们进行数据处理和资料校对的研究生们致以深深的谢意。

　　本项目将以《中国海洋能装备制造发展研究》著作作为最终成果。该著作的完成得益于全国哲学社会科学工作办公室组织的匿名专家的严格把关，专家们所提的意见对本书的质量起到了重要作用。借此机会，我谨以个人名义，向匿名专家们表示致谢。

　　本书共 11 章，各章撰写情况如下：

　　第 1 章"绪论"由孟凡生撰写。

　　第 2 章"相关概念界定与中国海洋能装备制造发展面临的形势"由孟凡生、李婉红、吴雷撰写。

　　第 3 章"中国海洋能装备制造发展的现状"由吴雷、张万玉撰写。

　　第 4 章"国内外海洋能装备制造的相关政策梳理"由李婉红、张万玉撰写。

　　第 5 章"中国海洋能装备制造发展的影响因素"由李婉红、宋鹏撰写。

　　第 6 章"影响因素对中国海洋能装备制造发展作用机理"由吴雷、宋鹏撰写。

第 7 章"中国海洋能装备制造发展情景"由宋鹏撰写。

第 8 章"中国海洋能装备制造关键技术的发展趋势"由孟凡生、宋鹏、张万玉撰写。

第 9 章"中国海洋能装备制造技术路线图"由张万玉撰写。

第 10 章"中国海洋能装备参与国际经济合作与竞争分析"由孟凡生、宋鹏撰写。

第 11 章"中国海洋能装备制造发展的机制与政策建议"由孟凡生、张万玉撰写。

主要参考文献及索引工作由宋鹏、张万玉完成。

从项目的申请到最终出版，都得到了经济科学出版社领导的信任与支持。在著作出版过程中，刘莎编辑不辞辛苦，细心校正，她对我们的热情帮助和精益求精的工作作风深深感动着我，正因她认真负责和严谨细致的工作，才使本书如期与读者相见。为此，我要诚挚地说一声：谢谢经济科学出版社的领导！谢谢刘莎编辑！

孟凡生

2022 年 11 月 17 日